孫武全傳

赵磊 著

齊魯書社

图书在版编目（CIP）数据

孙武全传/赵磊著.—济南：齐鲁书社，2013.12
ISBN 978-7-5333-3118-4

Ⅰ.①孙… Ⅱ.①赵… Ⅲ.①孙武（前533～?）—传记
Ⅳ.①K825.2

中国版本图书馆 CIP 数据核字（2013）第 310645 号

孙武全传

赵　磊　著

主管单位	山东出版传媒股份有限公司
出版发行	齊魯書社
社　　址	济南市英雄山路 189 号
邮　　编	250002
网　　址	www.qlss.com.cn
电子邮箱	qilupress@126.com
营销中心	（0531）82098521　82098519
印　　刷	山东省东营市玉兴印刷有限公司
开　　本	720mm×1020mm　1/16
印　　张	21.25
插　　页	12
字　　数	289 千
版　　次	2013 年 12 月第 1 版
印　　次	2013 年 12 月第 1 次印刷
印　　数	1－10000
标准书号	ISBN 978-7-5333-3118-4
定　　价	**56.00** 元

孙武像

目　录

第一卷

第二卷

第三卷

第四卷

第五卷

第一卷

第一章

二桃三士　酒宴转瞬成疆场

孙武对智谋的最深触动是在那个暖融融却又血淋淋的午后。

清晨的柏寝台树木葱郁幽深，溪水潺湲浅鸣，巍峨的寝宫在晨晖中渐现轮廓。齐景公的御用乐师田开正在林中抚琴，他的侄孙孙武则在林间隙地舞剑。

突然，一阵细碎急促的马蹄声敲碎了黎明的平静。薄雾中一匹快马飞驰而至，马上之人匆匆下马，扔下缰绳，气喘吁吁地跑上柏寝台，呼喊着："田乐师！田乐师！"来人是齐都临淄的王宫传令官，田开悠然止琴，舞剑的孙武也骤然收手。

传令官传达齐景公的口谕，宣大乐师田开率领众乐手赶往临淄王宫为齐、鲁结盟宴会演奏。

孙武赶紧去柏寝台下的瓦舍召集众乐手，并为田开备好车马，即刻出发。此地距王宫百里之遥，孙武骑着踏云乌骓跟在田开的车后护送。

齐国王宫。鲁昭公在鲁国大夫叔孙蜡的陪同下出访盟国齐国。议事结束后已是正午时分，齐国君臣宴请鲁昭公一行。齐、鲁两大强国结盟，实力大增，齐景公和鲁昭公自然大悦，一时间觥筹交错，丝竹声声，在乐声和酒香中众人把酒言欢。

孙武立在厅外，等待宴会结束。

齐国大夫晏婴和叔孙蜡分别在两侧为宴会执礼，齐景公满心欢喜，数杯酒下肚，不禁飘飘然。悄然回溯，齐国自姜子牙受封开国以来，通商工之业，便渔盐之利，从地薄民寡到逐步富足。及至齐桓公，在管仲等贤臣的辅佐下，九合诸侯，一匡天下。深信民富国强的齐桓公“来天下之财，致天下之民”，一时间商贾归齐如流水。到了景公当政，国内依然富庶。多年无战事，附属国莒国受楚国诱惑，意欲叛离齐国归附楚国。莒共公倚仗楚国，有恃无恐，一连三年不缴税赋，对景公的命令阳奉阴违。景公颜面尽失，派大将高发征讨，莒共公弃城而逃，躲进纪鄣城，但久攻不下。景公大怒，再次派田书征伐。田书骁勇善战，足智多谋，一举攻破纪鄣城。齐景公大喜，大加封赏，赐姓孙氏，并赐乐安为其采邑。伐莒大胜之后，附属小国安心进贡，周围大国也遣使通好，连续数年无战事。但齐景公也知道西北的燕国、西南的晋国、南方的楚国都不可小觑，都对齐国虎视眈眈。他一直担心楚国寻求鲁国结盟，而此次齐、鲁结盟不仅少了个潜在对手，多了个盟友，还在泰山以南多了一道屏障。

酒至酣处，众人飘然之际，叔孙蜡起身献酒，称颂齐国文治武功，齐景公哈哈大笑，满意地看了一眼身边执礼的晏婴，晏婴起身向叔孙蜡还礼。同一刻，突然传出讥诮之声，声音虽然不大，但是周边一片赞颂之词，这几声讥诮犹如静谧之夜的裂帛之声，格外刺耳。

孙武侧身细看，讥诮之声来自旁边的“齐国三杰”——田开疆、公孙接和古冶子。这三人是孙武非常敬佩的大勇士，个个功勋卓著，深受齐景公的喜爱，三人意气相投，又结拜为异姓生死弟兄，权位更加显赫。但是天长日久，三人开始居功自傲，甚至有时对齐景公的话置若罔闻。刚才叔孙蜡称颂“文治”之时，齐景公赞赏地看着晏婴，三人就有些愤愤然。晏婴恰坐在三人身边，被三人魁伟的身躯衬得尤为矮小，晏婴起身站立时，刚及坐立着的“齐国三杰”的耳际。

孙武对三位勇士和晏婴都很敬重，但三人对晏婴的藐视让他心生不悦，尤其在鲁昭公一行面前，让齐国君臣颜面大失。

齐景公也暗皱眉头，叔孙蜡称颂“武功”，他正往“三杰”坐处看，三人酒后的放浪形骸和无视君臣礼数让他脸色阴沉了下来。

晏婴坦然自若地继续执礼。小小的风波很快淹没在歌舞声中。孙武也舒了一口气，盼着宴会早早结束。晏婴正想结束宴会，但三人继续豪饮，喧哗声似乎能掀翻宫殿的穹顶，隐约听到“救主”、“功劳”之声。鲁国君臣面面相觑，齐国君臣面露尴尬，一时偌大的厅堂只剩下三人的声音，犹如夏日暴雨前蚊蝇的嘈杂之声，令人气闷烦躁。

晏婴微笑着站起身，说道：“大王，喜逢盛世佳日，桃园里金桃成熟，不时飘出隐隐香气，可否采摘几枚让鲁国贵客品尝？”

“好，晏相所言极是。”

齐景公正好可以借此事掩饰尴尬局面，急忙应允。提起金桃，齐景公面露一丝得意，转向鲁昭公夸耀道：“园中有一株金桃树，叶生叶落二十年才开花，花开花落二十年方才结果，果青果红二十年才成熟。今年正好金桃树一花甲，寡人尚未品尝。正好摘来共庆齐、鲁之盟。”

鲁昭公惊奇之下大为欣喜，忙起身称愧不敢当。晏婴说：“大王，金桃极为金贵，容我亲自采摘。”

众人一时静了下来，无数双眼睛看着矮小的晏婴领着两个贴身随从出了宴会厅。

半个时辰后，晏婴的脚步声尚未听到，一股果香却直透酒香传来。香味并不浓郁，却如一团氤氲从天而降，将众人浸没其中。众人精神大振，纷纷翘首。只见晏婴托着玉盘走了进来，众人的眼睛紧盯着玉盘中的桃子。

玉盘上有六枚金桃，翠色中透着金黄，午后的阳光洒在上面，竟能透过果肉隐隐看到桃核，细细的绒毛如金丝绒一样现出一层光晕，桃尖鲜红，如一簇火苗颤动。玉盘被呈放在钟鼎旁。

晏婴先为鲁昭公呈上一枚金桃，然后呈给齐景公一枚。齐景公转向叔孙蜡，言道："叔孙大夫平日辅佐鲁公，今日全程执礼，实在劳苦功高，请享用金桃一枚。"

叔孙蜡谦让道："我哪里比得上晏相呢？晏相内修国政，外服诸侯，功劳最大，这枚桃子应该他吃。"

齐景公见二人争执不下，说道："两位不必如此谦让，金桃还有四枚，两位贤相各食一枚！"

晏婴和叔孙蜡每人领下一枚金桃。玉盘中剩下两枚金桃。

众人的目光在剩下的两枚金桃和齐景公之间逡巡。齐景公转身问晏婴："晏相，现在剩下两枚金桃，你看如何分发？"

晏婴长舒一口气，说："大王，金桃宝贵，要赏赐给功劳最大的两人。"

齐景公点头称是。晏婴接着说："刚才叔孙大夫提到文治武功，功劳最大者莫过齐国三杰。赏赐给他们三位实至名归。"

齐景公微锁眉头，默想今天三人的表现虽令他大为不悦，不过晏婴既然已经提议，也不好反驳，况且三人确实也劳苦功高。于是齐景公点头应允。

三人一听，面露喜色，起身要去拿桃子。晏婴抬手止住他们，说："现在桃子只剩两枚，而园中桃子尚未成熟。那只能先给三杰之中的两位功劳大的先享用，剩下一人待日后另行赏赐。三位的功劳各自陈述清楚，再由在座诸位评判一下，谁的功劳大，谁就先享用金桃。"

话音刚落，公孙接几步跨了过来，拍着胸膛说："前年我陪大王狩猎，突遇斑斓吊睛猛虎，我冒死冲上前去，三拳打死猛虎，

计除三士

救下大王。如此大功，还不应该吃个金桃吗？”

晏婴说：“冒死救主，功盖日月，可食桃一枚。”

公孙接抓过金桃，一口咬下大半，蜜汁顺着嘴角流下，心满意足地大笑起来。

古冶子不服，大喊：“打死老虎算什么？当年大王过大河时，一只大鼋兴风作浪，叼住大王坐骑的腿，拖到急流中去。是我——古冶子，跳进汹涌的河中，舍命杀死了大鼋，救了大王的性命。大王，我的功劳大不大？该不该吃桃？”

景公点头说：“要不是将军斩鼋除怪，我的命早就没了。将军盖世奇功，理应吃桃。”

晏婴把最后一枚金桃分给古冶子。

田开疆觉得自己功劳最大，本想先让公孙接和古冶子说完，然后自己可以一鸣惊人，没想到金桃已经分完了，不由恼羞成怒，说：“当年我奉命讨伐徐国，一日之内，斩将九员，俘虏徐兵近万人，扬我大齐国威，徐国俯首称臣，邻近的郯国和莒国也望风归附。如此大功，难道就不能吃个桃子吗？”

晏婴点头说：“田将军当然功不可没，然而盘中金桃已经没有了，只好等园中树上的桃子熟了，再请您尝了。”

田开疆手按剑把，气冲斗牛，吼道：“打虎、杀鼋有什么了不起。我南征北战，出生入死，讨伐叛逆之国不下十个，攻城略地成百上千，反而吃不到桃子。金桃吃不到无所谓，可我的功劳被抹煞，在两位国君面前受如此奇耻大辱，我还有什么面目站在朝廷之上？”

说罢，怒睁双目，拔剑自刎，黑塔般的巨大身躯轰然倒地。旁边公孙接大惊，把金桃抛到一边，也拔出剑来。

“我因小功而吃桃，田将军功大反而吃不到。田将军如此刚烈，不受屈辱而死，我等小人还有什么颜面苟活于世？”

说罢，也挥剑刺向脖颈，一道血雾喷出，公孙接栽倒在田开疆身边。古冶子满脸羞愧，大喊道：“我们三人结为兄弟，誓同生死，亲如骨肉，如今他们两人已死，与我贪功脱不了干系，我如何苟延残喘?”

言罢，亦拔剑自刎。

眨眼之间，三条尸体横陈在大厅之内。众人一片唏嘘惊叹。鲁昭公目睹此景，目瞪口呆，半天才站起身来，说道:“鲁国人对这三位勇士也久闻大名，齐国三杰有万夫不当之勇，可惜为了一枚桃子殒命，可悲可叹!”

孙武在厅堂外也大吃一惊，他护送田开入宫之时曾路过桃园，树上红彤彤一片，绝非仅仅这六枚桃子。晏婴率自己的贴身随从仅摘来六枚，并说园中剩余桃子尚未成熟。分发金桃有意剩下两枚，晏婴仅仅口舌之劳，却能让力敌万人的众勇士瞬间殒命。

想到这，犹如夏日的一道利闪，孙武似乎瞬间明白了为何晏相可以接连辅佐三任君王，明白了为何其貌不扬身材矮小的晏相显名于诸侯，明白了柔弱如水的谋略中有着山呼海啸般的力量。

孙武又护送田开回柏寝台，一路上两人无话，惊心动魄的一幕还在眼前浮动，加之田开疆是二人的同宗族之人，不免心生悲凉。孙武心里五味杂陈，田开疆对这位聪颖好学的族侄也颇为喜爱，前几日还传授了他一套剑法，不想就在这个明晃晃的午后二人便阴阳相隔。孙武清楚田开疆三人的殒命与晏婴脱不了干系，而晏婴也是他极为敬重的智者和前辈。怨田开疆居功自傲，怨晏婴借刀杀人？都怨不得，角斗就是这么残酷。

回到乐安城，再习读兵书之时，孙武犹若脱胎换骨，从未如此深入地沉浸其中，从未如此深刻地体味句读。每字每句，每笔每画，背后都可能隐藏着一个个或壮烈、或凄美、或辉煌的故事，透过竹简丝帛，似乎能看到智者的风范、勇者的鲜血、败者的白骨。也许，这些字字句句反过来会让未来的人或具有智者的风范、或洒下勇者的鲜血、或抛落败者的白骨。

第二章

国难当头　拜请穰苴为民生

东海边。天高云淡。地势如秋日的天空，极为开阔舒展。秋风染红了大片大片的黄蓿，厚厚的，柔柔的，艳艳的，如无边无际的厚重地毯，红彤彤地从脚下蔓延，如流动的红玛瑙，漫流进天边的东海。

马铃声脆，一乘高大的马车和一匹黝黑的战马从红地毯上迅疾驶过。马蹄过处，声嘶鸣叫的秋虫和觅食草籽的小鸟被惊得倏然跃起，如水珠般泼溅开来。

马上的人年轻威武，俊朗的脸庞，虽略显稚嫩，却也不怒而威，目光清澈，透着睿智，极目远眺，警惕地扫视。此人正是孙武，他护卫的马车上坐的是齐国三朝老臣、上大夫晏婴。他们已经颠簸了将近一整天。

形势急迫，他们只能马不停蹄地赶往东海。

平静中隐藏着杀机，强大的晋国意欲称霸，一直对齐国虎视眈眈。他人看到的是齐国伐莒的大胜、齐国的威名。晋国看到的是田书伐莒后齐军的疲软，多年无战事，长久以来戈戟未染热血，马蹄未踏疆场，在财力富足的掩盖下，是马放南山、刀枪入库的安逸。他人看到的是晏婴巧计除三杰，晋国看到的是齐国损失三员猛将，看到的是齐国施计诛杀大义之将，看到的是文臣武将的内耗。

晋国敏锐地感觉到灭掉齐国的时机来临了。

鲁昭公亲自前往齐国，与齐国结盟之后，晋国眼见齐、鲁结盟后势力倍增，对自己构成威胁，更加耿耿于怀，遂举兵五万侵扰齐国西境。燕国也对齐国的富足垂涎已久，遂遣密使至晋国。燕、晋两国结盟，以迅雷之势袭扰齐国边境。燕国利用和齐国通商便利，派奸细潜入齐国境内里应外合，晋军的先头部队大举攻入，一路冲杀，迅速占领阿、鄄两座城池，大肆劫掠。燕国也趁机出兵一路挺进无棣。齐国边境频频告急。

大将高发迎战晋军连失两城，孙书年老体弱，他的长子孙凭虽智勇双全，但远在南方边境戍边，一时难以北上迎敌。齐景公眼见多处受敌，同时担心楚军乘虚而入，与晋、燕两国夹击，心中暗暗着急。

相国晏婴辅佐了三代君王，对齐国的安危更是日夜思虑，寝食不安。晏婴对孙书极为信任和钦佩，遂亲自前往孙府讨教。孙书一生疲于征战，积劳成疾，晏婴前来探望之时还躺在病榻之上，但孙书对晋、燕两国入侵也是忧心忡忡。

“晏相，晋、燕欺我大齐缺少良将，我恨自己不能亲上战场。”

晏婴忙搀扶孙书坐好。

“孙老将军不必过虑，安心养好身体。不论朝中的将士之才还是乡野的奇才异人，您都了如指掌。孙将军慧眼识才，看有无合适人选。”

“有。在东海之滨有一位乡野异人。此人身世多舛，出身卑微，却有大将之才。”

“东海之滨？孙老将军快说说他是哪位高人？”

“田穰苴。”

孙书原有一位同父异母的兄弟，名为田植。田植一生南征北战，在讨伐西戎时掳获一名异域女子，那女子聪颖貌美，田植甚是喜爱，与之生下一子，即为田穰苴。因田穰苴的母亲出身卑贱，母子二人为田氏家族所轻视。又因田穰苴生于五月初五，世

传为凶日，克父母，险遭田氏家族遗弃。田穰苴从小天资聪颖，虽然没机会习文练武，但常在其他兄弟读书习武之时偷听，很快就超过了众兄弟。十几岁时，突然不知去向。十年后，生母去世，他又出现在田家，为母亲守灵。那时田穰苴已是一名英武倜傥的精壮小伙。孙书一直对他怜惜有加，听说田穰苴回到家中，亲自前去探望。孙书惊奇地发现田穰苴的学识和兵法都大为长进。问起十年在何处，田穰苴却避而不答，一心守灵。孙书得封邑后，将沿海几个渔村划给田穰苴。闲暇之时，孙书常去海边与田穰苴谈兵论道，两人都深感受益匪浅，成为忘年之交。孙书几次想让田穰苴去朝中做事，为国效力。田穰苴都以服孝未满婉拒。孙书深知田穰苴不愿卷入田、鲍、栾、高四族纷争中，叹息一声作罢。

这次齐国危难，该请田穰苴出山了。

晏婴听后，喜出望外。虽然他对田穰苴不甚了解，但可以看出孙书对田穰苴非常器重，这样的人肯定是山中璞玉，海中蛟龙。晏婴叮嘱孙书安心养病，急急地返回临淄面见齐景公，举荐田穰苴带兵保国。战报频传，齐军步步退守，齐国安危系于一线。齐景公即刻命令晏婴亲自前往东海拜请田穰苴。

第三章

初识《幄奇》　东海请将取真经

晏婴刚刚离开孙府，一匹战马疾驰而至，孙武翻身下马，匆匆来到孙书的房中探视。孙武自小酷爱兵法，加之天资聪慧，勤勉好学，家中楼阁所藏兵书早已读遍。从孙书一家迁至乐安后，孙武一面勤于射御，一面潜心钻研兵书，祖父孙书更是将一生久经沙场所得精髓悉数授予他。但孙武深知仅凭熟读竹木简上先贤的言谈远远不够，他常常骑马一路远行，到书中所提及的古战场勘验、体会、推演、悟道。

近来祖父孙书身体不佳，孙武常常回来探视。孙武见祖父气色不错，想起刚才门外看到的背影，问道："刚才是谁来过?"

"是晏相前来询问抗击晋、燕联军之事，我举荐了你的叔父田穰苴。"

"他现在何处?"

孙书没有直接回答。

"孩子，平日你最爱听故事，今天我再讲一个。"

"太好了。"

"远古之时，轩辕黄帝为天下之王，管辖东西南北四大王——太暤、少暤、炎帝和颛顼。当时四海升平国泰民安，四大王也恪尽职守。哪知南方黎苗之族出了一位酋长名叫蚩尤，他有八十一个兄弟，都是铜头铁额人面兽身，个个勇猛异常。蚩尤自恃天下无敌，阴谋篡夺炎帝之位。黄帝得知后会合诸侯征讨。黄帝有一个谋士名叫风后，此人深通谋略，献计让黄帝示弱，将蚩尤引至北方涿鹿。时逢狂风骤起，方向难辨，而风后早就制好指南车。蚩尤却地形生疏，方向不辨，大败而归。后来蚩尤聘夸父为将，以猛兽为兵，而风后以九天玄女之法练兵列阵，与蚩尤再战。征战之时又以夔皮战鼓助阵，阵法玄妙。蚩尤乱了阵脚，夔皮鼓声骇人，兽兵四散奔逃，此战将蚩尤活捉。风后也因此备受器重，官至丞相。后来，他将其一生谋略编为兵法《幄奇经》，虽全文仅三百余字，但可谓兵书鼻祖。姜太公的《太公兵法》就是脱胎于《幄奇经》。"

孙武听得入神，不禁问道："这部书现在何处?"

孙书猛咳一阵，说："此书传说为姜太公所得，后口授于他

人，可惜我也只得只言片语。”

看到孙武脸上的失望之色，孙书的脸上绽出吃力的笑容。

“你的叔父田穰苴神秘失踪十年，不知从哪位异人手中得到一部兵法，正是那部神秘的《幄奇经》。晏相准备上报主公，请田穰苴出山。”

孙武如获至宝，匆匆告别祖父，前去打点行装，一路直奔临淄城，他要和晏婴一起去东海拜见田穰苴。

孙武赶到临淄城时，正好晏婴从宫殿走出。孙武上前正要说话，晏婴的两名侍卫将他拦住，拔剑指向他的咽喉。孙武意识到是自己腰间的虞堪剑让侍卫误会了，忙喊道：“晏相，我是孙武，有事求见。”

晏婴忙止住侍卫。

“原来是孙老将军的孙子。我刚从孙府回来，有事请讲。”

“晏相是否要去东海?”

“是啊，去请田穰苴。”

“我能否一起前往，护卫晏相一路安全。”

晏婴微笑着点头应允，他也很喜欢孙书的这位聪颖的后人。

天色已晚。晏婴邀请孙武到自己府上略作休息。翌日，天色微亮，一道出发。

疾驰了将近一天，踏上了这无边无际的红色地毯。红地毯渐渐稀疏，像覆盖着白雪的盐滩在眼前延伸，红彤彤的黄蓿点缀其间，像雪地里燃起束束火把，火苗在风中摇曳。远处渐渐出现人烟，长长的引水沟，星星点点的卤水井，烟雾缭绕的窑灶火道，整齐排列的盔形器。挥汗如雨的半裸工匠，宽阔浑厚的肩背上黝黑的肌肉凸起，粗壮的臂上迸起了青筋，挖沟，导水，平田，晒水，装罐，烧窑，取盐，堆晒，一片热火朝天的景象。

突然，孙武警觉地勒住马缰，踏云乌骓跃蹄嘶鸣，马车也随即停下。远远地传来一阵阵狂奔之声和追杀呐喊声。孙武在马上起身远眺，几辆满载的马车在前面疾驶，后面数十丈外有近百人挥舞着棍棒一路狂追。车上货物太多，车速愈来愈慢，眼见就要被追上。车夫挥舞鞭子，大声吆喝着，马车转向这边的制盐工地，车上的人将车上所载货物向车两侧远远抛去，货物抛下一半，车身变得轻盈，车速明显增快。追杀的人开始混乱，有的停下去捡拾货物，而继续追赶的人也有些犹疑，脚步明显慢了下来。马车驶入了制盐工地后，原先忙碌的工匠也突然不见了。追兵零零散散地尾随马车也进了工地，突然厮杀声响起，窑灶后面，水沟之内，盐堆旁边，伏兵四起，变化莫测。原先的工匠个个变成伏兵，手中的劳作工具变为杀人利器。那些追兵有的还背负着捡拾来的货物，有的还在捡拾，一时全都慌了神，在沟渠、货堆、窑灶的迷魂阵里处处受袭，不时有人被打倒，不时有击打声、呐喊声、惨叫声从意想不到之处响起。追兵溃败，扔下货物四散逃去。

一场战斗在短短半炷香的时间内结束，形势跌宕起伏，惊天逆转。孙武等人看得惊心动魄，又不得不佩服车上之人和工匠们的睿智。晏婴笑了。

“看来离田穰苴之处不远了。”

孙武上前拦住马车，下马施礼询问刚刚发生的激战详情。车上跳下一个精壮小伙，打量再三，警惕地问：“你是哪位？”

“鄙人孙武，来自乐安。车上是晏相，来拜见田穰苴。请问您是……”

对方一听是找田穰苴，口气缓和下来，热情地说：“我们是这里的盐官和盐工。田先生离这儿不远。我带你去便是。”

他吩咐其他工匠打扫杂乱的战场，自己陪同孙武和晏婴去找田穰苴。

路上，孙武问道：“刚才交手我全看到了，真乃神勇。”

“孙先生过奖。离此二十里路有一个部落，名唤庆熊，彪悍凶狠，不愿劳作，以抢劫来往客商为生，偶尔来盐场工地劫掠。刚才是我们的盐车准备将盐运到渡口，中途被他们跟上追杀。”

“敌方近百人，退敌不易啊。”

“田先生曾经教过我们，敌强我弱，不拼勇猛，智取为上。”

“抛下货物看似为舍，实则为得。”

“对，对手追杀之时，只为夺盐，其心如锥，其锋如刀。此时与之交手，我方必败。抛下盐包，有人贪图眼前小利，停下捡拾，其他人也开始分心，此时锥无尖，刀无刃。此时交手，我方可小胜。田先生帮我们设计工地方位，沟渠、窑灶、盐堆乃至盐田皆按玄天阵法设置，工匠们平时为工，战时为兵，将对手引入我方阵营，局势完全在我方掌控之中。此时交战，我方可大胜。”

孙武击掌惊叹：“乡野之间，卧虎藏龙！”

那个小伙儿脸红了。

“都是田先生教诲，我生性愚笨，懂得不足十之一二，照做就是了。”

前面出现了几座草棚围成的院落，小伙子推开柴门，将他们引入院中。院子里有一张石桌一对石墩，桌上凿刻着一面棋盘，放着两只陶罐，里面分别是黑、白两色的贝壳。一人正独自坐在石桌旁，左、右手对弈。此人正是田穰苴。

第四章

穰苴出山　身居要位遭嫉恨

虽然未曾谋面，但之前的精彩战斗和小伙的话已经让晏婴和孙武对田穰苴心生敬仰。

说明身份后，田穰苴对晏婴的亲自登门甚为感动，又因孙书的关系而对孙武倍感亲切。

晏婴言及晋、燕两国的步步入侵和齐军的节节败退，说："田先生，孙老将军告诉我他也曾多次请你出征，而田先生不愿卷入世事纷争，有气节。但如今是国难当头，国人理应挺身报国，更何况先生才华横溢，埋没乡野实在可惜。黎民百姓横遭涂炭，齐国社稷危在旦夕，先生不能坐视不救。"

田穰苴沉思不语，对齐国百姓他也是忧心忡忡，但他进易退难。自己迈步出门，何时才能回来，以何种方式回来，他不能预料。

孙武也在一旁请求。田穰苴点点头。

"为了齐国众生，我愿出山一试。容我收拾一下。"

"田先生，时间紧迫，我们即刻动身吧，随身物品临淄城应有尽有。"

田穰苴摇头，从房内取出一个卷轴，在案几上展开，晏婴和孙武都大吃一惊，竟是齐、楚、吴、晋、燕、鲁的地形地势图和行军图。两人相视而笑，更加钦佩，也对齐军胜算多了几成把握。

田穰苴于是随晏婴入朝拜谒齐景公。

齐景公赐座，颇有些迫不及待地问："今日请先生上殿，来意已明，边境危难，先生可有破敌良策?"

田穰苴起身深揖，说道："承蒙大王不弃，草民虽远在东海，但日夜思虑为国效力。大王可否将战况赐草民一看?"

田穰苴接过密呈的战报，默看无语。

齐景公急问："先生可有良策?"

"有，"田穰苴深深点头，"现今晋、燕联手袭扰齐国，貌似虎狼之师，然而细细分析，燕国出兵为利，晋国出兵为名，两国实则貌合神离。我方可分而攻之。燕军缺少强将，此次借助晋军声势，狐假虎威，为劫掠财物贸然侵入我境，看似得手占得便宜，实际恰似羊入虎口。晋军意图称霸，见齐、鲁结盟，恐怕危及他

的称霸之路，遂出兵试探虚实。如果齐、鲁之盟脆弱，则晋军大举进攻；如联盟固若金汤，齐、鲁联手迎头痛击晋军，晋军自然会退去。大王不必担忧。”

“先生所言极是，可晋、燕之师已步步紧逼，如何痛击联军？”

田穰苴的目光犀利起来，默不作声，从侍从手中接过笔，在战报的空白处写了几个字，躬身呈给齐景公。齐景公看后转给晏婴，两人看后相视而笑。景公大喜，道：“看来孙老将军慧眼识英才，又多亏相国亲自请贤，功不可没。寡人即刻任命田先生为将军，率兵迎敌。”

晏婴借机举荐孙武为偏将。此时，栾、高二族眼见田氏势力骤增，恐怕对己不利，开始躁动起来。

田穰苴谢恩，又云：“主公以国事相托，臣誓死效力。然臣出身卑微，未立寸功，孙武年幼也鲜上沙场，臣担当将军恐难服众，请主公派一位德高望重之人作为监军。”

庄贾见此机会，按捺不住，不顾自谦，未等齐景公开口，抢先说：“主公，我愿担当此任，协助田将军。”

齐景公恩准。庄贾嘴角露出一丝难以察觉的微笑，孙武看到栾、高二族的人对视而笑，不禁心生寒意，仿佛看到栾、高两族联合编织的一张大网从天而降，要将他和田穰苴缚住。

第五章

严正执法　力斩庄贾慑三军

当夜，庄贾应邀到栾府中喝饯行酒。庄贾原是栾家的门客，因能言善辩，擅于阿谀奉承，又将其妹献给齐景公，职位一路攀升，现已位居大夫之职。

席间，栾虎满腹牢骚，恨恨地说："孙武这个黄口小儿担任副将不说，田穰苴这个野种也成了将军，田家势力盘根错节。庄大夫，你可是主公眼中的重臣，又有令妹在主公身边深得宠信。我们得想办法把他们拉下马。"

庄贾颇有些不以为然。

"咱们不必怕他们。明日点将我晚去，先给他个下马威，看看这个野种如何收场。这个山野村夫没见过什么大世面，将他的气焰压下之后我就是真正的将军了。在战场上我负责督战，田穰苴和孙武率兵出战。刀枪无眼，我们借燕、晋之刀砍掉田氏这两条孽根，朝中我们就能独占一面了啊。"

两人哈哈大笑，举杯共饮。

翌日寅时刚过，校军场上已金鼓齐备，旌旗猎猎，两万兵士列队待命，戈戟在手，刀刃上映着清冷的寒光。台下二十位军校也刀剑在手，威严肃穆。

铜壶滴漏已尽，卯时已到。

田穰苴登上将台，扫视台下两万威武之师，深吸一口气，觉得积攒了数十年的力气和才智要迸发出来。

点卯完毕，独缺庄贾。田穰苴不动声色，在点名簿上画了一记，遣人去请庄贾，然后再度当众申明军纪。众人对于这个新将军也是非常新奇，有几个知道田穰苴身世的人开始窃窃私语。孙武本想呵斥，却见田穰苴视而不见，不动声色。

此时，庄贾大醉刚醒，看看光景，想象着田穰苴被晾在校军场上窘迫不堪，躺在床上暗笑起来。有家人来报，小校催他上校军场。

"敢来搅我的美梦，赶出去！"

飞扬跋扈的家丁以"滚"字回复了小校。

小校遭到家丁的呵斥，心中窝着一团怨气和怒火，但慑于庄贾的淫威，敢怒不敢言。小校匆匆回来如实禀报，场内窃窃

之声更加嘈杂。田穰苴仍然不动声色，点点头表示知道了。等沙漏再次滴尽，田穰苴在点名簿上又画了一记，又让人把沙漏翻转。

庄贾磨磨蹭蹭地起身，洗漱完毕，上了马，在随从的簇拥下悠闲地来到校军场，在愈加嘈杂的嗡嗡议论声中踱上点将台。田穰苴仍不动声色，看了一眼又滴尽的沙漏，画下第三记。

庄贾傲慢地看了看点名簿，拉长了声调。

“喂，田大将军，你这是画的什么啊？是你昨天在海里捞的三只小虾米吗？”

说完，还嬉笑着看了看台下和身后的随从。台下的嗡嗡声也变为嗤嗤的笑声。

孙武唯恐双方剑拔弩张，担心地看着田穰苴。田穰苴稳稳而坐，声音平缓，说：“庄大夫，这不是虾米，是您三次点卯未到。”

“哦，”庄贾不以为然，“我在家中饮酒，所以晚来片刻。我看田大将军坐得很稳啊，在点将台上坐着舒服还是在渔船上坐着舒服啊？”

身后的随从们放肆地大笑起来。

孙武的手伸向腰间的挎剑。

田穰苴淡淡地说：“在海边捕鱼也乐得其所，那是因国泰民安。如今登上点将台却是重任在肩，如履薄冰。国家危在旦夕，生灵正遭涂炭，两万热血壮士慷慨迎战，但……”

田穰苴话锋一转，声音未提高却透出威严和寒气。

“庄大夫空负保国重任，嗜酒贪欢，怠慢军心！”他转身问道：“军校，军前点卯，三次未到按律该当何罪？”

军校朗声答道：“一遍未到，杖脊四十。二遍未到，杖脊八十。三遍未到，斩！”

一个“斩”字出口，如箭镞般射出。庄贾脸色一变，随即恢复，大喊：“我是监军！”

田穰苴正色道：“军场藐视军规，实为拿将士的生命如儿戏，拿国家安危如儿戏，不斩何以服众？拿下！”

刚才还在哈哈大笑的庄贾的笑容凝固了。

行刑官迅即上前，庄贾边挣扎边喊：“你这个野种敢来真的！我是大夫，你这是犯上！”

又冲着身后慌乱的随从呵斥。

“还不去回禀主公，让主公救我！”

田穰苴并不气恼。

“国难当头，主公寝食不安，你却醉酒误事，无视军规。此时想到主公，庄大夫觉得对得起主公吗？”

一道血光，全场为之一震。

庄贾的心腹梁丘据手持齐景公的手令，边喊着，边急急地驾车冲进校军场，却见庄贾的人头已高悬在辕门之外的高杆之上，吓得面如死灰。

田穰苴并不看他，面向校军场内两万将士大声问道：

“军中驰车，该当何罪？”

“斩！”

全场雷鸣般吼出。

梁丘据被震落车下，如筛糠般哀求。

“我……我……我有主公手令，不意闯入军中，田大将军饶我狗命。”

田穰苴接过手令。

“既然奉主公之命，饶你一死。杖脊四十，斩马毁车，以儆效尤。庄贾的随从刚才嬉笑校军场，每人杖脊八十！”

在惨叫声中，田穰苴自然端坐，全场肃然。

短短两个时辰，田穰苴在两万将士面前完成了从一个海边渔夫到威武大将军的转化。

这样的大手笔如此轻松地做到了，而且做得不动声色，旁边的孙武深深折服于田穰苴的大将风度。

第六章

小试兵法　力退燕晋虎狼兵

田穰苴的大将风度还远非如此。

大军还未行动，远在西部的鲁军收到田穰苴的第一条军令：坚持抵抗三天。

三军急速前行时，天色大变，骤雨初来。辚辚战车从泥泞中快速驶过，而步兵则深一脚浅一脚地蹒跚而行，渐渐地被车队抛到后面。田穰苴催动战马在队伍中穿行巡视。一名百夫长见自己的兵丁稀稀落落散在队尾，着急地挥动马鞭，驱赶落后的兵丁。有一名兵丁滑倒，额头磕碰到手中的戈刃上，鲜血顿时涌了出来，被雨水一冲，胸前洇红了一大片。田穰苴赶忙喝住那位百夫长，翻身下马，夺过马鞭，扔进路旁沟渠内，随后要将那位受伤的兵丁扶上马。那位兵丁见田大将军搀扶自己上马，不敢从命。田穰苴在雨中大声说："将士兵卒，同生共死，不分贵贱。随同我等出征，如同我的兄弟。"

随后脱下蓑衣披在他的身上。

受伤的兵丁高高地骑在战马上，如同飘扬的旗帜。校军场斩杀庄贾之时众人心生敬畏，现在众人心生爱戴。齐军士气大振，脚步也加快了。

当天下午，田穰苴率领的五百乘战车已疾驰到黄河南岸二十里处，燕军仍在附近劫掠，众多辎重集结在河北岸，尚未过河。田穰苴一声令下，齐军的先锋迅速包抄掩杀，一时间燕军惊惶失措，扔掉手中财物，仓促迎战。齐军愈战愈勇，半个时辰围歼全部过河燕军，留下数百具燕军尸首。齐军迅速推进至距岸五里。几名身穿燕军服装的齐军来到岸边，用旗语告诉北岸驻兵：南岸财物众多，速来车马驮运。

兴致高昂的燕军立刻出动所有船只，运载车马前来驮运劫掠的财物，只留一百人在北岸看守辎重。船至南岸，车马刚从船上赶下，远处突然出现一队人马。说也奇怪，这队骑兵并未展开攻击，而是如一把长剑迅速穿过兵士和车马，飞速将士兵和船只隔开。未等燕军回过神来，另一路骑兵冲杀过来。

燕军大乱，因船上手执长戈不便，兵士将戈矛放于兵车之上，眼下手无寸铁，甚至许多兵士真以为前来搬运财物，为图轻便早已卸掉盔甲。齐军手中戈矛在阳光下闪着刺目的寒光，兵车正虎视眈眈，战马跃蹄长嘶。横穿而过的齐军队伍迅速合拢，将燕军层层围住。另一队已乘舟向北岸杀去，留守的燕军丢盔弃甲，望风而逃。被围的燕军在震天的喊杀声中只得投降。

田穰苴留下一千兵士驻扎南岸，以防燕军反扑，顺势收拢战船，打扫战场，押解俘虏和财物。主力部队迅速向西挺进，与高发的部队会合。

孙武奇怪地问田穰苴："若早一步联合高将军，大败燕军岂不更快？"

田穰苴微微一笑。

"我这将军之职只是主公所授称号，若不与燕军打这一仗，高将军岂能信服？"

部队会合之后，探马来报，于前方发现两千多晋军。田穰苴下令，向南十里避开晋军继续西行。

高发问："晋军区区两千兵士，我们为何不一举歼灭？"

"这是先头部队，来探虚实，如同蛇信。打蛇当打七寸。"

部队南行十里继续西行。齐国西部地界，黄河蜿蜒北行，齐军很快接近东岸，在离岸五里的黑牛山潜伏下来。

田穰苴、孙武和高发勘察地形后，派出使者持第二张虎符前往鲁军兵营，约定以火光为号，集结杀敌。

天逐渐暗下来。

晋军未见发回警信，大军开始渡河。高发驻守黑牛山，田穰苴和孙武在夜幕掩护下，率五千精兵悄悄向东岸挺进，在晋军渡口以南秘密潜伏。

渡口处船只往来如梭，晋军源源不断地抵达东岸。田穰苴静静地观察着，计算着，始终不发命令。黑暗中田穰苴低声对孙武说："此次良机很难把握。围歼过少，打草惊蛇；敌兵过多，双方伤亡太大，晋军也会恼羞成怒，必使两国大动干戈。此次既要能速战速决，又要威慑燕、晋，使其不再来犯，方为良策。"

时间一点一滴过去。

田穰苴终于发出命令。

"冲！"

等候已久的齐军如草丛中的猎豹一跃而出，迅速向渡口冲杀。一队弓箭手冲在最前面，一批利弩刺破夜幕呼啸飞过，东岸的晋军始料不及，乱作一团。

第二批飞弩裹挟着硫磺和油料像飞蝗般射向河中的运兵船只。

晋军大部队如一条长蛇被斩成三截，蛇头在东岸，蛇身在河中，蛇尾在西岸，一时首尾难顾。河中的晋军犹如活靶子，毫无还手之力，兵士纷纷中箭，船篷也燃起熊熊烈焰。西岸的晋军鞭长莫及，只能顿足空叹。

见到火光，黑牛山后的高发和渡口南的鲁军迅速集结掩杀。

半个时辰后，一切沉寂下来。东岸晋军尸横遍野，河中舟楫冒着浓烟顺水北去。西岸晋军只得怏怏撤回。

齐军完胜。

田穰苴缮写战报，上呈齐景公，总结此役胜利秘诀是"半渡而击，以奇取胜”。

田穰苴运筹帷幄，将《幄奇经》发挥得淋漓尽致，三天之内轻取大片失地，击败虎狼之师。

田穰苴挟大胜之威，率精悍之军，军卒皆唯其号令是从。凯旋至临淄十里，田穰苴令三军停止前行。这让兴冲冲准备回临淄城论功行赏的齐军大惑不解。田穰苴站立军前，说：“三军将士，在痛饮庆功酒之前，我申明三点。各位将士不惧生死，为大齐奋不顾身，在此受我田穰苴拜谢。现在燕、晋之军溃逃，面见大王无须携带戈戟。我等一同盟誓效忠大王后安营扎寨，由我先行入城禀报大王。”

田穰苴带领孙武等寥寥数名随从进入临淄城。

齐景公见捷报频传，欣喜不已，喜悦之余担心田穰苴功高盖主，甚至会携众要挟他。不过很快得知田穰苴命齐军释兵旅，解约束，盟誓效忠。齐景公欣喜万分，亲自率众出城迎接，并授田穰苴司马之职，故又称田穰苴为司马穰苴。

第七章

小人奸佞　罗织罪名害忠臣

战乱过后，齐国一派和平之象。每日处理公务之后，孙武与叔父田穰苴在一起共同探讨《幄奇经》奇正之变。田穰苴对这个聪颖好学的侄子也是倾囊相授，孙武更是心无旁骛，兵法学识大有长进。

“叔父，听闻您曾神秘消失十年之久，回来后学识大增。他人问起您都闭口不谈，难道得到仙人指点？”

田穰苴微笑道：“哪有什么仙人？我出身卑微，在田氏豪族备受歧视，我无意分割田氏家产，但是有人把我当作假想敌人，认为我的出生辱没门庭，百般阻挠我习文练武。我只好远走他乡。”

“叔父去了何处?”

“出走之后我四处游历，但是我身无分文。人，无论高贵还是卑微，在生存面前一律平等，上天只赐给我们一条生命；无论勇敢还是懦弱，在生存面前都会爆发，迸发连自己都难以想象的勇力和智力。”

田穰苴感觉他的经历对孙武肯定有启迪，接着说：“为了一口饭食，我曾在荒山里和野狼争食。以地为榻，以天为被，在荒野坟堆中酣睡。帮人运货，路遇强人，为守信又为保命，思谋如何孤身退敌。我游历至陀国，陀国地贫人稀，亟需壮丁卫国，故而不问出处来历。我化名綦轩入伍，陀国虽小，对我启发最大。他国若是战败，丢失几座城池罢了，最多割地赔偿，尚且伤不了元气。但是陀国若是战败，必是亡国灭种。上至国君，下至草民，终生为奴为婢。故而全力以赴，以身、以力、以心、以命相搏。陀国方圆仅三四十里，实属弹丸小国，顽强地在晋、燕夹缝之间生存近百年。若是整日歌舞升平，居安不思危，势必人人懈怠，无暇反思自省。若是举国兵强马壮，势必仗势欺人，重武力，轻谋略。此乃死地后生。”

田穰苴不禁感慨万千。

孙武陷入沉默，田穰苴的神秘失踪并不神秘，学识大增也无神人相助，唯一的解释就是为了活命，在苦难中锻打淬炼，数年之后始露锋芒。

齐国危难过后，齐景公又可高枕无忧了。他对田穰苴也确实赏识，不过对田穰苴还是有些小小的埋怨的——田穰苴把庄贾斩杀了。

齐景公的王位得来很是意外，想起来似乎是一个梦，一个略显荒诞的梦。

齐景公名为杵臼，是齐灵公的庶子，本无资格立为太子。齐灵公薨逝，齐国大臣崔杼拥立齐灵公的长子光继位，是为齐庄公。本来杵臼可以作为公子终其一生，可是齐庄公的荒淫给了杵臼一个机会。齐庄公继位之后，崔杼成为重臣，备受赏识，而齐庄公也仰仗崔杼，君臣关系非同一般。崔杼经常设家宴邀请庄公，而庄公出入崔杼家中更如同自己行宫一样。但不久，庄公迷恋上了崔杼的妻子棠姜，并与之私通。崔杼恼羞成怒，联合庆封弑杀庄公，一雪耻辱。负责记录的太史如实记载“崔杼弑其君”，崔杼狡辩，要求史官更改，史官执意不从。崔杼一怒之下杀死史官。史官的二弟接班，史官的二弟依然记载“崔杼弑其君”，崔杼杀死史官的二弟。史官的三弟又前来接班，史官的三弟依然记载“崔杼弑其君”。崔杼无奈，最终屈服。崔杼唯恐“弑其君”之罪殃及全家，拥立了齐庄公的弟弟杵臼为国君，是为齐景公，此时杵臼刚满十五岁，幸运地续姜姓之嗣，成为齐侯。

此时，齐景公在位已有三十余年，依然活得有滋有味。烦恼时真烦恼，逍遥时真逍遥。燕、晋入侵时急如热锅上的蚂蚁，把田穰苴从一介草民擢升为大将军，田穰苴不负众望，一举退敌立威。现在燕、晋退兵，齐景公又开始寻找逍遥。宫中养着一帮杂耍之人供他观赏，他最喜欢看的就是走麻绳，在险象环生中寻找微妙的平衡和乐趣。他的当政也如同时时在寻找平衡，朝中田、国、高、鲍、栾几大家族势力庞大，甚至危及王位，他自知无力一一化解，于是有意让其分成三两派别，将矛头对准对方派别，一一将精力消耗在内讧之中，他也乐得隔岸观火，逍遥自在。他既需要治国能臣，也需要玩乐狎友。治国能臣文有晏婴、田乞、鲍国等数位良臣，武有孙书、孙凭、田穰苴、高发、栾虎等众多大将。至于狎友，自然是梁丘据和庄贾等人。

可惜他最宠信的庄贾被田穰苴杀了，一时竟找不到像庄贾那样陪他玩乐的狎友，玩起来未免觉得有些不能尽兴。

一天晚上，齐景公在宫中饮酒取乐，身边同样的景色，耳边同样的乐曲，眼前同样的宫女，杯中同样的酒水。齐景公忽觉寡然无味，愤愤地摔杯起身。吓得侍从、乐师和宫女们齐刷刷跪倒请罪。

齐景公挥挥手让他们下去，带着几名贴身随从走出齐宫。突然想起前几日曾赐给晏婴两名美女，兀自高兴起来。

“走，去晏相家痛饮一番。”

随从引着景公来到晏婴的府邸，远远地见月色下矮矮的一排瓦舍，影影绰绰，有灯光透出。景公有些失落。

齐景公的随从前去通报：“国君来了。”

晏婴辅佐了齐灵公、齐庄公和齐景公三任君王，尤其景公是他从景公十五岁之时就陪伴左右，当然知道景公的癖好。他叹口气迎出门外，故意问道：“大王为何深夜来到臣家？”

齐景公说：“酒醴之味，金石之声，美妙得很，寡人想与相国一起享受一番。”

国君亲自跑来找臣子喝酒，这是臣子莫大的荣耀，是求之不得的事。晏婴却不领情，他板起面孔，对齐景公说：“陪国君饮酒享乐，国君身边自有这样的人，此等事非臣之职分，臣不敢从命。”

景公皱起眉头，说：“前几日我赐予你的两名美女呢？唤出来斟几杯酒尝尝。”

“大王，臣有结发妻子，恩爱有加。不想有女色介入家中。大王赐予我美女，我不能拒绝，我接受之后给了她们些钱财，遣返她们回故乡与家人团聚去了。”

“啊？可惜，可惜。”

景公翘首看看晏婴的房舍里，灯光昏暗，只有几名中年仆人和两名粗笨丫鬟。景公叹一口气：“晏相早些安歇吧，有事明日朝中再议。”

在晏婴这儿吃了闭门羹，齐景公不免有些下不来台。没办法，晏婴是三朝元老，崔杼杀死齐庄公时晏婴就在旁边，崔杼都不敢动他一根毫毛，他也知道晏婴的威望，唯恐激起民愤。另外，晏婴经常当面直谏，景公也有些习惯了。

离开晏婴的府第，齐景公又想起了田穰苴。于是，一行人又来到田穰苴的家中。

田穰苴正在烛下读书，听说齐景公深夜造访，大吃一惊，忙命人拿来甲胄和兵器，穿上戎装，持戟迎接出门，一见景公忙问："有外军入侵？有大臣叛离？"

齐景公一怔，随即哈哈大笑，说："没有没有，大司马为何如此惊慌？现在我大齐外慑诸侯，内安百姓，正是你我享乐之时。大司马应该扔掉战戟，拿起酒樽，可现在这般打扮未免滑稽，我看颇像一只惊弓之鸟。哈哈！"

田穰苴佯装不解，又问："主公深夜来到微臣家中，有何要事？"

齐景公说："寡人没有其他事情，念大司马军务劳苦，寡人有酒醴之味、金石之乐，想与大司马共享。"

田穰苴接下来的回答与晏婴的回答如出一辙："陪国君饮酒享乐，君王身边本就有这样的人，这不是大臣的职分，臣不敢从命。"

齐景公万万想不到，在臣子的家门前竟两次吃了闭门羹，不由意兴索然。侍从提醒他："大王，不妨到梁丘据家吧。"

梁丘据与庄贾同属一类，擅长阿谀奉承。听说齐景公来找他饮酒，顿时乐得手舞足蹈，忙令家奴挑起灯笼，清扫厅堂，大摆筵宴，让侍女重新洗漱打扮，侍立两旁。他自己左操琴、右持竽，口中唱着歌，跑出门来迎接齐景公。齐景公精神大振，与梁丘据相携入室，一行人把酒欢呼。

席间景公醉醺醺地赞赏梁丘据。

"我接连吃了两道闭门羹，甚是郁闷，没想到梁丘大夫这里如此热闹。"

"这都是微臣理应敬献的。大王整日操劳，难得有暇喝杯水

酒。今日臣下能侍奉大王，实乃三生有幸。不知刚才大王去过哪里?”

“还不是晏相和大司马那里。寡然无味，无乐无酒，与村夫家中何异?”

一听说田穰苴，梁丘据手中的杯子差点落地，他想起庄贾在他面前身首异处，鲜血溅了他一脸。田穰苴断喝要杀他，亏他跪地自称“狗东西”讨饶，也多亏他有景公的手令，不然现在不知在哪个荒坟野丘之中。从校军场连滚带爬回来后，他卧床三个月，常常从噩梦中惊醒。当田穰苴凯旋，朝野同庆时，他还在病榻上口歪眼斜地瑟瑟发抖呢。当时他发誓要报仇雪恨。田穰苴官至大司马，深得景公赏识，他只能暂时将仇恨埋在心底。这次景公对田穰苴有不满之词，让他看到了报仇的希望。

他把酒杯一扔，伏在案几上抽泣起来。众人大惊，景公也大惑不解。

“梁丘大夫，这是为何?”

梁丘据抬起头，涕泪横流。

“大王，您还记得庄贾吗?”

“当然记得。那是寡人的爱臣。”

“微臣在这里陪大王饮酒，可庄贾却抛尸荒野。他正是被田穰苴斩杀在我的眼前。我拿着大王的手令，可田穰苴不把大王和手令放在眼里。就因为庄贾迟了些许时间，就被一刀砍为两截了。谁不知道庄贾一辈子尽心尽力侍奉您，可最终……”

“唉!”

景公也想起了伤心事，放下了酒杯。

“大王，昨夜庄贾托梦给我，说他不能侍奉大王，万分愧疚。他自己在地下身首异处，忍饥挨饿。他说你今日会来微臣之处，不忘让微臣替他侍奉您。我梦醒之后半信半疑，但我还是准备了酒馔等待大王，没承想大王您真的来了。有我服侍大王，庄贾地下有知，也该闭眼了。”

众人也跟着他一片唏嘘。

景公对托梦之说虽有些怀疑，但想起庄贾侍奉自己时的情景，也不禁心酸，同时对田穰苴暗生了一丝不满。

田穰苴自己也没想到，景公的这一丝不满被众多妒贤嫉能的人盯住，他的人生轨迹也因为这一丝不满开始了逆转。

次日，晏婴与田穰苴都上朝进谏，劝齐景公不应该深夜到臣子家饮酒。齐景公说："寡人没有你二人，何以治国？寡人没有梁丘据，何以乐身？寡人不妨碍二位，二位也别太关注寡人的事情。"

此言一出，朝中多双眼睛闪起亮光。

田穰苴并没有受到影响，依然勤于训练士卒。齐军数量虽多，但是由不同将军带领，不断党同伐异，不断调整兵丁归属，最后成了各大家族的地方武装，"田"家军、"国"家军、"栾"家军、"高"家军，还有"鲍"家军。尽管没有明确称呼，但是任何大将都很难调动不属于自己派系的军队。

田穰苴校军场上斩庄贾立威后，情况有所好转，众人都很信服田穰苴。尤其力退燕、晋之师后，齐军士气大增，田穰苴趁势重编军队，打破了原来编制，内讧消失了，内耗减少了，实力大增。随即田穰苴统一了阵法与垒法，重修了军队奖惩，加固了军备保障，并且统一了联络方式。齐军一改原先的疲软懈怠，又重现出咄咄逼人的气势。

第八章

拨开迷雾　晏相点拨大司马

孙武更是乐意每天都跟在田穰苴身边，鲜活的例子让他学到

诸多兵书上缺乏的新体验。

孙书和孙凭也满意田穰苴对孙武的亲身传授，同时也叹服田穰苴的学识和兵法。

但是，有人却感到了重重危机。一批人是各大家族的军中将领，现在要调动军队远不如以前方便，自己的家族武装被解散，“田”家军、“国”家军、“栾”家军、“高”家军、“鲍”家军虽然都解散了，但是田穰苴在军中影响最大，岂不是全部齐军都成了“田”家军了？田氏家族真要灭掉其他家族，田穰苴可以调动全体兵力，想想都让人冷汗直流。

感到危机的还有一人——齐景公。来自东海之滨的田穰苴大大扩充了田氏家族的势力，尤其对军队的改造让众人更能感到田穰苴“文能服众，武能威敌”。田氏家族的一支独大打破了各大家族的平衡，齐景公感到了走麻绳的不平衡和坠落的危险。

一日，齐景公去梁丘据家中饮酒，“恰逢”栾虎和高强到梁丘据府上造访，二人见到景公连忙叩拜，景公甚为高兴。

“我和梁丘大夫饮酒正有些冷清，不想你们二人前来，正好陪寡人饮酒。”

酒酣耳热之时，栾虎突然笑了起来，景公问为何发笑，栾虎说：“刚才突然想起一个笑话，忍俊不禁，失礼失礼。”

景公问：“什么笑话？讲来听听，也正好助助酒兴。”

“其实是件真事。前几天家丁巡视，发现路上有两个傻乞丐，一个戴着王冠，一个披着王袍，真是滑稽。”

“啊？”

众人大惊，这可是诛九族的大罪，傻乞丐不知天高地厚，可王冠、王袍来自何处？难道两个乞丐夜入王宫偷走王冠、王袍？真要有如此身手怎可能沿街乞讨？

栾虎接着说：“家丁把二人捉来拷问，两人说是从坍塌的仓房中寻来的，觉得好玩便穿戴起来。”

“哪里的仓房？”

景公急忙询问。栾虎收起笑容说："这个可不敢乱说，唯恐冤枉好人。"

"但说无妨。"

"是，是大司马家的仓房，本来就破败不堪，前几日一场大雨就坍塌了。"

景公大怒，差人连夜追查。田穰苴家的仓房确实下雨坍塌了，两名乞丐已被家丁乱棍打死，只剩下仿制的一顶王冠和一件王袍。虽然不能轻易认定乞丐是从田穰苴家仓房偶然拾得王冠、王袍，但是景公开始对田穰苴疑心重重。

过了几日，栾虎外出狩猎，路上巧遇他的一个远房表哥方统，两人在路上相谈甚欢。方统得知栾虎成了齐景公的宠臣，有意巴结栾虎。方统盛情邀请栾虎去他家中赴宴，栾虎闲来无事，也就跟着方统去赴宴。

酒宴中，栾虎见到了方统的小女儿季珞。季珞年方十五，含苞欲放，楚楚动人。酒酣耳热的栾虎色心大起，召唤季珞过来陪酒，方统内心大为不悦，不过也不好扫栾虎的兴致。季珞羞羞答答地坐在栾虎身边，栾虎酒兴大增，连饮数杯，开始不安分起来，当着方统的面把季珞搂在怀里，手也乱摸起来。季珞哪见过这场景，又害怕又委屈，低声啜泣起来。方统本来想巴结栾虎，没想到引狼入室，忙压住怒火赔笑。

"栾大人，小女年幼无知，哭哭啼啼搅了酒兴。我让她母亲带下去教训教训。"

垂涎欲滴的栾虎很不高兴，酒兴全无，喝了几口闷酒，不觉已经醉了，伏在案几上呼呼大睡。

方统诚惶诚恐地让人把栾虎扶进房内休息，暗自思忖栾虎醒来还会生事，他开始发愁怎样送走这位丧门神。

栾虎大睡一觉醒来，回忆起酒宴上的举动，也觉得有失体统，毕竟季珞是他的侄女。如此美艳的少女自己得不到实在可惜，连连惋惜之时，栾虎突然想起了梁丘据，梁丘据把自己的妹妹献给了景公，得到了景公的宠信。他自己没有妹妹，可是有娇美的侄女，如果把她献给景公，自己必定也会得到景公的宠信。

他赶紧起身去找方统，一见面就说：“哈哈，今天你家可是喜从天降啊。”

方统吓了一跳，以为栾虎要强娶季珞，脸色大变。栾虎说：“不要害怕，真有好事和你商量，你肯定会感激我的。”

栾虎兴高采烈地大谈自己的计划，方统在一边暗暗叫苦。虽然可以攀龙附凤，但毕竟景公已是五六十岁的老人，身边美女过百，况且季珞进宫不是作为嫔妃，很难一直受景公宠爱。如果季珞失去景公的宠爱，可能一辈子终老冷宫。他不能把心爱的女儿推进这个火坑。

栾虎无休无止地劝说，方统无奈地暂时答应。没想到他的缓兵之计遇到了栾虎的死缠烂打。栾虎天天上门，还带着好几名说客。最后方统也有些动心，最终迫于无奈，将哭哭啼啼的季珞交到栾虎手中。栾虎马上给季珞请来先生，专门教授宫中礼节，琴棋书画。半年之后，栾虎将季珞献给了景公。

景公大悦，自然更加宠信栾虎，方统一家也因此加官晋爵。方统没想到有如此好的结局，扬眉吐气之际自然也死心效忠栾虎。

季珞备受景公宠爱，每日锦衣玉食自不必说，一家人也因此飞黄腾达，心中对栾虎也心存感激。栾虎不但趁机增强了自己的势力，而且时不时通过季珞在景公耳边诋毁自己的敌对势力，田穰苴自然也被栾虎在背后说了不少坏话。

景公对田穰苴的态度转变，晏婴自然看在眼里。

一天夜里，田穰苴正在灯下整理当天治兵心得，家丁来报：“晏相登门拜见。”

田穰苴赶紧出门迎接。两人落座之后，晏婴看着案几上的治兵心得，不禁赞叹：“大司马奔波劳碌一天，时至深夜还不休息。他人在灯下饮酒作乐，大司马却心系国家安危。”

“晏相过奖了，职责本分而已。”

二人客气几句之后，田穰苴直言：“晏相深夜来访，所为何事？”

“大司马心系国家安危，有没有考虑自身安危？”

“啊，晏相的意思是？”

“论武功、论治兵，鲜有他人能与大司马匹敌。但是背后射来的暗箭，大司马能躲过几支？来自主公的圣谕，大司马能抗拒几道？”

“晏相，请明示。”

“主公派老朽拜请大司马出山之前，大司马不愿卷入家族纷争，在东海之滨捕鱼之余，潜心钻研兵法。主公开始拜你为将，后擢升为大司马。位高权重之后，大司马就身不由己了。四大家族纷争由来已久，但是各家族实力伯仲之间。没有哪个家族可以轻易地吞并另一家族，也没有哪个家族强大到可以颠覆主公的地位。但是大司马的出现，加强了田氏家族的势力，这种均衡被大司马打破了，虽然是无意之举。”

“我对各家族之间的争斗不感兴趣，也不加入任何一方，为何他们忌恨我？”

“你在东海之滨时，是这个名利场的局外人，你的所作所为与各家族毫无关系。但是一旦进了朝堂，进了这个巨大的角斗场，你或者持剑搏杀，或者坐以待毙。没有第三种选择。”

“我一心为国，主公为何要忌恨我？”

“无论在海边捕鱼，还是疆场冲杀，还是治军练兵，道理相通，但是毕竟有区别。打破各家族平衡，势必引起朝纲混乱，一支独大危及主公地位。一片好意终究是好事，有好意并不一定成就好事。我侍奉三任君主，他们脾气秉性各不相同，唯有因势利导方能保身，唯有保身才能施展抱负。”

“我无意威胁任何家族任何人，我只想为国效力。”

“大司马，你是好人，但仅有好心还远远不够，我也知道大司马也是聪明人。天色不早，大司马尽早安歇。记住，在决斗场里是停不下来的。”

田穰苴当然知道答案，那就是“隐退”。但是他舍不得。不是他贪慕大司马的官位，而是舍不得数万齐国将士。晋、燕联军侵扰齐国，短短数日之内，连续攻占了十余座城池，齐军抵抗不住，节节败退。自他治兵以来，一触即溃的齐军练成了虎狼之师。他更舍不得的是他正在编著的兵法，这是他一生的挚爱。从草创初稿到现在的编修完善，在大大小小的征战中，在千百次训练中，他的兵法如锻打的剑坯，经过千万次的锤炼和磨砺，即将由一块黯淡无光的剑坯变成锋芒毕露的利剑。他想，三五年后，或者两三年后，他会带着一部旷世巨著解甲归田，回归诗酒田园的日子。

但是，他背后的对手可等不了这么久。

第九章

穰苴遇害　孙武出游避纷乱

孙凭夫妇早已考虑孙武的婚事了，思虑再三，决定向鲍家提亲。朝中大夫鲍国口碑甚佳，加之田、鲍两家交情很深，在十年前的四族之乱中，田、鲍两家曾联合击败了栾、高两族。鲍国也非常器重少年英才孙武，欣然将曾孙女鲍姜女许配给孙武。

齐、晋之战第二年秋，孙武迎娶鲍姜女。齐景公亲自到场祝贺，婚礼由相国晏婴主持。爱侄大喜之日，田穰苴更是喜不自禁，喜宴上早已微醺。夜色已深，灯火阑珊之时，喜宴方才散去。

田穰苴谢绝了孙凭的挽留，在家人的搀扶下踉踉跄跄地上马回府。

行至半路，夜色沉寂，田穰苴任由战马不紧不慢地走着。前面是一片树林，树枝暗摇，飒飒作响，阵阵凉意袭来，田穰苴略有清醒，正身而坐。突然从路旁的树丛中“嗖”的一声，一支利箭射来，田穰苴一惊，本能地一仰身，利箭带着冷风从脸上掠过。田穰苴顺势下马，不料另一支紧跟而来，尚未站稳的田穰苴躲闪不及，“砰”，肩部中箭。家人慌忙上前搀扶。田穰苴只觉得肩部酸麻，心中一凉，暗道：“终于来了。”

此地离孙府不远，家人赶紧将田穰苴扶上马往孙府方向奔走。田穰苴止住，凄然道：“不用，我心里明白。赶紧回家，时间不多了。”

田穰苴出任大将军时感觉到的那张无形的大网终于落下来了。

他心里是透亮的，仇家处心积虑，已非一日。自己前去赴新婚喜宴不会手执利刃，也不会身披甲胄，既难防卫也难自保。酒后行动迟缓，难躲连发暗箭，而且中箭后箭毒会趁酒力在体内迅速扩散，即使神医在旁也几无可救。自己久未出山，就是不愿卷入四族之乱的黑水漩涡中，没想到最终还是难逃一劫。

四族之乱由来已久，齐景公初年，左相庆封与右相崔杼政见不合，庆封趁国内战乱，带人围攻崔杼府邸，崔杼遭灭门之灾。庆封专权，日渐骄横，田、鲍、高、栾四族联合抗击庆封，最终庆封逃亡吴国。自此四族备受齐景公恩宠，族中均有卿大夫入朝，正因权势争夺，四族之间自起分歧。齐景公原想让四族互相牵制，有意不做调停，结果朝内将相倾轧，民间也频发族间械斗，栾、高两族与田氏结为世仇，最终齐景公也难以控制局势。

孙武得知噩耗，匆匆策马来到司马府。田穰苴面色暗紫，僵卧在病榻上。田穰苴伤口虽然早已包扎，但一直深陷昏迷。孙武大呼几声叔父，但田穰苴毫无反应。孙武见到旁边放着那支利箭，不禁大吃一惊。那箭分明是史书所载的毒箭之王，箭镞是巴

山之蛇的毒牙，后藏两个毒囊，箭杆用越国见血封喉之木削制，箭翎是十二支鸩羽，即使没直接射中，擦到也难逃一劫。

司马府请了好几位郎中，见到伤口都摇头叹息，收拾药箱直接退出。孙武突然想起了东皋公，东皋公是楚国名医，这几日正在临淄城游历。孙武赶紧派田弦去请。东皋公已年近八十，但是精神矍铄，听说田穰苴中毒箭，抓起药箱让田弦带路。田弦牵挂田穰苴，心急如焚，唯恐东皋公走得慢，弯腰背起东皋公疾奔而回。

东皋公取出药箱最里层的小布包，层层打开，是一粒金黄色的药丸，孙武看得真切，那是一粒医家千金难求的药丸，名叫“吊命丹”。哪怕病人一只脚已经踏进鬼门关，这粒丹丸也能将他的命“吊”回来。孙武赶紧帮东皋公把“吊命丹”碾碎，用水小心翼翼给田穰苴灌下去。东皋公麻利地处理伤口。

“亏得老夫常去巴蜀之地，手中备有蛇药。这粒吊命丹加上这剂斩蛇散能保大司马性命。”

众人赶紧道谢。

果然，一炷香工夫，田穰苴睁开双眼，众人个个面露喜色。孙武赶紧俯过身去，田穰苴紧紧握住孙武的手。

“没想到我们叔侄还能见上一面，刚才我在鬼门关口走了一遭，小鬼正要拿锁链缉拿我时，背后一把铁钩把我拽了回来。”

众人一片惊异之声，唯有东皋公会意地微笑。

因为东皋公借住的医馆还有病人等待，他开了药方，叮嘱田穰苴按时服药，在众人的道谢声中匆匆离去。

众人围着田穰苴正要说话，突然外面人声嘈杂，传来重重叩门的砰砰巨响。田弦疾步前去开门，还未到门边，大门轰然被撞开，前拥后推闯进数人。为首的是梁丘据，高声喊道：“大王有令！田穰苴听宣！”

田穰苴挣扎着坐起来，梁丘据有些猫戏老鼠的感觉，得意洋洋地准备等田穰苴起身后宣读，旁边的高厉止已经迫不及待地喊道：“罢黜田穰苴司马之职，限三日内搬出司马府！”

“啊?”田穰苴不禁大吃一惊,“为何给我定如此罪名?定是小人谗言!”

“这是大王手谕!”

田穰苴浑身发抖。从一个海边渔民到大将军到大司马,田穰苴始终忠心耿耿,为朝廷编制军队,为齐国治军练兵,为景公排除忧患,怎落得大王罢黜,小人欺凌?田穰苴浑身颤抖,怒目圆睁,伤口崩裂,一口鲜血喷出,仰面重重跌倒。

梁丘据率人趾高气扬地离去,孙武赶紧派田弦再请东皋公。田弦开门后发现司马府外已有兵丁重重围困,将司马府的人全部软禁。众兵丁拦住田弦,不让外人出入。田弦满眼泪水和怒火。

“司马大人已经大口吐血,再不救治就死了!”

孙武闻声赶来。

“司马大人受谗言所害,你们也被蒙蔽双眼了吗?司马大人爱兵如子,你们哪个没受过他的恩惠?你们慑于小人淫威不敢直言也就罢了,还违背天理助纣为虐?”

众人理亏,讪讪地说:“暂且不论谁对谁错,看在孙大人面子上吧。”

东皋公又匆匆赶回,把了把田穰苴的脉象,摇摇头,喟然垂泪。

傍晚时分,一生最器重、最关爱孙武的田穰苴身体发冷变硬,一句话也未留给孙武。备受煎熬的孙武大放悲声,几度晕倒。

听到司马府哭声四起,外面的人探头探脑陆续进来,借机四处逡巡。田弦赶紧拉起伏在田穰苴身边的孙武,示意他进了田穰苴的内室。

“孙大人,外面的人多是惦记司马大人的兵法的。司马大人生前猜得没错,他们除了逼死大人外,还想偷走大人的兵法。”

田弦掩上房门,从房梁上的凹洞里取下一样东西,悄悄递到孙武手中。孙武从模糊的泪光中看到一个黝黑的木匣,里面是田

穰苴尚未编完的一部兵法。

“田大人昨晚回来时已知自己时日不多，托付我将这个盒子留给你，让你仔细研读，争取帮大人修订完善。”

“叔父还有什么话留给我?”

田弦几近哽咽道：“当时大人已近昏迷，只是说让孙将军避乱出游。”

孙武向司马府大门走的时候，周围几个兵丁狐疑地紧盯着他，大门处一群兵丁围了上来，拦住孙武。

“孙大人，请留步。”

“何事?”

孙武压住悲愤。

“大王有旨，司马府已经查封，府内所有东西都已充公。”

“什么？难道你们认为我偷拿东西?”

“不，不，小的不敢，例行公事。”

“那还挡路?!”

“孙大人，请您也体谅一下小人的难处，我们也是奉命行事。能否让小的们查验一下。”

“查验何物？这把剑?”

“不不，这是孙先生的无疑。”

“难道怀疑我偷盗钱财?”

“更不是，孙先生哪里看得上这些破烂之物。”

“那还要查验什么?”

兵丁们面面相觑，有一个与孙武熟识，说:“孙大人，我们奉命搜查兵法。里里外外都快搜遍了也没找到……”

旁边一人拽了他一把，说话人自知失言，赶紧闭嘴躲到众人身后。

“哦，那你们怀疑我身上带了田大人的兵法?”

众人相视无言，不置可否，但是依然围着孙武。

“那我是带了竹简还是丝帛？竹简过于笨重，身上无处可藏。

至于丝帛倒是可以裹在身上。难道我要脱下衣服给你们看看?”

众人依然如旧。

孙武怒不可遏，手按到剑柄之上。

僵持之时，人群后有人大喊:“让开，让开，怎么回事?”

原来是栾虎赶来。

“哟，是孙大人。这是怎么回事，怎么这么多人?散开散开!”

“栾大人，这是你的手下?”

“对不住啊，孙大人。这些废物看不出眉眼高低，冒犯了孙大人。孙大人莫怪。”

“他们怀疑我身上带了田大人的兵法。”

“兵法?什么兵法?一个乱臣贼子，有什么言论也是妖言惑众，胡言乱语，妄谈什么兵法?”

“那我可以走了吗?”

“当然，当然。我这里没问题，只是命令是大王亲自下的，我也无能为力啊。我只是当差而已，孙大人你看……”

“好，为证明我的清白，也为栾大人好当差，可以查验。”

“你看你看，这多不合适啊。”

孙武压住怒火，脱下外衣，扔给栾虎。

“还需要再脱?”

“不用不用，这已经冒犯了，过场而已。来来来，我给孙大人披上。”

栾虎走了过来，趁着给孙武披衣，着着实实瞄了好几眼，随后半信半疑地假笑着让孙武离开。

一阵凉风吹过，孙武身寒心更寒。

本该新婚燕尔的孙武却是在失去叔父的悲恸中度过的。孙书、孙凭、田乞等人向齐景公求情，齐景公应允可以将田穰苴安葬在田氏家族的冢群之中。田乞和孙书帮着安置司马府上下的家眷，遣散了佣人。司马府瞬间成了一座空宅，少了人气，愈加破败。一开始还有数人在里面逡巡，想搜出田穰苴所编著的兵法，顺便捡拾些散落财物。天长日久，一所好好的宅子被拆得七零八落，已是断壁残垣，但连兵法的影子也没发现。众人渐渐也死心了。这座破败的宅子逐渐杂草丛生，成了山猫野狐的乐园。

田弦在田穰苴墓前盖了草庐，要终生为田穰苴守墓。

三日之后，孙府夜里突然有人生病，请来了给田穰苴临终前诊病的东皋公。

田穰苴遗留给孙武的黑匣子顺理成章地到了孙武手中。东皋公第二次出门之时，孙武看到了东皋公诚挚温和的眼神，他将黑匣子藏在他的药箱中，逡巡的兵丁都在紧盯着孙武、田弦和司马府的家眷，没人想到东皋公会携带兵法离去。

第十章

真假兵法　孙武墓地寻真凶

料理完后事，孙武和父母商议，说出了叔父的遗言。

孙凭沉思良久，说：“你叔父是对的，他早就料到这一步了。射向你叔父的毒箭也许不是最后一支。四族纷乱渊源很深结怨已久。尽管我们受主公恩赐改变姓氏，但栾、高两族仍耿耿于怀，如今娶了鲍氏，孙、鲍联姻，更是令栾、高两族嫉恨，不知今后又会给我们设下何种羁绊。你的才华不能浪费在这些蝇营狗苟之事上，与其做笼中争斗的燕雀，不如做展翅的鲲鹏。齐、鲁、吴、楚、越诸国方圆几千里，千百年战事频频，民间也有能人异士归隐。淡出政事，考察古战场也是演习兵法的良策。”

孙武考虑再三，决定出游。

孙武临行前将叔父所遗兵法细细研读，夜以继日加以修缮，又将木简上的原文誊抄在丝帛之上，随身携带，并将叔父的手迹珍藏起来。之后，这部兵法又经多位兵法大家修缮，终成一部兵法大典，因原著是齐国大司马田穰苴，史称《司马兵法》。

孙武告别娇妻鲍姜女，辞别父母，骑上战马，腰挎虞堪剑，踏上寻探古战场之路。

齐、鲁长勺大战的古战场，宋、楚泓水之战的遗址，孙武都逐一亲临。他勘察地势，探访守墓人，拜见垦荒者，在心中将烂熟于胸的战例一一复原，揣摩着两军的攻守进退，体会将相的用兵之道，星光月色下将所顿所悟悉数记下。

站在凄风冷雨中凭吊，万千将士呼啸荒野，斧钺相撞声、喊杀声犹在耳际，血色残阳在眼前弥散。孙武一睁眼，耳边却只有冷风掠过，眼前却只有累累白骨，残戈锈戟。孙武叹息一声，提笔写下："兵者，凶事，不得已而后行。"

孙武骑马返程，天色暗淡下来，乌云遮日，凉风乍起。孙武见雨意渐浓，赶紧催马向临淄城飞奔而去。行至临淄城西南四五里处，一片萋萋荒草。杂乱的草丛中，一条新踏出的小路蜿蜒向前，通向田穰苴的墓田。孙武调转马头，想起为田穰苴守墓的田弦，他想着去祭拜一下叔父，顺便找田弦聊几句，也好在草庐内暂避风雨。

很快到了墓田，田弦日夜在墓田修葺坟墓，很多民众，无论平民百姓还是贤臣良将，或者内心佩服田穰苴，或者为田穰苴喊冤抱屈，常来墓田缅怀，家境宽裕的，敬献香烛酒水，身无分文的平民空手而来，也不忘在坟头添一抔黄土。田穰苴的坟墓渐渐也有了三四丈之高。

赶到草庐旁，孙武把马拴在一棵小树上。向田穰苴的坟墓叩拜之后，转身进了草庐。以前孙武也常来，田弦都是在墓田忙着清理杂草，加筑围墙，待孙武祭拜都是恭立一旁。今天孙武前来却没见到田弦的影子，还纳闷是不是田弦累了在草庐休息。孙武刚迈步进草庐，突然闻到一阵腥味儿，同时脚下一滑险些栽倒。

孙武心中大惊，暗叫一声“不好”，迅速拔剑在手，警惕地环顾。

草庐内一片狼藉，遍地血迹，血泊中躺着一人。孙武弯腰细细察看，正是田弦。田弦遍体鳞伤，伤口深可见骨。孙武用手试探田弦的鼻息，田弦浑身冰凉，早已没了气息，却怒目圆睁，双拳紧握。

循着纷乱的血脚印，孙武提剑出了草庐。血脚印渐渐淡去，消失在杂草丛中，看来凶手早已逃离。

一阵夹杂着血腥的凉风吹来，冰凉的硕大雨点开始滴落，很快电闪雷鸣，狂风夹杂着雨点劈头盖脸袭来，砸在脸上又疼又麻。

脚下很快积满了雨水，脚印更是无迹可寻。茫茫的雨幕中，孙武心如刀绞，叔父被人陷害，仅留下葬身之处；田弦一直忠心耿耿，本想陪伴田穰苴一生，没想到遭此横祸，曝尸荒野。

雨幕中天色迅速暗了下来，孙武仰天长叹，贤良之士为何落得如此下场。究竟是小人作祟，还是朝廷衰败？现在的齐国如这场大雨，热闹、纷乱而又令人窒息。

孙武回到草庐，半跪在田弦的身边，伸手从他脸上抚过，却无法让田弦闭上怒睁的双眼。

“田弦，你能告诉我谁是凶手吗？心中有何事让你闭不上双眼？”

回答他的只有凄风冷雨。

孙武脱下长袍，裹住田弦，把他放在马背，牵着马冒雨返回了临淄城的家中。

天已黑透。孙武拍打门环，家仆开门后赶紧小跑着禀报夫人。鲍姜女没想到出游多日的丈夫会冒雨赶回，当她看到孙武铁青的脸色和马背上的田弦，不由大惊失色。但是鲍姜女很快冷静下来，让家仆抬下田弦的尸体，准备把孙武迎进房间。

孙武抬手止住夫人，挥挥手让家仆退下。他自己抱下田弦的尸体，轻轻安放在后院大槐树下的石板上。他坐在旁边的石凳上默默地守候着田弦。

雨已经停了，乌云依然没有散去。凉风吹过，树叶上大滴的水珠扑簌簌地落下来。鲍姜女什么也没有问，和丫鬟一起做好饭菜，端到后院来，又取来香烛和酒水一并放好。

田弦一辈子忠厚老实，从不与人结仇结怨，在田穰苴的墓田里守灵更是远离尘世，为何遭此毒手？原因只有一个：凶手觊觎司马穰苴的兵法，司马穰苴已经逝去，田弦作为司马穰苴的贴身家丁，自然是最后的知情者。不难猜出杀死田弦的真凶或者幕后指使者，他们既知道田穰苴生前有兵法著述，又是不惜一切代价想得到它的人。他们没有从忠诚的田弦口中得到什么，自然还会不死心。

翌日，孙武和家丁驾着牛车来到田穰苴的墓田。孙武和家丁在田穰苴的墓旁新挖墓穴，葬下了田弦。孙武分别祭拜了田穰苴和田弦，然后让家丁从车上抬下大捆的竹简，在田穰苴的墓前点燃焚烧。

竹简噼噼啪啪地燃烧起来，火焰在风中摇曳，浓烟腾起，在坟茔上空盘旋，久久不散。

附近的乡民见到烟雾升腾，不似平日里的香烛，都好奇地赶来围观。见孙武和家丁拆开大捆的竹简，一片片投入火中。有好奇的乡民悄悄问家丁这是怎么回事，家丁叹息道：

“大司马死后，田弦往孙先生家存放了些竹片，当时还神神秘秘的，我们也不知是什么玩意儿。田弦也不知是惹恼了哪路神灵，昨晚死在这茅屋里了。还是我们先生仁义，念在与大司马同族的面子上，让我们把田弦埋在大司马旁边，省得被野狗拖去吃了。那些破竹片，我们想着也晦气，干脆一起烧了，让他带走……”

孙武远远地听到，猛地一转身，满脸的悲伤和愤怒，皱着眉头看了那名家丁一眼，多嘴的家丁赶紧止住话，低头分拆成捆的竹简。

祭拜之后，墓前到处是散落的零星竹简，未燃尽的火堆，不时有阵阵旋风刮来，卷携着灰烬和火星在墓顶盘绕。孙武在墓前坐了好久，起身和家丁一起驾车离去。乡民渐渐也觉得无趣，三三两两地散去。

太阳渐渐西斜，远远望去，似悬在田穰苴的墓顶。良久，突然震颤一下，迅速地滑进荒草绵延的地平线下。

夜色和薄雾逐渐笼起。一个身影从临淄城走来，慢慢地靠近了田穰苴的墓田。影子进入墓田，路过草庐，停在田穰苴的墓前。影子向两座墓分别躬身，似在祭拜。随后弯腰在地上寻找捡拾着什么。

草庐里突然冲出另一个人影，手中剑在暗淡的星光下放出寒光。此人正是孙武。

他白天安葬田弦是真，焚烧竹简是假。焚烧兵法一事众人关注，很快就会从乡民的口中传到感兴趣的人耳中。无形中向大家宣告了兵法去向，对此，自然是有人相信，有人怀疑，不过至少可以作为饭后谈资。真正处心积虑要得到兵法的人，会想到田弦将兵法交给孙武，但不会轻易相信孙武将其焚烧来祭奠田穰苴，他们会悄悄前来查验。而这些人中肯定有陷害田穰苴、杀害田弦的真凶或幕后指使。孙武假装和家丁驾车离去，实际在天黑前早已秘密潜回，隐藏在田弦的草庐中。

果然不出所料，有人偷偷来到墓田。

几名家丁也挥舞棍棒，跟在孙武身后冲出。那人来不及站起身，孙武已经冲到他眼前，一脚重重踢在他身上，那人随即栽倒在地。众人将其按住，那人突然开口说话："孙贤侄，是我。"

孙武一愣，声音如此耳熟。有家丁点起火把，凑在那人脸前，竟然是齐相晏婴！

大大出乎众人的意料，大家赶紧扶起晏婴，连连赔罪。孙武接过火把，家丁们赶紧扔掉手中棍棒，远远地躲到夜色中。

孙武一手举着火把，一手搀着晏婴去草庐坐下。

杀害田弦的肯定不是晏婴，那晏婴为何深夜来到墓田？

“晏相，实在抱歉，天大的误会。但不知您不顾路途遥远，深夜来荒郊野外所为何事？”

“赎罪，救人。”

“晏相赎什么罪？”

“田先生受人陷害，我虽然之前有所察觉，也提醒过他，但我也没想到那些人如此歹毒。田先生是我拜请出山，挽救齐国于生死存亡关头，平日更是兢兢业业。这几年齐国国力大盛，田先生功不可没。可惜落到如此下场，奸佞小人不但背后射毒箭，而且罗织罪名陷害大司马。”

晏婴捶胸叹息。

孙武连忙安慰，说：“晏相，您对田先生推崇有加，朝野有目共睹。叔父是受人嫉妒，才遭此黑手。此事与晏相毫无干系。”

“孙贤侄，”晏婴郑重地看着孙武，“我脱不了干系。有人罗织罪名向主公告发时，我在场。主公决意罢黜田先生时，我也在场，我本可以向主公进谏，但我犹豫再三，最终听任主公颁发了罢黜手谕。”

这远超孙武的意料，他将询问的目光投向晏婴。

“田先生的能力和功劳无人可以取代，但这也正是此事的孽根所在。带兵之初为立军威，田先生斩杀主公的宠臣庄贾，严惩梁丘据，虽然伤及主公和某些家族，但是振奋了军心，击退了晋、燕之师，主公非但不怪罪，反而擢升田先生为大司马。之后整饬军制，操练将士，凝心聚力，十万大军上下同心。”

晏婴顿了一下，不再往下说。

“于国于民，这岂不都是好事？”

“粗看一下，确实如此。但是这对主公和齐国不利。”

“怎讲？”

“田先生位至大司马，功高位重权倾朝野，打破了各家族的势力均衡。”

晏婴指了一下草庐角落一个翻倒的案几。

“不论是百姓家的杂木案几还是朝中的黄铜钟鼎，不论它有几只足，必须要长短相同才能立稳，任何一只被截短或加长都会导致整体倾覆。有人在背后向主公密告田先生拥兵自重，试图谋反。虽然主公也记得田先生在临淄城外宣誓效忠，卸甲进城拜见主公，但三人成虎，这些诬告多了主公自然会起疑心。”

“那主公也不会因为疑心就轻易罢黜朝中重臣吧?”

“当然不会。即使主公疑心再大，田先生一片赤诚之心我还是清楚的，我也会直言进谏的。可是……我没有。”

“晏相有何顾虑?”

“虽然田先生幼年之时受田氏家族排挤，但身居大司马之位之后，必然被田氏家族拉拢。不论田先生是否愿意，他已被视为田氏势力之中的中坚力量，已经极大地加大了田氏的权重。所以主公必然要除去田先生无疑。”

“如果不罢黜田先生会如何?”

“之前，几大家族实力相当，互有制约，互有忌惮。没有任何一族势力强大到危及主公，没有任何一族势力可以轻易吞并其他家族。田先生位居司马后权倾朝野，田氏家族蠢蠢欲动，意欲吞并其他家族，甚至可能取代姜氏。”

孙武沉默了，他心里很清楚，如果任其发展，晏婴的预测结果是难以避免的。

“有何补救措施?”

“唯有田先生隐退。”

“如果不隐退?”

“其他家族暂时摒弃前嫌，联手对付田氏。如果田氏得手，将独霸朝廷，姜氏有被取代之危；如果田氏失利，其他家族会为分赃再次内讧。无论是何结局，齐国必定大乱。各家族的互相内耗，乡民纷纷反目为仇，扔下犁锄，拿起戈戟，农田荒芜，坟茔累累。国力削弱，齐国必定亡国。”

晏婴无奈地摊开双手，又说道：“一边是劳苦功高的田先生，一边是齐国的黎民百姓和江山社稷，如同我的左、右手，割舍哪个我都痛心。但是最终不得不取舍啊。”

孙武明白了，晏婴身为辅佐三代齐公的元老，身担齐国臣民和社稷的重任，无论如何痛心，最终还是会选择舍弃田穰苴，在齐景公准备罢黜田穰苴时，他选择了沉默。

责怪晏相？责怪齐王？责怪田穰苴？责怪那些奸佞小人？

似乎谁都有责任，又似乎谁都只能选择这一步。

孙武记得见到田穰苴第一面时，他正在左、右手对弈，如今酷爱下棋的田穰苴无疑成了齐国的一枚棋子，为了保住齐国的最终胜利，棋手齐景公忍痛舍弃了这枚棋子。

其实，谁又不是这盘棋局上的棋子呢？

孙武和晏婴对坐良久。

“晏相，您刚才说来这儿是为了赎罪和救人。那准备救谁？”

“一个是你，一个我不认识。”

“请晏相明示。”

“孙先生今天所烧的是田先生的真迹吗？”

“晏相英明。”

“孙先生不是想引蛇出洞吗？”

“对，为叔父和田弦报仇。”

“陷害田先生的不会是小吏，杀害田弦的也并非毛贼。今晚来的人你捉住他又能如何？放走他，你绝不甘心。杀死他，会引来更凶猛的反扑，之后你也不会善罢甘休。冤冤相报，世代结仇。会有更多的人卷入这场纷争，会有更多的人为此丧命。”

“我不杀他，只想知道那人是谁不行吗？”

“不可。如此大的仇恨你不会安然处之的，势必埋下仇恨的种子。所以我早早来到此地，那人见我们在此，也就明白事情已经败露，不会再出现了。”

“那叔父和田弦就这样白白死去？”

晏婴郑重地看着孙武。

“我知道贤侄有经天纬地之才，不愿你陷入这种纷争。田先生起初也不想卷入，但最终还是深陷其中。如果你能从田先生之死中悟出什么，也不枉田先生对你悉心传授，也算田先生在天之灵护佑你。贤侄，你一定记住今晚我的话，也许之后某一天田先生之死能换来你一条生路。”

孙武点头，虽然尚未领悟深意，但他冥冥之中觉得，也许将来某一天某一个重要时刻他会明白的。

第十一章

路遇奇女　孙武初识玄女法

孙武回到家中，已是深夜。

鲍姜女还在灯下守候。孙武原原本本地告诉了夫人事情全部经过，夫人也不禁黯然神伤。

“田大人一直与你既是叔侄，又是师徒，同我们如家人一样。以后我们年年祭祀，宽慰二位在天之灵。”

孙武点头。

“叔父含冤去世，田弦无端被害，两人都葬于同一墓田，园内怨气太重，二人的魂灵也难以安宁。虽然田弦愿意陪伴叔父，但是田弦埋葬地离他遇害的草庐不足十丈，现在顾全大局不追究凶手，田弦地下有知也难以瞑目。”

“那你打算迁葬田弦?”

“对。我想明日去一趟东海，叔父在东海之滨生活了十数年，也算叶落归根。临淄城是叔父建功立业之处，但是与他作对的魑魅魍魉太多，叔父的魂魄不肯入土，难道让他成为孤魂野鬼？我想在叔父的旧居处修一座衣冠冢，让他生前的亲朋老友陪伴他。然后将田弦迁葬到叔父的衣冠冢，两人在海边听风赏涛，也算安心定身。”

鲍姜女感受到孙武的善良和细心，依偎在孙武的身边，手抚着孙武消瘦的脸颊，心疼而又幸福。

第二日，孙武带领家丁前去迁葬。正在忙碌间，家丁停下来，说：“孙先生，晏相来了。”

晏婴在朝中听到孙书提及此事，下朝之后也让家仆驾着牛车赶到了墓地。

“晏相，您公务繁忙，此乃家族之事，就不必烦劳您了。”

“贤侄，田先生是我亲自拜请的，该由我亲自送回。贤侄不必再谦让，我们一同护送田先生回归故土，也算是弥补我心中的愧疚。”

晏婴的家丁驾着牛车载着晏婴，孙武骑着踏云乌骓跟在后面。牛车上还载着裹着麻布的田弦的尸体，孙武怀中抱着一个紫檀木盒，里面是孙武从司马府找到的田穰苴的衣物。众人心情沉重地赶往东海之滨。

五年前，齐国岌岌可危，晏婴和孙武快马加鞭地去拜请田穰苴出山。五年后，齐国一片祥和，晏婴和孙武将田穰苴和田弦送回。只是这一次是一具尸体和几件衣物。

孙武游历期间，常去东海和临淄城南祭拜。

一日，孙武从东海赶回，沿途一片荒芜。时令已是深秋，饱满多汁的黄蓿早已干枯，艳艳的红地毯早已衰败，似满地杂乱的枯柴，偶尔几只觅食的野兔隐现其间。

孙武眼见太阳偏西，准备催马疾行，赶到天黑前赶回乐安城，实在到不了，就去柏寝台的田开处借宿一晚。

忽然，远远有个影子吸引了孙武的目光。荒野平坦空旷，那个影子似乎是卧在远处，在一望无垠的旷野中很是醒目。孙武有

些好奇，掉转马头离开道路，径直到了那个影子面前。

走近才看清，一个人僵卧在地上，瘦小的身子蜷缩着，衣服破旧，满是尘土。孙武上前扳过那人的身子，那人面目清秀，是个小姑娘。她双眼紧闭，不过尚存一丝气息。

荒野之中出现一个昏倒的女子，这大大出乎孙武的意料。女子衣衫单薄，瘦小的身子在瑟瑟发抖。孙武赶紧脱下长袍，将女子裹了起来。他从行囊中拿出水囊，给女子灌下几口水。气若游丝的女子呼吸渐渐平顺起来，慢慢地睁开了双眼。

“姑娘，姑娘，你怎么在这里？”

女子看到孙武，似乎有些惊奇，看到自己在孙武的怀抱里，有些苍白的脸上现出红晕。她似乎在努力地回忆着什么，最终轻轻摇摇头，疲惫地闭上眼睛。

荒郊野外，即使问清女子的来历，也不能将她独自一人留在这里。孙武只得抱起她，准备把她放到马上。突然，地上奇怪的脚印吸引了他。女子身下的地上，有两个硕大的脚印——不是人的，是鸟的大脚印。地面坚实，能踩出如此清晰的脚印实属不易，可以想象那只大鸟的庞大。在深深的脚印上，还可见一片黑色的羽绒，一阵凉风吹过，黑羽绒乘风飞舞。孙武伸手接住，细细端详。

荒野，脚印，羽绒，昏睡的女子，孙武心中迅速地尝试还原当时的情形。

怀中女子的身体又在瑟瑟发抖，孙武翻身上马，将女子揽在怀中，策马向乐安城奔去。

进入乐安城时，天已经黑得严严实实。孙武回到府中，开门的家丁田竹见主人抱回一个昏睡的女子，甚是惊奇，也不敢多问。孙武赶紧唤过丫鬟菱儿：“快，把这位姑娘扶进房间，赶紧做碗热汤，好生照料。”

孙武回到自己的房间，从怀中取出那枚黑色羽绒，坐在灯下细细审视。那两只大脚印在他眼前不断浮现，孙武百思不得其解，想起祖父孙书见多识广，也罢，等那位神秘的姑娘醒来去问问，或者明日去临淄城问问爷爷。突然，孙武想起了孙书给他讲过的一个故事，黄帝和蚩尤大战的故事。同时想起了叔父田穰苴传授给他的《幄奇经》。

涿鹿之战时，黄帝与蚩尤鏖战数日，难分上下。蚩尤最后祭起法术，浓雾如巨大的天网从天而降，严严实实裹住黄帝的军营，三日三夜大雾不散。黄帝的兵士不见天日，难辨山川四野方向。黄帝被困于大山之下，夜间寒冷难耐，西天圣母见此情景，遣使给黄帝送来玄狐之裘，又送来一件神符。神符宽三寸，长一尺，青莹为玉，丹血为文。随后派出弟子九天玄女到黄帝身边，传授黄帝兵法和战阵。为战胜蚩尤，九天玄女又为黄帝制作夔皮巨鼓。夔状如牛，浑身通黑，只有一只脚，但行走如飞，出水为风，入水为雨，目光如日月，声音如雷霆。九天玄女让黄帝剥取夔之皮，做成八十面巨鼓，又取雷兽之骨做成鼓槌。九天玄女帮助黄帝摆下奇门遁甲阵，众将士一起擂响夔皮巨鼓，一击鼓，声传五百里，连续击鼓，声传三千八百里。一时间，整个战场地动山摇，天旋地转，喊杀声直冲霄汉，蚩尤的兵卒被鼓声震得神魂颠倒，头疼欲裂，在九天玄女阵法中更是头晕目眩，蚩尤兵败如山倒。经过这场大战，天下始得安定。黄帝也因此拜九天玄女为师。

九天玄女浑身玄黑，人首鸟身，被世人尊为女战神。

孙武眼前似划过一道利闪。遗落在荒野的黑色羽绒，硕大的鸟爪印，孤零零昏倒在野外的女子难道是女战神？

孙武不顾夜色已深，赶紧唤来菱儿问：“那位姑娘怎么样了？”

“已经喝下一碗莲子羹，现在已经好多了。”

“你领她来我这里。”

不一会儿，菱儿领着那女子来到门外等候。孙武听到菱儿的禀告，急忙说：“外面寒冷，赶紧进来。”

那女子进来了，已经脱下破烂的衣服，穿上菱儿的一身换洗衣服，虽然肥大宽松，又是粗布拼缀，但也衬出她的窈窕身材。刚刚用清水洗过脸，虽无粉黛，却更显俊俏和清秀，灯下愈加显

得娇美，俨然不是荒野中的落魄模样。

女子向孙武深施一礼。

“多谢先生搭救小女子。”

“姑娘为何只身流落野外?”

女子面露悲戚，说：“唉，说来先生可能不相信，我自己也觉得宛若梦境。”

孙武更觉得这女子的不同寻常，说道：“姑娘说说看。”

女子只知道自己住在山脚下，当地人管那座山叫“西山”。在女子的记忆中，从未见过父母，她是由老奶奶一手拉扯大。老奶奶也并非她的亲奶奶，而是山上一位孤苦伶仃的老人，一生没有子嗣。女子长大后，听老奶奶说她是老奶奶从山林中捡回的。一天，山洪暴发，女子和奶奶住的草房瞬间被吞没，奶奶被山洪卷走。洪水冲向女子的一刹那，一道黑影从眼前掠过，一只大鸟从空中掠过，“砰”的一声，巨大的爪子抓住女子的背部，转瞬间，大鸟抓着女子冲上云层。女子只觉得风从耳边呼呼掠过，一阵眩晕，什么事情都不知道了。等她醒来时，自己身处荒郊野外，孙武将其揽在怀中给她喂水。

旁边的菱儿听得一脸惊奇。孙武心里明白了几分。

“姑娘叫什么名字啊?”

“小女子无名无姓，老奶奶在世时叫我小玄。”

“哦?”

孙武心里一惊，难道她真是九天玄女的化身? 真的会有如此巧合之事?

“小玄姑娘识字吗?”

小玄摇摇头。

“自小和老奶奶相依为命，以上山采药为生，偶尔学些女红，没有读过书。”

“小玄姑娘有何打算? 需要我把你送回家吗?”

“唉，先生，老奶奶已经被洪水冲走，我已无家可归。我的命是先生救的，听任先生吩咐。”

“好吧，你就留在我这里，”孙武一指旁边的菱儿，“她叫菱儿，比你年长，你就叫她菱儿姐姐吧，今后留在府上和菱儿洗衣做饭吧。”

小玄面露喜色，谢道：“多谢先生。先生救了我，把我带到这里，这里就是我的家。”

小玄再次给孙武施礼，又牵起菱儿的手，说：“我一定和姐姐一起好好伺候先生。”

孙武摆手让两人退下休息。他独自坐在灯下陷入沉思。

第十二章

渐生情愫　孙武陷入两难地

自此，小玄留在孙武在乐安城的家中，每日和菱儿洗衣做饭，她手脚麻利，聪明伶俐，颇受全府上下的喜爱。

齐景公每年举办一次青年才俊的比武大会，礼、乐、射、御、书、数，不论朝野，不分门第，都可自荐参加，六项赛事逐项比试。孙武早早去了临淄城，在临淄城的家中住了半个月，有鲍姜女的陪伴，有祖父和父亲的教导，自然突飞猛进。果然，六项赛事有三项拔得头筹，国、高、鲍、栾各家族的年轻人也表现出色。齐景公大喜，亲自赏赐表现上佳者黄金百两，锦缎十匹。赏完之后，齐景公意犹未尽，说道：“御马苑中良马众多，有一匹西戎进贡的汗血宝马，宝马理应随英雄驰骋疆场。来人，唤圉人牵汗血宝马前来。”

众人都翘首期待，都想目睹汗血宝马的风姿。不一会儿，侍卫回来了，汗血宝马没有牵来，反而把圉人拖拽而来。圉人面如死灰，浑身瘫软，众人都惊奇地面面相觑。齐景公喝道：“怎么回事？寡人的汗血宝马呢？”

圉人吓得声音颤抖，说：“回……回禀主公，马……马……马死了。”

“什么？”

齐景公拍案大怒。

圉人战战兢兢回答：“自从汗血宝马进了御马苑，一直不吃不喝，接连数日，身体日渐虚弱。我调制了些汤药，给它灌了下去，没想到今天中午……马死了。”

众人面面相觑，嗡嗡的议论声渐起。齐景公心疼地大喊：“来人，把这个无能之辈拖出去。大卸八块！快！快！大卸八块！以解我心头之恨！”

侍卫拽起瘫软在地的圉人，圉人大声求饶。这时，一旁侍立的晏婴站了出来，示意侍卫暂且住手。他向齐景公问道：“主公，此人的确罪该万死，理应大卸八块。只是大卸八块需要步骤。微臣愚笨，不知古圣人尧舜如何将犯错人大卸八块的，也不知尧舜第一步是卸下犯错人的哪一块？”

恼怒的齐景公听完，吃了一惊，心里揣度，尧舜是一代圣王，怎么可能将犯错人大卸八块呢？自己这样做，无疑是与圣贤背道而驰，与桀纣为伍了。

齐景公摆摆手，侍卫退下。虽然收回将圉人大卸八块的命令，但是齐景公依然余怒未消，说：“大卸八块就算了吧。把他交付牢狱，处以死刑。”

晏婴听了，并没有阻止，向景公行礼。

“主公，此人罪大莫及，理应处死。只可惜他还不知道他的罪孽，恐怕死不瞑目。不如微臣替主公您将他的罪状一一列出，让他自己知道罪在何处，然后将他送交牢狱，也好让他死得甘心。主公意下如何？”

“好，晏相快快替寡人给他讲明，也好让他死得心甘情愿。”

晏婴走到圉人面前，用手点指，说道："你知不知道，你犯有三条大罪。"

旁边的齐景公满意地点点头，众人心中疑惑，圉人也是无心之错，晏相为何帮主公非将他置于死地不可呢？孙武在旁边倒是毫不担心，他是知道晏婴的大智慧的。晏婴接着说："第一条，主公将汗血宝马托付给你，结果宝马在你面前暴毙，等同于你杀了马，应当判你死罪。第二条，因为你，主公才为一匹马而诛杀臣民。第三条，主公因为一匹马而杀人，此事让全国百姓知道，必定会因此埋怨主公爱牲畜胜过爱臣民。此事让诸侯听说，必定藐视我们的国家。究其根源，是因为你把主公的马养死了。最终，百姓怨恨主公，邻国藐视主公，他国可能会趁此入侵我国。三条大罪，理当诛杀。现在将圉人交付狱吏，执行死刑吧。"

齐景公听后，不由惊出一身冷汗。众人心中暗自佩服，虽然条条罪状都指向圉人，但是条条指出的恰恰是齐景公的过错。齐景公也因此猛然醒悟，说道："晏相，还是开释他吧。让他回御马苑安葬我的汗血宝马，以后精心照料其余的良马。我不能因为圉人之故，伤了我的仁德。"

圉人千恩万谢退下。齐景公对孙武惋惜地说："汗血宝马已死，那我就赏你另一匹良马名唤'青鬃兽'，只是性子有点烈而已。"

孙武赶紧谢过齐景公。

孙武回家报喜，鲍姜女自然更加欣喜。在家逗留几天后，孙武启程返回乐安城的府邸。他在家丁田竹的陪伴下风尘仆仆进了乐安城。来到门前，远远地看见小玄在门前打扫。小玄见到孙武和田竹，早早停下，站在门外等着孙武下马。孙武见小玄抿嘴偷笑，问道："小玄，你笑什么？"

"我和菱儿姐姐打赌你今天回来，果然你回来了。我赢了。"

"你怎么知道我们今天回来？"

"大清早我就听到喜鹊喳喳叫，肯定有喜事。"

孙武身后的田竹接话说："当然是喜事，还是双喜呢。"

“一定是孙先生大获全胜。”

田竹竖起大拇指。

“小玄真聪明。”

“不是聪明不聪明，是我未卜先知，神仙告诉我的。”

说完，小玄抢在田竹前面，接过孙武手中的缰绳。

“怎么后面还有一匹马啊？真漂亮。”

田竹说：“这是主公给孙先生的奖品‘青鬃兽’，孙先生比赛可是一等一的高手。”

“孙先生太厉害了。我把马牵进马厩。”

田竹连忙拦住，说：“别，这匹马性子烈，连我都不怎么敢牵它。一路上又踢又咬，有好几次差点伤了我。”

“这匹马真漂亮，不愧给它起的名字‘青鬃兽’。”

孙武有意逗她：“喜欢吗？”

“当然喜欢，我也想有这么一匹马，能跟着先生到处游历。”

“喜欢就送你。”

“真的吗？”

“可是你骑不了，这匹马性子烈。”

“如果我能骑了这匹马，先生就送给我好吗？”

“好啊，我替先生答应你。”

田竹在一旁不屑一顾地说。

“谁要你替先生答应，先生亲口答应了才算数。”

小玄满眼期盼地看着孙武。

“好，我答应。”孙武认真地说。

小玄手中牵的是孙武的马，她把缰绳递给了田竹，从田竹手中接过青鬃兽的缰绳。田竹一看小玄来真的，慌了，赶紧从小玄手里抢青鬃兽的缰绳。

孙武摆手拦住了他。他要看看小玄还有什么本领没施展出来。

小玄拽住缰绳，青鬃兽猛地一摆头，张开大嘴就咬了过来。小玄好像早已料到，身子灵巧地一闪，紧贴着马的右肩躲了起来。青鬃兽随即调转身子，扬蹄就踢，小玄依然紧贴马的右肩，一手拽紧缰绳，一手紧紧抓住马鬃。青鬃兽飞奔起来，小玄的脚已经离开地面，身子悬空。田竹惊呼一声，他害怕小玄被甩飞，害怕小玄被甩到地上后被马践踏，青鬃兽碗大的蹄子可是能一击致命的。

小玄紧紧搂住青鬃兽的脖子，一只手拽住马的一只耳朵。青鬃兽又恼火又疼痛，乱踢乱咬，可是既咬不着小玄又踢不到小玄，只能到处狂奔，马蹄咚咚作响，地面微微震颤，腾起一阵阵烟尘。街上的人纷纷躲在门下观看。

两炷香的工夫过去，马蹄声渐渐慢下来，青鬃兽的喘息声渐渐沉重。慢慢地，青鬃兽垂头丧气地站住了，浑身大汗淋漓，腿上的肌肉时不时地抽搐。小玄跳下马来，汗水湿透了衣服，满脸的尘土，被汗水冲出一道道印痕。她站在青鬃兽的旁边，不及马的肩高，青鬃兽显得极为温驯。看着小玄的大花脸，孙武和田竹谁也没有觉得可笑，反而觉得小玄英姿飒爽。

孙武叹服道："小玄姑娘，这匹马就是你的了。"

小玄骄傲地仰着头："那我能和先生一起游历吗？"

"有一个条件。"

"先生快说，别说一个，就是十个、百个我也答应。"

"好多壮汉都驯服不了这匹烈马，为何你能轻易驯服？"

"很简单，避实击虚。这匹马体型庞大，膘肥体壮。单凭力气，十个、二十个我都不是它的对手。但是我知道马靠的是咬和踢，马肩的后部是既咬不到又踢不到的。我身材瘦小，但是可以轻松地附在马身上。马的耳朵是它的弱点所在，一旦抓住它的耳朵，它就混淆方向，只能胡窜乱跑，正好可以消耗它的气力。避开它的咬和踢，掌控它的方向，驯服它还不容易？"

"好，没想到小玄姑娘讲出兵法的味道了。"孙武赞叹道，"那小玄姑娘难道不怕这匹马跑上一整天？那时你的力气早已耗尽了，单单在马上颠簸一天，也足以让你眩晕。"

“这匹马不会跑上一整天的。”

“你怎么知道？”田竹在一边抢白，“青鬃兽力气很大的。”

“力气虽大，但我知道它刚从临淄回来。一百多里的奔波，已经消耗了它一半气力。加上田先生和你刚刚回来，还没来得及给它喂料饮水。它暴怒起来，会很快耗尽剩余气力的。”

“好！”孙武击掌赞叹，“小玄姑娘分析得鞭辟入里，你是从哪里学的？”

“小女子哪有钱去拜师学艺啊？在田间野外生活，总得懂一些事理的，事情虽然不同，事理还是相通的。”

“有道理。田竹，小玄姑娘都能做你我的老师了。”

“先生取笑了。我是有感而发而已。先生还没回答我能不能和你一起游历呢？”

“能，当然能。”

自此，只要不是太远的地方，小玄都骑着她亲手驯服的青鬃兽，陪着孙武一起游历。孙武原先外出勘察古战场之时，不喜欢别人打扰，一个人安静地勘验，记录，沉思，与千百年来的将士们对话。但是自从小玄陪伴他之后，他体会到安静之外的另一种美好。

在孙武眼中，小玄不仅活泼可爱，而且极其聪慧，显示出远超这个年龄的犀利的洞察力，很多时候与孙武不谋而合。

一日，二人在琅槐国的高岗上，考察多年前琅槐和巨淀争夺芦苇荡的战场。绵延的芦苇荡中，不时有狐狸、野兔、雉鸡出没。太阳偏西，二人奔波了将近一天，也都倦了。小玄采了些野果，在河沟中洗净，摆在一块干净的石板上，喊道：“先生，快来吃野果。”

孙武坐在石板旁边，小玄递过一只野果。果子酸酸甜甜，甚是可口。阳光暖暖地照在小玄俊俏的脸上，干净、清新而又温和，孙武心中不禁动了一下。这个聪明伶俐又活泼可爱的孩子是上天送到他身边的吗？在自己心里，小玄还是个侍奉他的丫鬟吗？丫鬟可以辞退，再换一个也没什么。但是如果小玄从自己身边消失呢？小玄是突然神秘地出现在他身边的，会不会在某一天又突然消失呢？

孙武的心情突然有些沉重和失落。

小玄看到孙武脸色的变化，问道："先生，你在想什么？"

"我……"

"先生，你先不要说，容我猜猜。你一定在想，如果我是个男孩子，我们会成为好朋友的，我会永远跟在你身边。"

孙武心里一动，小玄太聪明了，真不敢想象，没有了小玄，自己会怎么样。他不置可否地笑了笑。

两人突然同时沉默下来。

天色渐晚，二人起身策马向乐安城赶去。

一路无话。

等走进孙府的时候，天早已黑透。田竹早就等候在大门外，见二人回来，一面接过马缰绳，一面吆喝厨房备饭。

孙武和小玄早已饥肠辘辘，田竹一直迎候二人也没有吃饭。马背后挂着孙武射杀的几只野兔，田竹看到了，说："先生，今天收获不小啊。不如今晚吃兔肉吧。"

"当然可以。"

田竹拎着野兔，高高兴兴去了厨房。

孙武命人把酒饭送到房间，让小玄、田竹和自己一起吃。

几杯酒之后，驱赶了寒气，三人的话也多了起来。小玄讲述在琅槐看到的趣事，逗得田竹一直在笑，不由多喝了几杯。

外面刮起了冷风，呜呜作响。房内，三人把酒畅饮，暖融融的。孙武看着谈笑的小玄和田竹，心想，要是这种温馨永远持续下去该多好啊。

田竹喝得满脸通红，说："先生，以后出游也带我去吧。"

"你？这可不行，你是管家，虽然这个家不大，可离不开你。你跟我走了，谁替我照料啊？"

"先生，一天两天也行，整天在这个院子里，都把我闷坏了。这么有趣的事，不能总让少夫人去啊。"

孙武和小玄愣住了。

田竹也意识到自己说错了话，赶紧住口，低头假装吃菜。

一朵红晕飞上了小玄的脸颊。

“田竹，你说什么?”孙武皱着眉头问。

田竹低着头，含糊不清地说:“我，我，我也是听别人乱说的。”

“好了，这些闲话别人私下传传也就罢了，你怎么也跟着捕风捉影?”

“是是是，先生，我吃饱了，没什么事我回房去了。今天的账目还没理清。”

“去吧……小玄，你也回房休息吧。这里明日再来收拾不迟。”

一脸尴尬的田竹和一脸娇羞的小玄退了出去。

孙武坐在灯下，心里久久不能平静。小玄被众人称为“少夫人”，难道自己与小玄过于亲密了?自己怎么没有察觉?难道当局者迷?众人怎么看我?夫人会不会知晓?重重疑问萦绕在孙武的心头。

难道要辞退小玄?那举目无亲的小玄能去哪里?去别的地方做个奴婢，凭小玄的机灵和勤快，也会生活得不错。但是她的才华、她的心智，谁人能识?一个聪慧的智者混迹于奴婢之中，无非是默默无闻终老一生，就如同紫檀、沉香会同木柴一并投入火盆。想到此，孙武的心突然疼痛起来。再想到身边没有了小玄，孙武突觉身上冷飕飕的。

第十三章

真相大白　孰对孰错难取舍

接连数日，小玄都低头默默地洗衣做饭，院子里再也听不到她爽朗清脆的说笑声。众人都觉奇怪，唯有田竹知道是自己犯的错，每天都小心翼翼地、不断地瞅着孙武和小玄的脸色。

几日之后，菱儿到孙武房中收拾，整理完毕正要退出，却止住了，看了一眼孙武，欲言又止。孙武眼睛没有离开手中的竹简，随口问道："菱儿，有事？"

"呃，先生，不知我该不该说？"

"什么事？直说就是。"

"是关于小玄妹妹的。"

"哦。"

孙武心里一动，猛抬起头，把竹简放在案几上。

"这几日小玄每晚都悄悄出去，天亮前才悄悄回来。"

"哦，你怎么知道？"

"前几天，我夜里突然腹痛难忍，半夜也没睡着。听到小玄的房门响，我以为小玄起夜，当时没注意，谁知很久也没回来。我迷迷糊糊睡着了，醒来时她已在自己房里。后来几天我专门观察，她都是半夜悄悄出去，天亮前才回。"

"小玄有什么异常吗？"

"话特别少，早上看到她眼睛红肿。其他没有了。"

"哦，你先回吧，此事不要和他人说，晚上多看着点。"

菱儿退下。

当夜，月色如水，疏星点点，寂寥地挂在天边。院门悄悄打开，一个瘦小的身影闪了出去。孙武的房门也悄悄打开，孙武悄悄跟了出去。

两个身影一前一后，远远地来到院外的一片树林，在一棵古槐下停了下来。那个影子在树下矮下身来，仿佛在摆放什么东西。孙武躲在一棵大树后屏息观看，那个影子跪了下来。许久，那个影子一动也不动，远远望去如同一幅剪影。

孙武悄悄走到影子身后，那个影子似乎在祷告着什么。孙武弯腰轻轻拍了一下那人的肩膀，那人猛地吓了一跳，轻轻"啊"

了一声，转过身来。

果然是小玄。小玄连忙起身，问道：“先生，怎么是你?”

“你来这里做什么?”

“先生，我要走了。”

小玄的声音透着悲戚。

“去哪里?”

“我想念老奶奶，又怕先生不高兴，不敢在房内摆设供桌，只能夜里来林中祭拜。老奶奶说她是在一棵大槐树下捡到我的，我想大槐树肯定是通灵之物，果然，老奶奶托梦给我，说很想念我，说这里不是小玄的家，让我随她而去。”

“随她而去？此话怎讲？你怎么去?”

“老奶奶说，我怎么来的就怎么去。”

“难道你所说的那只大鸟要来?”

“老奶奶说大鸟带我来时，鸟爪在我后背留下爪痕，自然会找到我。”

“是伤痕?”

“是，不过还有大鸟给我的神谕。”

“在哪里?”

“在我的后背。”

孙武沉默了。

小玄靠近了孙武的身前，仰起脸，说：“先生，我知道您酷爱兵法，我追随先生数月也受益匪浅。我知道先生也在编著兵法，大鸟给我神谕，我愿给先生一看。”

“可……”

“先生随我来。”

旁边是一座矮矮的小山，小玄牵着孙武的袍袖，沿着小路顺势而上。山顶处地势平缓，伫立着几株苍松，一脉细细的清泉从石缝中涌出，缓缓流向山下。

小玄领着孙武在溪边坐了下来，说：“我愿给先生一观。”

“可是这神谕是在你身体之上，多有不便。”

“先生，我的命都是先生救的，还有什么不能是先生的呢？况且，我，我，我也喜欢先生。”

月光下，小玄羞红了脸。

小玄坐在溪边，背对着孙武，缓缓地脱下百褶罩衣，然后是柔柔的月白色的短衣，手似乎停顿了一下，决然将抹胸解去。白皙的背部完全展现在孙武的眼前。

孙武的心怦怦跳得厉害。他凝神屏气，小玄的后背上，有几处爪痕，仿佛几笔写意画，仔细察看，竟然好像一幅图画，隐约看出是人身鸟首，这不正是九天玄女吗？下面是细密的几行字，似闪电击中烙在背上，月光下清晰可辨：太一在前，天一在后，得之者胜，战则克矣。孙武明白，这是西天圣母派人送给黄帝的神符上面的话。难道小玄真的是九天玄女的化身？

正在沉思之际，小玄轻声问道：“先生，看完了吗？”

孙武还未回答，小玄慢慢转过身子。月光下，溪水边，小玄白皙的身体正对着孙武，又说：“先生，我愿日日夜夜都服侍在先生身边，先生著书立说，我愿红袖添香，彻夜相陪。”

孙武更觉心跳得激烈，他将小玄轻轻揽在怀中。

“小玄，有我，哪里都是你的家。”

自此，小玄除了随孙武游历外，常常陪孙武探讨兵书，她仿佛是九天玄女的灵媒一样，讲述黄帝向玄女请教如何“万战万胜，万隐万匿”，玄女如何给黄帝传授兵法。

之后，两人又谈起黄帝大战蚩尤时的谋士风后，谈起姜太公的《幄奇经》，谈起《六韬》，继而谈到了田穰苴。

“小玄，你还是和叔父很有缘分。”

“为何？”

“我去东海之滨为叔父和田弦祭拜，归途中在旷野中遇到了你。如果叔父的墓不在东海，我今生也许无缘再去。”

“听世人传颂，大司马文能服众，武能威敌。绝不只是一介武夫，定有自己的独到见识。”

“是，如果齐国军队仍由叔父治理，绝非现在疲软之态。可惜，奸佞小人嫉贤妒能，叔父英年早逝。”

孙武给小玄讲述田穰苴如何一路坎坷，大器晚成，如何严爱治军，著书立说，如何受人陷害，悲愤而终。小玄细心倾听，眼睛不禁湿润了。

“我听人说，叔父的兵法都在墓前焚烧殆尽了。”

孙武没有直接回答，沉默片刻，轻声叫道：“小玄。”

“先生?”

孙武再次沉默。

“先生，叫我何事?”

“小玄，你跟我来。”

孙武移开自己的床榻，撬起地上的石板，现出一个洞口。孙武伸手在洞口里按动机关。他擎着一盏灯缩身进去，把灯放进洞中的小龛里，伸手接小玄下去。穿过狭窄的洞口，里面豁然敞亮起来。小玄惊奇地看到里面整整齐齐摞着竹简、木简、成捆的帛书，还有剑匣、铠甲。孙武一一给小玄介绍，抽出田穰苴的兵书，擎灯给小玄观看。

小玄在洞中细细读了一下午。

是夜，小玄回到自己房中，一夜未眠。

孙武在自己房中，也是一夜未眠。

接下来的几天，如平日一样平静恬淡。

忽一日，菱儿清早向孙武禀报，小玄又深夜外出。孙武的心沉了下来。

又过几日，临淄城孙府的家丁来报，孙书偶感风寒，让孙武赶回临淄城，孙武赶紧让田竹备马。孙武在田竹的陪同下匆匆而去。

夜深了。平日，孙武在房中秉烛夜读，灯光直到深夜才熄灭。今天孙府早早就平静下来。

半夜时分，一阵轻微的窸窸窣窣的声音划破了夜的静谧。

两个身影顺着墙根悄悄靠近了孙武房间的后窗，另一个身影悄悄来到孙武房门前，后窗和前门几乎同时被撬开，三人手持匕首溜了进去。突然传出几声惨叫，叫声凄惨尖厉，其余房间的灯也都亮了起来，家丁们手持棍棒赶了出来。孙武房间的灯也亮了起来，孙武和田竹手持利剑站在房中，脚下是两具尸体。房中的床榻已经被搬开，露出地面的洞口处躺着一具尸体，洞中射出的利弩穿透了后背。

小玄从她的房间内冲了出来，径直向孙武跑去，边跑边喊："先生，先生，快躲起来！"

田竹抢先一步，拦在她的面前，挥剑把她逼迫到墙角，从她罩衣下抽出一把短剑。

"先生，她要刺杀你！"

孙武脸色铁青。虽然对小玄的感情日益加深，但对小玄的疑心从未放松过，过多的巧合更令人怀疑。小玄询问他田穰苴兵法之后，他基本确定了小玄神秘出现的缘由。他派田竹前往临淄城，让临淄城孙府的家丁前来报信，谎称孙书染病，他和田竹借机离开，实则天黑后悄悄潜回房内。三名刺客撬门溜进房间，一名搬开床榻，撬开石板，却被暗藏的箭弩射杀在洞口。另外两名在黑暗中被孙武和田竹杀死。

小玄挥舞着手臂，冲着孙武大喊："躲开，躲开！"

田竹冲她挥动刚刚夺过的短剑，斥骂道："你这个贱人！先生对你那么好，没想到你竟然谋害先生！"

突然，一声呼啸，一支利箭破空而至，正中田竹的手臂。小玄冲到孙武的面前，第二支箭随后而至。小玄猛地扑到孙武怀中，第二支箭正中小玄的后心。

田竹不顾手臂的箭伤，一只手挥剑冲出房门，黑暗中一个黑影迅速离去。

孙武抱住怀中的小玄，小玄背上中的箭让孙武心中一沉，这支箭与暗害田穰苴的毒箭一模一样，是威力极大的"毒箭之王"。

“小玄，小玄！”

怀中的小玄口中已流出鲜血。小玄气息微弱地说：“先生，对不起，我愧对你了。”

“小玄，我不怪你。先不要说话，我给你治伤。”

“先生，不用费心了，没用。这箭的毒性我知道。”

“小玄，这是怎么回事？”

“先生，你不是想到了吗？和你想的是一样的。”

孙武把小玄放在床榻上，撕扯下她的外衣，伤口处已经变得紫黑。他无法拔下箭头，因为上面箭头处有巴山之蛇的倒钩毒牙和毒囊。他用力挤压着伤口的毒液。

小玄声音逐渐微弱，说：“先生，没用。趁着我还有一口气息，听我讲几句话……”

孙武疯狂地挤压着伤口，但是流出的血依然是紫黑色。无奈，孙武将小玄抱在怀中。

“先生，我原本无意要害你，只是有人要你和田大人的兵法，知道你推崇九天玄女，便让我扮做孤女，假装昏倒在你去东海的必经之路上。”

“别说了，我都知道。你告诉我谁让你这么做的？是谁害死了我的叔父，害死了田弦，还想抢夺叔父的兵法？”

“先生，我不能说，他对我有真正的救命之恩。十年前，我真正饿晕在野外，是他路过救下了我，我得报答他。”

“是谁？”

小玄吃力地摇摇头，说：“我真的不能说，他确实该死，但他救过我，他欠你的命就让我来偿还吧。先生，请原谅我真的不能说。今晚这四个人中死的这三个也是他雇来的，来历无从查找。唯有第四个，就是射暗箭的人是他的人，但是已经逃跑了。就让这件事永远过去吧。”

小玄慢慢得闭上眼睛。

“小玄，你醒醒！”小玄坚持着睁开眼，“先生，我本来想盗取兵法，但慢慢地，我知道你是个好人，我不忍也不该伤害你。今晚我挡住这支毒箭也算是我的赎罪吧。”

小玄的声音愈发微弱。

“先生，我问您最后一句话，你喜欢我吗？”

孙武盯着小玄已经青紫的面庞，心里似翻江倒海一样。

“先生，先生说话啊，什么结果我都接受。”

孙武郑重地点点头。

“那先生就是喜欢我了。你是我这辈子爱上的第一个人，也是，也是最后一个……我在野外醒来时，是在先生的怀抱里，现在我要离去了，是在先生的怀抱里离去的。我，我知足了……知足了……”

小玄青紫的脸上浮现出一丝红晕，嘴角含着笑，慢慢闭上了双眼。

一行热泪扑簌簌滴到小玄的脸上。

追赶刺客的人回来了，一无所获。田竹是被众人抬回的，手臂紫黑，陷入昏迷中。众人忙着找郎中，乱作一团。孙武抱着渐渐变冷的小玄，静静地坐在床榻上。

第十四章

夺媳为妃　平王受惑信佞臣

孙武含泪埋葬了小玄，连同对小玄美好的回忆，他不想去判断小玄是好人还是坏人。幸好，那支毒箭是擦着田竹的胳膊掠过，而不是直接射中的。田竹的伤势逐渐好转，不过失去了一只胳膊。孙武重新找地方藏好了叔父的兵法，遣散了大多数的家丁和丫鬟，只留下田竹和另外两名忠厚老实的家丁留守着这座宅子。

那匹踏云乌骓已经年老，孙武把它留在马厩，叮嘱田竹精心喂养。他牵出那匹青鬃兽，把行囊也放在马背上，他要远游。

宅子里人气顿时减少了许多，显出些许萧瑟之气。田竹的眼睛红了，泪水扑簌簌地流下，言道："先生，你去哪里？你何时回来？"

孙武叹息道："这一次是远游，也许一年半载就回来，也许三年五载，也许……"

田竹一只手紧紧抓住孙武的袍袖。

"先生，我心中确实不舍。但我知道，这座小城容纳不了先生的大才，我心里也很为先生高兴。先生，放心去闯荡吧。五湖四海，万里疆场，都是先生的天地。"

"田竹，好生看好咱们的家，等我回来时，我希望看到还是这个样子。"

"先生放心。你功成名就了，可以回来看看。在外面累了倦了，也要回来看看。小奴一直等着先生。"

孙武也忍不住泪流满面。

孙武和田竹、和乐安城洒泪分别。

一路上，无数人在孙武心中萦绕。田穰苴、田弦、田竹、小玄……孙武心中愤懑难消。奔波了半月有余，勘察了两处古战场，孙武心情愈加沉闷。一日，行到一处，山清水秀，静谧恬淡，孙武决定在这里暂住一段时间。附近的小镇也仅有几十户人家，简朴而安宁，连个小客栈也没有。孙武见远处荒野中有两间茅草屋，可能长时间没人住，早已破败。孙武见搭建茅草屋的竹架尚且结实，思忖修葺一番也能住些时日。

孙武去小镇上买了些酒食，顺便向店主借来修理房屋的工具。饭后，孙武忙了一下午，把茅草屋修葺一新。许久没劳作了，孙武出了一身透汗。记得来时经过一条小河，孙武去小河里痛痛快快洗了个澡，顿觉浑身舒坦。

在茅草屋里，孙武把半月以来的所见所闻所得一一整理。近期心中愤懑未消，孙武整理兵法不时神游，想到的是如何查出小玄背后的主谋，陷害田穰苴的小人，刺杀田弦的歹人……

夜深了，孙武还在草荐上辗转反侧。突然耳边传来竹简敲击之声，孙武甚是奇怪，难道堆积的竹简散落。细细一听，敲击之声似乎从门外传来。谁？孙武猛地坐起，拔剑在手推开柴门。门外站立一人，乍看有些面熟，定睛一看，孙武不觉毛骨悚然。竟然活脱脱就是自己，只是面容老些罢了。孙武定神大喝："你是何人？"

那人微微一笑，说："我就是你啊。"

"什么？何方妖孽？"

"我就是你，十二年之后的你。"

孙武虽然口中呵斥，但心中还是疑惑为何此人和自己如此相像。那人正色说："这里是十二年后的战场，我就是十二年后的你。"

孙武向四周望望，突然发现不知何时周围冒出无数的坟茔，阴气森森，荒草离离。十二年？孙武疑惑之时，对面的自己用手一指他的手，说："你手里拿着什么？"

孙武低头，却发现手中的剑成了一片竹简。

"你不觉得你手中的竹简杀气太重吗？你编著的兵法是用兵之道还是杀人之道？"

"请明示。"

"你在问谁？"

"我在问你。"

"我就是你，你就是我。"

还未等孙武再问，对面的自己像一层薄雾悄然淡去。孙武再往四周看，绵延起伏的坟茔也消失了，还是一片旷野。

"我就是你，你就是我。"那人的声音还在耳边。孙武恍然大

悟，那是冥冥之中暗示要自省。孙武向刚才那人站立的地方弯腰拜谢，转身回到草庐里，把手中的剑放在竹简旁边。左手竹简，右手剑，如此紧密。孙武拿起竹简细细读来，这时他好似突然跳出了自己的身体，悬在半空中看自己的一举一动，坐在竹榻上的自己似乎是清澈透亮的。他清楚地看到自己写兵法时心中所想的是“杀”、“杀”、“杀”，不由惊出一身冷汗。穷兵黩武，杀人盈野。从十月怀胎到嗷嗷待哺，从牙牙学语到成家立业，全家的含辛茹苦可能止于一羽雕翎，可能止于一把霜刃，可能止于马踏车碾。一瞬间，一条鲜活的生命，一家老小的希冀，荡然无存。能否不战？怎么止战？如果非战不可，如何少战？如果非杀不可，如何少杀？一个个疑问萦绕在孙武的心中。

闭门。

自省。

破茧。

重生。

这夜，孙武在茅草屋内久久不能入睡。

孙武久久未眠，而在远方，还有一人也夜不能寐。

不同的是，孙武是“出游”，而他是“出逃”。

这人就是伍子胥。

孙武想不到他们的人生轨迹会在今后某个时刻相交，二人联手驰骋吴、楚千里疆场，纵横天下无敌。

伍子胥更是想不到，他现在唯一能想到的是“逃”。

怀中抱着一个孩子的伍子胥，在羊肠小道上疾走，满头白发，一脸黝黑。其实，在三天前，伍子胥的头发还是黑的，脸是白的。这天翻地覆的变化是因为一个人，一个伍子胥痛恨入骨的人，他就是费无忌。

十年前，楚国四方割据内乱纷起，楚灵王被杀，其弟弟公子弃疾远在蔡国驻守，听此消息后火速回国，一举平定战乱，自立为楚平王，并立公子建为太子。

孙武奔吴

伍子胥本来可以在楚国和父亲伍奢一起辅佐楚平王，没想到他的命运颠倒，以致落魄至此，也没想到以后会碰到同样遭遇命运颠倒的公子光，尤其没想到的是，他的人生轨迹会在某个时刻和孙武相遇。

他的这一切“没想到”，开始于一场丑剧，继而丑剧演变成一场悲剧。幸运的是，他没有参演这场丑剧；不幸的是，他成为这场悲剧的主角。

这场丑剧的男主人公之一是楚平王，是伍子胥怀中的孩子公子胜的祖父；女主角是伯嬴，伯嬴本该是太子建的妃子，但现在成了太子建的母后。这场闹剧起源于楚平王的“夺媳为妃”，当然缺不了另外的男主人公费无忌和太子建。

太子建十岁时，楚平王任命大夫伍奢为东宫官，做太子建的太傅辅导太子，任命宠臣费无忌为少傅。伍奢与太子建感情日渐深厚，两人情胜父子，伍奢兢兢业业地教授太子。而费无忌眼见伍奢官至正一品而自己是从一品，心理失衡，醋意大发。作为阿谀奉承之徒，他目前所要钻营的目标是楚平王，而少不更事的太子建尚未入他眼中。费无忌本该联手伍奢辅佐太子，可二人从一开始就貌合神离。

不过双方都互相避让，日子一天天过去，太子建的治国之略也初露头角，楚平王也很欣慰。太子建年满十六岁，到了为他选太子妃的时候了。在这个问题上楚平王又多了一层考虑，他要借助这次选妃的机会与周边大国政治联姻。楚国虽然逐渐强大，但问鼎中原才是目标。与其他大国联姻不仅可以化解潜在敌手，还可以强强联盟。在这件事上费无忌早已替楚平王想到了，他进言秦国的公主伯嬴貌美贤淑，与太子建也算门当户对，秦国虽然地处偏远，国力较弱，但可扼住西戎之敌。楚平王也感觉伯嬴是太子妃的最佳人选，于是派遣费无忌前去提亲，秦国见国力强盛的楚国前来提亲，也正有意结交强楚，于是欣然应允。

迎娶伯嬴的路途遥远，回程中突遇大风，费无忌策马赶来保护未来的太子妃。这时彩车的遮帘被风吹起，久闻伯嬴美貌的费无忌趁机偷看了一眼，正好伯嬴也往外看，虽然有面纱半遮半掩，但也看得清楚。费无忌心里暗暗惊呼，自己见过无数绝色女子，但在伯嬴面前这些人都黯然失色。秋波顾盼的娇羞，高贵典雅的气质，尤其对视的一瞬间，费无忌仿佛坠入一潭无底的秋水中，魂魄立时被摄去。

费无忌一夜未眠，倾国倾城的伯嬴的面容始终萦绕在脑海。不过他知道有些事自己是绝对不能做的。他拼命压制心里不断浮现的罪恶念头，天色微亮准备再次启程时，另一个不但罪恶而且荒唐的念头浮现出来。

进宫之时，费无忌将一名美貌的侍女送入了太子建的东宫，而将伯嬴暗暗带入楚平王的王宫。费无忌向楚平王回禀，说带回几名能歌善舞的异域女子，准备了一场歌舞让楚平王观看。同时他吩咐几名女仆服侍伯嬴在屏风后一同观看。伯嬴不谙楚国的婚嫁风俗，顺从地答应了。费无忌特意引领着楚平王从屏风后走过。楚平王一眼瞥见伯嬴，坐拥无数佳丽的楚平王也顿时失神。费无忌忐忑的心终于放下，诡秘地笑了，因为他的计划成功了至少一半。

果然，楚平王关切地问费无忌此人是谁。费无忌让身边的人退下，故作惊讶地说："大王，这不是您要迎娶的秦国公主吗？"

"什么？"

楚平王大吃一惊，继而愤然大怒。

"这是迎娶太子妃，不是寡人选妃子！颠倒伦常，这……这传扬出去岂不让天下人耻笑！"

听到楚平王的咆哮声，费无忌假装害怕，慌忙跪倒。

"罪臣耳背，当时只听秦王说嫁女结交楚国，未听清是将公主迎进王宫还是东宫。罪臣考虑到太子尚且年幼，以学业为重，选太子妃一事可从长计议。"

费无忌低下头来，似乎又在思虑什么。他适时地补充了关键的一句，说："此事是罪臣一手操办，他人不知。要是追究罪责，罪臣一人承担。”

楚平王本来已垂涎伯嬴的美貌，只是囿于伦理纲常不便开口。现在他人不在场，尤其费无忌的一句“他人不知”，更让他色心大动。他心里暗暗称赞费无忌的精明，嘴上假装训斥了费无忌一番。当天晚上，费无忌亲自将伯嬴暗暗送入楚平王的寝宫。

伯嬴入洞房之后，惊奇地发现“太子”如此苍老，心里明白受骗，但是反抗无用，可怜的伯嬴只得认命。

楚平王沉浸在新婚之喜中，慷慨地将费无忌擢升两级。

费无忌大功告成，久久沉浸在志得意满的亢奋中，直到有一天，在回家的路上，一个身影突然出现在他的面前，一把利剑寒光凛凛地指向他喉间。

第十五章

惨遭灭门　子胥出逃图借兵

来人是怒不可遏的太子建。

“夺媳为妃”的丑剧不可能永远为人不知。太子建很快就知道被蒙蔽了，恼羞成怒的他差点一剑刺死那位冒充伯嬴的侍女。他觉得天下人都在奚落他、指点他。从侍女的口中他知道了幕后的黑手是费无忌，他举剑冲出宫，几名忠心的随从阻拦不住。他把费无忌拦截在半路，费无忌的随从见是太子，也不敢上前阻拦。费无忌吓得从车中滚落，面对利剑百般抵赖，杀红眼的太子建哪里听得进去。费无忌命悬一线之际，一只大手拉住了太子建的胳膊。来人是闻讯匆匆赶来的太傅伍奢。伍奢尽管对费无忌的龌龊和楚平王的无视伦常心存不满，但是他更顾及楚国的大国威仪，既然“夺媳为妃”的家丑已经无法遮掩，闹得天下沸沸扬扬了，就不能再让太子杀臣，父子争妻的丑闻再发生了。

太子建虽然敬重太傅伍奢，但此时他如同嗅到血腥的饿虎，怎么也阻拦不住。为了给太子建消气解火让费无忌暂时逃过这一劫，伍奢大声训斥费无忌。

躲过这一劫的费无忌不但不感恩，反而以小人之心猜度这是太子建和伍奢合伙演的一出戏，不但更加忌恨伍奢，而且深知太子建不会善罢甘休，他决定设计除掉两人。

太子建不但仇恨费无忌的无耻，也厌恶楚平王的荒唐。天长日久，父子从隔阂顿生逐渐恶化到反目为仇，费无忌趁此机会火上浇油。

伍奢为了安抚太子建，主动为他做媒，将自己的一位同样貌美贤淑的侄女向太子建举荐。楚平王也怕太子建节外生枝，赶紧应允下来，举办了一场隆重的婚礼。太子建的婚后生活过得倒也甜蜜，第二年添了一个可爱的儿子，取名胜。这场闹剧似乎逐渐被人们淡忘，但实际远远没有结束。

一天夜里，太子建星夜来找伍奢，不等坐下就满面愁容地说：“师傅，现在他准备让我到北疆边塞驻守城父。”

自楚平王做出不伦事情之后，太子建绝口不叫“父王”，确实到了不得不提的时候勉强称之为“他”。伍奢心里很不平静，他知道太子建整天在楚平王身边虎视眈眈，楚平王早就想把他从眼皮下除去，同时也把伍奢和太子建分开，而且伍奢也知道这肯定也是费无忌的主意。但他不能直接告诉太子建，不然太子建会连夜闯进费无忌家的。他一边思考第二天如何说服楚平王，一边安抚太子建，说：“你也到了领兵历练的时候了，城父位居要地，远可进攻中原，近可安定楚国。”一夜长谈，太子建才勉强接受了这个事实。

第二天上朝之时，伍奢向楚平王进谏，或让太子建暂留宫中继续修学，或由他陪伴太子建去城父。费无忌马上在一旁话里有

话地说：“太傅的天职是教授太子治国之略兴邦之言，而不是结交太子私拉党羽。”伍奢与费无忌力辩多时，但最终被楚平王皱着眉头强行驳回。

太子建临行前，伍奢千叮咛万嘱咐，这是太子建八年来第一次离开伍奢的身边，伍奢既心里难舍又担心他的安危。

在城父安顿下来之后，太子建谨记伍奢的教诲，安心戍边，在学业上勤学不辍，在治兵上严慈相济，很快有了一大批忠心的拥戴者。楚平王对此也感欣慰，接到朝报时当着大臣的面评判了几句，虽然碍于以前的隔阂没有称赞什么，但还是听得出语带欣喜。伍奢心里也很高兴，但也有不高兴的，那就是费无忌。

他非但不高兴而且心里既恨又怕。他本意利用楚平王和太子建的间隙，让楚平王派遣太子建到城父戍边，一来可以让太子建远离郢都，消除对自己的威胁，二来边疆战事频频，太子建很可能在战乱中被杀，这样可以借刀杀人彻底除掉心头大患。没想到太子建在城父的势力非但没有减弱，反而风生水起。在楚平王和太子建关系最僵的时候都没有废太子，毕竟二人是亲父子。现在太子建业绩很见起色，楚平王和太子建的冰层开始融化。如果二人冰释前嫌，那么未来的楚王肯定是现在的太子建。那么新楚王第一个开刀的就是自己，那时不但苦心经营半生的官位不保，几年前太子建未刺下的剑就会落在自己的脖颈之上。想到这，费无忌感到脊背上冷气森森，眼前一片血腥。

费无忌接连数夜彻夜难眠，好不容易睡着也很快从噩梦中惊醒，胸口如磐石重压，浑身冷汗涔涔。

当然，他是不会甘心坐以待毙的。

太子建在家中和城父的老太守饮酒畅谈，老太守一辈子领兵戍边，从卒长一直官至太守。他对太子建很是尊重，只要有机会都将一生所学所得倾囊相授。是夜，太子建邀约老太守前来饮酒，老太守带几名随从欣然前往。两人正谈到尽兴处，外面夜风骤起，窗户“砰”的一声被强风撞开，房里的灯盏大多倏然被吹灭，只剩一盏在风中摇晃着发出昏黄的光。老太守的贴身侍卫到窗旁正要伸手关窗，一支利箭呼啸而至，侍卫躲闪不及，肩部中箭，身强力壮的侍卫倒地挣扎。众人大惊，这时外面闯进两名蒙面刺客，房间内外的侍卫拼死保护老太守和太子建，最终两名刺客双双被捕，其中一名趁乱将一枚药丸塞入口中，当场毙命，另一名的手被死死按住才未得逞。而那位中箭倒地的侍卫也很快死去，箭伤处一条刺目的红线直通心口，他是中毒箭死去的。

惊魂未定的太子建和老太守连夜审讯刺客。一开始刺客紧闭双目，绝不开口，审讯一时陷入僵局。细心的老太守注意到刺客的脚腕处红肿溃烂，分明是死囚犯戴着的脚镣的磨痕。老太守和太子建两人耐心和刺客交流，最后，刺客也感觉到眼前的太子建和他所听到的传言中的太子建完全是两个形象，终于开口将真相和盘托出。他本是郢都的死囚，一天夜里，突然在睡梦中被叫醒，本以为是提前开刀问斩，结果竟是被请到了牢狱外的一家客栈，客栈里还有另外几名死囚。一位神秘的官员接待了他们，细细审问，又试了他们武艺，最后挑选了两名死囚。那位官员交代他们做一件事：刺杀谋反的叛贼太子建。事成之后，自由、美女和大笔的钱财任他们选择。两名死囚欣喜若狂，不但看到生还的希望，竟然还有大把的好处，而代价仅仅是杀一个人。

那位神秘的官员让他们连夜赶路，当即设宴给他们送行。席间让他们看清了城父的地形图和太子建的画像。待二人对此烂熟于胸之后，那名神秘官员将地图和画像烧掉，然后交给二人强弓毒箭和两把利剑，叮嘱他们必须五日之内赶到城父，然后神色凝重地递给他们两枚毒丸，说万一失败必须吞服药丸自杀殉国。最后他给二人斟满自带的美酒，为二人敬酒壮行。

两人连夜赶路，第四天傍晚来到城父。他们躲藏在太子建的院中，不巧老太守带人赴宴，院里人久久没有安歇。夜风骤起，

窗户大开，灯光暗淡，二人感觉时机已到。正巧老太守的侍卫来到窗前，房内灯光昏暗，二人以为是太子建，结果侍卫中箭身亡。

太子建听完之后，气得浑身冰凉，他听到一半时就明白，这次是费无忌想置他于死地。根据刺客描述，那位神秘官员虽不是费无忌本人，但肯定是他的亲信，他在幕后一手策划了这次刺杀。

太子建等不到天亮，带着自己的卫队押着刺客驾车直奔郢都。他要亲手杀死费无忌，拎着他的人头带上刺客直接上朝，当着众臣的面扔在楚平王的案前，让他看看自己的宠臣是如何做出这等卑鄙龌龊的事的。

太子建的怒火烧得血都沸腾了，他不断鞭打驾辕的马。车轮滚滚，卷起冲天的尘土，太子建依然感觉马跑得太慢。

郢都近在眼前了，太子建正要再次举鞭，车上押解刺客的卫兵慌慌张张地大喊：“死了，人死了！”

太子建大惊，赶紧刹住马车，下车去看。早上那名刺客还生龙活虎般的，现在却沉沉地躺着一动不动，极像熟睡，但身体早已冰凉。他暗藏的那颗毒药丸早已被卫兵缴获了。死了？怎么死了？怎么会死了？猝死？阴谋？无数个疑问搅得太子建的头像要炸开一样。

唯一活着的刺客，唯一的证人，突然神秘死去，连同他的证言和真相。

现在太子建沸腾的血液降到了冰点。刺客的死去，使他在郢都附近陷入最尴尬的局面。太子建知道，带领亲兵手持利戈，口口声声要讨个清白，郢都的人谁都不会相信，甚至连他自己也不相信这个极像谎言的真相。

太子建只能悻悻地回到城父。他原以为这件事以他的自认倒霉结束了，没想到，他的倒霉才刚开始。

第十六章

太子遇害　子胥苦谋过昭关

不久后的一天夜里，太子建突然被侍卫的敲门声惊醒，侍卫身后还跟着一人，他是城父太守的随从。随从犹疑地看了一眼侍卫，太子建让侍卫退下，把他领进书房。随从急急地低声告诉太子建："太守让我来告诉你，让你快快逃走。朝廷密令太守要抓捕你，就地杀死。"太子建大吃一惊，他怎么也想不到楚平王会派人暗杀他。虎毒尚不食子，何况自己的父王？

太子建想得太简单了，原以为此事很快销声匿迹。没想到楚平王起了疑心，更没想到费无忌趁机火上浇油："太子带兵包围郢都，意图谋反。如不严惩，大王的威仪何在？"

费无忌的阴谋设计得太巧妙了，两名刺客不论行刺成功与否，都会在第五天毒性发作，肝胆俱裂而死。他不惜重金聘来配制蛊毒的顶尖级高手，此人无名无姓，却在制毒施毒的人中大名鼎鼎，人称"老毒物"。费无忌精心计算了去城父的路线和时间，诱骗了两名死囚犯，然后让老毒物专门配制了"五日断肠散"，偷偷放入酒中。两名刺客如果失手被捕，迅速吞下随身暗藏的毒药丸。被捕之后，即使没有机会吞下自杀毒药，也会在审讯中莫名其妙死去，落个死无对证。即便刺杀成功，两人也会在第五天神不知鬼不觉地暴毙，做到自行灭口，这件事情的真相就会永远地被两名刺客带入坟墓。怒不可遏的太子建带人去兴师问罪，不巧的是，刺客暴毙在郢都城外。太子建失去了最有力的人证，反

而为自己落下了口实——带兵“逼宫”，意图谋反。

费无忌及时地抓住了这个稍纵即逝的机遇，不失时机地在楚平王耳边挑唆。本来对太子建耿耿于怀的楚平王思忖再三，下密令让城父太守秘密杀死太子建。

幸运的是，城父太守敬重太子建，而且他本人是老太守一手提拔和辅佐的。陷入两难的太守请教老太守，二人最后决定放走太子建，自己担下所有后果。

太子建在震惊之余，心里涌起阵阵暖流。太子建进退两难，他既牵挂两位太守的安危，又担心远在郢都的妻子和儿子的境况，此时此刻他们也难逃不测。太守的随从在一旁焦急地催促太子建赶紧出逃，太子建无奈嘱托贴身侍卫偷偷赶回郢都打探情况，自己收拾东西匆匆离开了城父。

果然不出太子建所料，他的贴身侍卫赶回郢都时，发现太子建的宅院一片狼藉，太子妃已经在房中以三尺白绫给了自己一个了结，公子胜已经不知去向，家仆早已四散而去。侍卫赶紧四处打听公子胜的下落。

遭殃的不仅仅是太子建一家，还有太傅伍奢。费无忌没有浪费任何一点机会，他深谙“欲加之罪，何患无辞”。“教唆太子谋反”、“私结党羽”、“养虎遗患”……不一而足。楚平王的双眼被费无忌蒙蔽了，他要大开杀戒了。

楚平王命人缉拿太傅伍奢，并由费无忌亲自审问。费无忌并没有对伍奢严刑拷打，而是假惺惺地着伍奢的肩膀，摇头表示自己的极度惋惜。

“如今太子谋反，你也被牵扯其中，我真的不相信你能教唆太子。可除我之外谁能相信呢?”

伍奢心里像明镜一样，他不卑不亢平静地盯着费无忌，看巧舌如簧的他如何表演。费无忌装出一副救世主的样子。

“现在贵公子都远在他处，离城父仅有百里之遥，更让人说与太子建有染。不如你写信让他们回来，既能澄清自己，也能向世人昭示没有愧事在心。”

伍奢早已看清了他的伎俩，这是费无忌想一网打尽，他长叹一声：“这潭浑水我已经置身其中，何必让无辜的孩子再趟这汪浑水呢?”

费无忌极力劝说但伍奢誓死不从，费无忌命人查封了伍奢的来往公文，模仿他的笔迹给伍尚和伍子胥写了书信。

接到书信的伍尚大为着急，立刻起身准备跟信使赶往郢都，要为父亲澄清罪名。伍子胥急忙拦住伍尚。

“此信有诈，真假不得而知，现在父亲已深陷虎口，我们回去无异于自投罗网。”

伍尚长叹一声：“我岂不知此信非父亲所写？但是，越是此时越需要我们回到他身边。倘若父亲真的有难，我在身边还有照应。真要有所不测，我在父亲身边陪伴也是尽孝。”

这时院外的信使开始催促伍尚上路，伍尚紧紧握住伍子胥的手，悄悄指了指后门，暗示伍子胥从后门逃走。

“你快快躲避，万一我与父亲真有不测，要靠你来申冤报仇。”

说完，决然地将伍子胥推向后门，自己扭头出门而去。伍子胥顿足离去。

兄弟二人的匆匆一别竟成了诀别。伍奢和伍尚双双被杀。伍子胥也成了通缉和追杀的目标。

伍子胥满含悲愤匆匆赶到城父，眼见太子建的住所空无一人，得知太子建已经被迫逃离，而太守也因事发被撤职缉拿到郢都。他只得逃亡到了宋国，巧的是，太子建也赶到了宋国。逃亡路上离奇般的相遇让他们大为感慨，二人相约“借兵灭楚”。但是宋国不是借兵的理想之处，因为恰逢宋国内乱四起，宋大夫华登还要准备到楚国借兵平息内乱。两人失望至极，但有一件事让二人满是阴霾的心里洒下些许阳光——太子建的侍卫找到了失散的公子胜，原来是被一位老仆人救出，寄养在乡下。侍

卫冒着被追杀的危险带着公子胜寻找太子建，一路寻到了宋国。四人相见之后，眼见在宋国借兵无望，一起逃亡到了郑国。恰好郑定公刚与晋顷公结盟共同抗楚，听完两人的控诉之后热情接待了他们。

但是，太子建见郑定公迟迟不行动，就当面直言借兵。郑定公犹豫再三。

“郑、晋已经结盟，出兵要双方协商，太子不必着急，我会尽快与晋顷公商定。”

太子建报仇心切，以为郑定公有意推脱。他再也按捺不住，只身一人擅自到了晋国。进入晋国遇到的第一个人竟是大夫荀寅，太子建自以为遇到贵人。没想到大夫荀寅怀有私心，他与郑国私怨很深，见太子建报仇心切，趁机与他密谋灭郑，引诱太子建背叛郑国，帮他刺探郑国的谍报，里应外合一举灭掉郑国。荀寅向太子建许诺，灭郑后帮助剿灭费无忌，还许诺将郑国一半国土作为太子建的封地。

太子建一时鬼迷心窍，竟然不顾郑国收留自己的仁义之举，答应回郑国做荀寅的内应。

岂料这并非天上掉的馅饼而是地上的陷阱，太子建由此引来一场杀身之祸。

太子建假装什么事也没发生，悄悄返回郑国，再也不提复仇之事。平日多多接近郑定公和朝中将相，有心刺探消息，收集谍报，定期秘密会见荀寅派来的奸细。

但有一日事情败露。太子建的随从偶犯小错，本来责骂几句了事，但碰巧太子建心中烦躁，一时情绪失控，大发雷霆，将随从杖击四十，驱逐出门。这个随从原是郑国相国安排在太子建身边的，平时悉心照顾太子建日常起居。他犯错之时尚心感愧疚，可是遭到太子建重责不由心生恨意，于是将太子建的这几天的神秘行踪告诉了相国。相国心中疑云顿生，又安排几个人暗中跟踪太子建。在太子建与晋国奸细再次接头时，相国的手下将二人当场擒住，缴获了郑国的兵力部署和行军路线图。相国将二人押至大牢，那名奸细受不了严刑拷打，招认了太子建和荀寅的密谋。郑定公惊出一身冷汗，决然解除郑、晋之盟，并将忘恩负义的太子建在街头斩首示众。

伍子胥悲愤羞愧交加，深知下一个被怀疑的就是自己。他只得乘夜色，带着公子胜匆匆逃离郑国。

逃亡路上伍子胥思忖再三，想起楚庄王在位时屈巫臣的遭遇。屈巫臣原为楚国大夫，遭受灭门之灾后逃亡晋国。晋景公欲联吴制楚，派屈巫臣出使吴国。吴王寿梦广纳天下贤士，不问出身皆以礼相待，听闻屈巫臣既富谋略又善车战，非常高兴，命全军将帅都拜屈巫臣为师。屈巫臣向吴人倾力传授乘车射御布阵之法。吴兵本来就擅长舟楫水战，习练陆战之后更是如虎添翼，国力骤然大盛。

吴王还重用屈巫臣的儿子屈狐庸，屈狐庸雄才善辩，又懂得东方各夷族的语言。吴王拜屈狐庸为巡回大使，到群野、诸越、诸夷等小国去游说，说服他们背楚附吴，扩大了吴国势力范围。楚王看到吴国崛起，决定出兵攻吴。但楚国不了解吴国有水、陆齐出之长，犯了轻敌的错误。州来首战，吴军以新学车、步战法，配以水师优势，大败楚军，一年之内七战七捷。此后，楚军又发兵进攻衡山，吴军躲开了楚军凌厉的攻势，乘后期楚军兵力分散，水陆齐进，四面合围，大败楚军。楚军主帅子重兵败逃回郢都，不久忧愤而死。此后，十余年间，楚军再不敢同吴军交锋。

伍子胥决定星夜奔吴。

天亮之后，伍子胥悄然环顾，不由暗暗叫苦。大道小路、关卡隘口，处处是悬赏缉拿太子建和伍子胥的告示，兵士盘查森严。伍子胥白天只得躲在树林草丛中，等晚上盘查松懈后再匆匆赶路。煎熬三天之后，到了历阳山，再往前就是吴、楚的要隘——昭关，出了此关便是通向吴国的水路。楚平王先前就派了重兵在昭关把守，如今为缉拿伍子胥特派遣右司马芳越带领大军驻扎于此。关隘处，兵士日夜严查，层层盘问，附近贴满告示：凡擒拿伍子胥者，赏粟五万担，受封上大夫。

愁云密布的伍子胥长叹一声，无力地蜷缩到山脚下的灌木丛，觉得浑身忽冷忽热。他已经两天两夜粒米未进，趁周围没人，匆匆跑到一汪水洼旁捧几口水喝。躬身正要伸手，忽然瞥见水洼里自己的影子，蓬头垢面，形销骨立，不禁大惊，仔细再看竟已满头白发！几夜愁苦，几日煎熬，如今已是白发丛生。

夜深了，远望关隘处灯火通明，兵士非但没有松懈反而加紧了盘查，伍子胥想起父兄抛尸荒野，大仇未报，自己如今连立身之地都没有，急火攻心，一阵眩晕之后什么都不知道了。

就让这位落魄的大英雄先休息会儿吧，他的劫难远没结束，贵人也不会马上出现。他的未来搭档孙武与他相隔数百里，还在泓水古战场边苦苦思索。茅草屋四面透风，松明子忽明忽暗，松烟熏黑了孙武的面庞。墙上用炭黑写满点滴心得，地上画满线条圈点，摆着碎瓦石块和木棒，孙武犹如一个独自对弈的棋手，时而眉头紧缩，时而抚额顿悟。孙武此时是一只破茧的蝴蝶，在穿越那道狭细的生命之门。

趁这个间隙，另一位主角终于有时间出场了，虽然有些晚，但一出场就是血雨腥风。

因为他要计划一次谋杀，谋杀他的弟弟吴王僚。

计划弑君的这位主角是吴国的公子光。

第二卷

第一章

为越铸剑　欧冶子初下剑炉

如果能预料到一个月之后发生什么事的话，欧冶子是绝不会答应带小鱼儿去太湖边的荷花镇的。

太阳还未爬上东山，剑炉山还沉浸在朦胧的清辉中。小鱼儿在叽叽喳喳的鸟鸣中醒来，推开雕花窗望去，门前藤蔓攀爬的断崖上落满一群山雀，欢快地跳来跳去。她的心情也豁然清亮起来，匆匆穿上衣服，跳下床，到门外断崖边的一眼清泉去洗漱。

欧冶子早早来到剑炉旁。剑炉山上按星宿方位筑着二十八座剑炉，熊熊的炉火日夜不息，几十名轮班的工匠依然在忙碌着。薄雾还有些清冷，山路旁花草上的盈盈露珠还未滑落，工匠们脸上早已流淌着汗滴。在炉火的映照下远远看去，欧冶子像一幅剪影。他稳稳地站在剑炉前，如一棵千年劲柏，孤寂而暗含力道。炉火由红到蓝，继而逐渐透出青光。明明灭灭的光影中，欧冶子如刀削般坚毅的唇角陡然一扬，“倒！”两名工匠迅即倾倒筑斗，猩红的铜液如一条赤练蛇，蜿蜒游入陶范中，激起一团团青雾。

渐渐散去的青雾中，数十把剑坯整整齐齐排在陶范中，红色渐渐隐去，露出青灰色。

工匠们重新填料，欧冶子走向另一座剑炉。远远地，从后山走来一位年轻人，怀抱着一大捆刚采摘的青菜。他身材挺拔，像西山坳竹林中挺立的白箭竹。他是欧冶子的徒弟干将。他将青菜放进青竹搭建的灶房，来到剑炉前弯腰扛起一捆剑坯走向洗剑池。

洗剑池是断崖前的一片荷塘，水面辽阔，这时节正是荷花的盛季，偌大荷叶宛若团扇，令箭傲然挺立。洗剑池四周分布着十六个磨剑台。“十六”这个数字是欧冶子遵循乾坤之道设计的。北斗七星加南斗六星再加“福”、“禄”、“寿”，共计十六。出自欧冶子之手的剑必须要经历至少十六次的锻打和磨砺，锻打和磨砺若缺一次则铸剑人折“寿”，缺两次则铸剑人损“禄”，缺三次则铸剑人无“福”，若缺四次就触怒北斗和南斗之神，所以无论剑大剑小工匠都尽心尽意。

干将把剑坯放在洗剑池边的一棵大柳树下，突兀的树根上坐着一位十七八岁的小伙子，将面前的剑坯一一拿起，放在耳边轻轻敲击。他眼睛半闭，似有阴翳，分明是一位盲人。他没有名字，平日大家叫他盲七儿。他在嘈杂的蝉鸣和剑身震颤中听出了年轻人走来，微微点了点头算作招呼。干将也微笑了一下作为回应，静静地站着看他“听”剑。盲七儿仅凭微弱的震颤声，如同长着一双透视的明眸，能辨出哪里有气泡，哪里有瑕疵，哪里铜锡不匀。这些有瑕疵之剑是不能进入磨剑台的，需要一一剔出，再行回炉。

干将似乎有些焦躁，不时四处张望。这时小鱼儿梳洗完毕，也正四处寻找欧冶子。干将一见面露喜色，扯一根柳条拧成柳笛，含在唇间，将盲七儿面前所有的残次之剑一并捆扎扛起，伴着一路悠扬的柳笛声走向剑炉。

小鱼儿对今天的出行早已迫不及待，如困在笼中的小鸟儿急着飞向绿油油的树林、湛蓝湛蓝的天空。她扯着欧冶子的衣袖撒娇。

“爹爹，你看太阳都爬那么高了，怎么还不走啊？”

欧冶子慈爱地笑着，无奈地摇摇头，嘱咐炉工看好火候。

“好吧，我们走。”

小鱼儿蹦蹦跳跳地跑进房间抢着拿行李。

通往山下的石板路曲曲折折，干将站在路旁送欧冶子和小鱼儿。小鱼儿心情极佳，冲干将招招手。干将向欧冶子羞涩笑笑，接过小鱼儿的行李。无意中一扭头，路旁的一棵大樟树下盲七儿静静地站着，侧耳倾听。小鱼儿欢快地叫了一声：“七哥，回吧。我们很快就回来的，给你带好吃的。”

盲七儿面露微笑，招了招手。小鱼儿不像大伙儿叫他盲七儿，一直喊他七哥。在石板路尽头，欧冶子挥手止住了干将。

“回山和你几位师兄看管好剑炉，铸剑期限时日不多。我们很快就回来。”

干将目送他们下山，眼见着背影越来越小，在转弯处小鱼儿回头张望，干将的心随之跟随而去，唇边隐隐有了柳笛汁液的苦涩。呆呆地站了一会儿，干将有些惆怅地顺路返回。无意中抬头，盲七儿也有些木然地站着，现出明显失落的脸色。

盲七儿是九年前欧冶子领着小鱼儿下山时认识的。当时盲七儿在集市上乞讨，从他记事起就没见过爹娘，只有老奶奶拉扯他。不幸的是他突患一场大病，浑身烧得像火炭，之后就什么也看不见了。更不幸的是老奶奶早早就病故，留下他一人在街头乞讨，靠善心人施舍的几口饭食勉强活下来。小鱼儿在街上看到他后，将手中的好吃的都塞给了他，又缠着爹爹给了钱，最后索性让爹爹收养了他。欧冶子也看他可怜，没人收养不出三日就会冻饿而死，于是将他领回了山上。本来只打算救他一命，没指望他做些什么。没想到盲七儿虽然看不到，但他的耳力好得出奇。或许是天生的，或许是在黑暗中强大的求生欲望，盲七儿仿佛长了

千万根无形的触角，能清晰地捕捉到似有似无的响动，辨识响动的大小和方位。大家对此惊为奇人，欧冶子就让他做了听剑师。

小鱼儿对他更是亲热，像对待同胞兄长一样对待他。听说清晨的露珠能治疗眼疾，小鱼儿每天早早起床，摘下林中带露的树叶，小心翼翼地捧着，守在盲七儿的身边，滴入他的眼睛。盲七儿听着小鱼儿温柔的宽慰话语，闻到淡淡的香气，恍惚中似乎母亲来到身边。虽然未曾见过母亲，在这一刻确实如此清晰、如此真实。盲七儿真想伏在小鱼儿的怀里痛痛快快大哭一场，但他知道他不能。他静静地躺在草席上，眼中有水顺眼角滑落，不知是泪珠还是露珠。这一次小鱼儿下山，盲七儿突然觉得心里空荡荡的，不知为什么有些揪心的疼痛。

干将见盲七儿呆呆的样子，突然有些酸酸的东西涌动。他也觉得前所未有的奇怪。看看盲七儿呆呆却又有些天真的愁容，干将又有些释然，自嘲地摇摇头，上前拍了拍盲七儿的肩膀。

“七儿，小心脚下，有青苔，路滑。”

盲七儿脸上满是浓得化不开的愁云，干将隐隐地有种不祥的预感，不过没有深想，兀自挥了挥手，像驱赶眼前纷扰的一团蚊蝇一样，随即领着盲七儿向山上走去。

小鱼儿却没有这么多虚无缥缈的顾虑。此时的她像从瓦罐中游入大海的鱼儿一样，觉得道路那么宽广，江面那么辽阔，天空那么空旷，连呼吸都是甜丝丝的。离上次下山已经九年了，而且那次自己才刚刚懂事。

他们先是乘竹筏，后坐马车，一路北上。欧冶子没有那么兴奋，这趟出行不是游山玩水而是有任务在身的。越王命剑炉山三月之内打造五千杆战戟和五百把利剑，而且还要打造两柄随身佩戴的王家利剑。越国多铜矿，吴国多锡矿，欧冶子是去吴国寻找当地的剑炉和上等锡矿的。他对冶铜和炼锡的要求极为严格，对矿石产地也非常挑剔，加上独家的铜锡配制秘方和一双分辨火候的神目，天下好剑出自他手下也就不足为奇了。

欧冶子还有一个私人目的，就是会一会太湖边的名厨“太湖公”。十多年前，欧冶子来过吴国，有过一段他不愿再次提及的奇遇，在他准备返回越国时遇到了太湖公。虽然仅有一面之识，但两人一见如故。太湖公亲手做的冬梅凤尾鲚，更是让欧冶子一直念念不忘。

第二章

火狐引路　姑娘误入险恶地

欧冶子和小鱼儿到达荷花镇时正是梅雨季节，空中的雨丝若有若无，天气有些燥热。路上耽搁了好久，欧冶子有些按捺不住内心的急躁。在附近客栈安顿下，他准备去附近的雀锡山，山上有大量的锡矿和几位铸剑名家的剑炉。小鱼儿的心还在外面的小镇街道之上。

“爹爹，我明天陪你去吧。今天我想到外面看看。”

欧冶子拗不过宝贝女儿，细细叮嘱一番。

“外面人多事杂，女孩子不要自己出门。”

小鱼儿的心早飞到客栈外的集市上了，撒着娇将欧冶子推出门，欧冶子苦笑着独自出门上山。

小鱼儿也知道一个小女子在人来人往的街道上不合时宜，她简单地梳洗了一下，扮得有些像个小伙子，趁着外面的绵绵细雨，把长发细细盘好，戴了一顶青箬笠出了客栈门。

不知是因为淅淅沥沥的小雨还是其他原因，街道上行人不是很多，铺面有些萧条，有的店主百无聊赖地躺在店门口的藤椅上，慵懒地打着瞌睡，有的三五成群地和附近的店主聚在一起闲聊，连四处游走的货郎也只是时有时无地吆喝几声。小鱼儿兴趣也渐渐淡了下来。小镇确实不大，不久就溜溜达达地到大街尽头，西关的大门楼已在眼前。

小鱼儿有些失望，正准备折身回客栈休息，隐隐的一阵悠扬的箫声穿越懒散的午后传入耳中，仿佛在耳边萦绕，又仿佛从遥远天际传来。小鱼儿精神不禁一振，四处寻去，西关门楼的石狮旁盘坐着一老一小两个乞丐。老乞丐满头白发，面色黝黑，似到了花甲之年；小乞丐尚且年幼，依偎在老乞丐膝下。小鱼儿走到近前，却发现那位老乞丐实际不足四十岁，他目不斜视地吹着一管紫竹洞箫，箫声似含忧愁，细听竟隐隐透出愤懑和仇恨。小鱼儿纳闷这位壮汉的模样，更纳闷为何吹奏这古怪乐曲，这哪里留得住行人，难怪面前的破碗里依然空空。旁边的孩子衣衫又脏又破，却也是上等衣料和精细的手工。小乞丐似乎又乏又饿，一双大眼睛满是失望地看看空碗，又满含期待地看着过往的行人。小鱼儿虽是满腹好奇，却也可怜这孩子。她想起了九年前在集市上遇到的小乞丐盲七儿。孩子黑水晶似的大眼睛触动了小鱼儿，她从怀中掏出几枚钱，却发现还是越国的戈币，在此地难以流通。她羞赧地索性解下右腕的串珠扔进碗中。“叮”一声脆响，吸引了众多行人惊异的目光。行人中也有几个识宝之人，“呵”的一声，吃惊之下竟合不拢嘴。这手链是九枚老坑籽玉串成，单单一枚就够这两个乞丐一辈子吃喝不愁。而那白发壮汉依然自顾自地吹箫，仿佛小鱼儿扔下的是一块瓦片儿而已。小鱼儿更是好奇，继续观望。白发乞丐一曲终了，停下来向小鱼儿点头致谢，随即更幽怨愤懑的曲子响起。小鱼儿站着观望了好久，渐觉得没趣了。

小鱼儿折身正要回客栈，突然眼睛的余光看到门楼之外远远的有红光一闪。小鱼儿的兴致随之被吸引过去。走出西关是一片空旷荒地，只有一条弯弯曲曲的灰白小路延伸到野外。小鱼儿顺着小路寻去，红光在路旁的矮树丛里又一闪，这次看清了，是一只小火狐狸，蓬松的大尾巴和身体不成比例，却也煞是可爱。看到这只精灵古怪的小火狐狸，小鱼儿顿时高兴起来。火狐轻轻巧巧地顺着小路蹦跳前行，小鱼儿紧跟了过去。越走越远，蜿蜒进荒野的小路似乎少有人走动，路两边的爬蔓肆意延伸，都要把小路覆盖了。小鱼儿心动了一下，脚步有些迟疑，但未泯的童心和好奇促使她继续前行。小火狐狸似乎也时不时回头张望，小鱼儿迟疑的脚步又加快了。

她现在不会想到，这条小路会通往一个神秘的地方，火狐狸将带给她一个什么样的未知结局。

小路似一条长蛇在旷野中蜿蜒游走。小路的西边杵着几所破败的房屋，框架虽然高大，但早已被爬山虎密密地覆盖了，远远望去似几座墨绿色的小丘。小鱼儿突然发现小路尽头影影绰绰有大队人马赶来。这荒郊野外哪来这么多人？她驻足眺望。远远的一个人飞奔而来，五六个人在身后手持利刃追赶。前面那人跑得飞快，仿佛一眨眼就从小鱼儿身边掠过，带来一阵强风。小鱼儿赶紧后退，给赶来的人让路。那群人不理会小鱼儿，径直追去。从背后望去，前面的那人受了伤，背后几乎全部被血浸渍。但这不影响他的飞奔，后面的人逐渐被甩得越来越远。远处的大群人逐渐赶来，为首的人骑着一匹青骓，斜挎一张长长的乌木紫竹弓，箭囊内长长短短的插着十多支雕翎箭。此人二十多岁，面目清秀，下巴微微扬起，颇有傲视一切的感觉。他从小鱼儿身边经过时特意看了她几眼。确实，荒郊野外一个独行的小女子是有些不同寻常。小鱼儿不想招惹是非，低头继续前行。眼前的火狐狸早已不见踪影，小鱼儿也被打搅了兴致。

那群人早已走远，小鱼儿顺原路折回。半路上经过那几座破败房屋时，远远看到那只小小的火狐狸在房前探头探脑。小鱼儿本不想再去理会，看看天色尚早，小镇也没有什么有趣儿的东西，回去也只能是在客栈枯坐或者闷睡，不如去看看有什么稀奇古怪的东西。小鱼儿思忖着，随之脚下也变了方向。

看着不远，却走了足足两炷香的工夫，隐隐有流水声传来。那几座房屋是破败的豪门大院，依小河的流向而建。梅雨季节雨虽然不大，但河水明显上涨，颇有些力度地流淌，弯折之处竟有些湍流的迹象了。小鱼儿踏上覆满青苔的石阶，推开吱吱呀呀的大门。院落很空荡，东倒西歪地散落着破败的石桌、石凳，几处拱门也快要坍塌。见有人来，几只不知名的在此觅食的小兽慌乱逃窜。正房里也多湿热之气，污浊的霉气有些刺鼻。小鱼儿感觉有些阴森，想早早离开这个静得可怕的破败之地。

正当她一脚迈出正房高大的门槛之时，突然胳膊上似有水滴落下，有些暖暖的感觉。低头看，竟然是一滴鲜血溅在胳膊上。小鱼儿惊得一抬头，差点喊出来，房梁上藏着一个人！

那人见小鱼儿要喊，急忙冲她摆手，随即从房梁上跳下，身手颇为敏捷，但落地时一个趔趄差点摔倒。不用细看，单凭身上的血迹小鱼儿也知道正是刚才被追杀的那人，她略略放下心。那人冲小鱼儿一拱手，说：“多谢侠女搭救。”

小鱼儿愣了一下咯咯笑起来。

“什么，什么？侠女？相救？我只是一个弱女子罢了，何谈侠女？我与你毫无牵扯，搭救你什么？”

“荒郊野外，你一人独行，又只身来到这是非之地。不是侠女谁有这胆量？不是来救我难道是游玩不成？”

“呵呵，是狐……狐……胡说什么啊？我的事和你的事没什么关系。”

小鱼儿不想说自己是想看火狐狸才来到这里的，怕那人笑她像小孩子一样贪玩儿。那人脸上渐渐浮现出失望。

“真的？……那能否请侠女帮我一个忙？”

“侠女就不要叫了，帮忙？是不是你的伤啊？没问题，我和我爹爹学过治疗刀枪伤。”小鱼儿爽快地说。

“不不，是让你帮我传个信。本来我以为只是背部被砍伤，没想到我的右腿也几乎被砍断。奔跑之时根本无暇顾及，刚才躲进这所宅院攀爬房梁才看见伤口。”

小鱼儿不由看了一眼他的右腿，果然伤得严重，伤口外翻，深可见骨，整条腿全部染红。

“他们为什么追杀你？是你的仇人？”

“不是，哦，也算是仇人。我是公子光的侍卫，本应他是当今吴国君王。他的王位被姬僚篡夺。吴王僚惧怕公子光报仇，对他大肆弹压。不仅削夺他的兵权，而且大肆弹压他的手下人，或强加罪名诛杀，或流放边疆，连家人也不能幸免，男的为奴，女的为婢。至于吴王僚篡位一事说来话长……”

“停，停，说来话长就不要说了。我一个小小弱女子，因为一时迷恋景色才误闯进来。你所说的是手足相残，后宫争斗，离我十万八千里。我是越女，你是吴将，没有一星半点的干系。我还是不趟这汪浑水为好。”说完，摇了摇头出了房门。

那人极为失望地探身阻止，腿伤骤然发作，他疼得打了一个冷战，险些喊出声来。他确实是公子光的侍卫，名叫行歌，轻功功力深厚，是有名的飞毛腿。踏着荷叶，脚不沾水，几步就能飞跃荷塘。公子光的好友谷乙被吴王僚以贪污之名治罪陷害，谷乙被迫潜逃，继而失踪，他的家眷则被流放边界。根据以往判断，这些人往往在中途被斩杀掩埋，吴王僚也并不遮掩此事，大有让外界知道加以震慑的意味。行歌奉公子光的密令前往解救谷乙的家眷，在半路伏击押解的队伍之时，被带队的神箭手一箭射穿手臂，随后遭到包围砍杀。行歌杀出一条血路，躲进这片废弃的宅院中得以逃生，可惜发现右腿重伤，走动都难，刚刚遇到的小女子又断然离去。

正在发愁之时，门口人影一闪，小鱼儿又进来了。一手拿着两片木板，一手拖着一枝大树杈，上面缀满红红黄黄的野果。行歌正迷惑间，小鱼儿拿出两片木板，再用韧性十足的长条树皮缚在他的断腿之上，并把一团碾碎的药草敷在伤口处。

“我不想陷进宫廷是非的漩涡，但我不能不救你。现在你在

我眼里只是位伤者。行医之人眼中伤病者比天大，即使有天大罪过也要等伤病好了再说，何况孰是孰非与我无关。我虽不是医者，但也不能见死不救。”

行歌正想道谢，突然被木板和树杈上整整齐齐的断口吸引住了。刀口平滑得几乎看不出刀痕，如柳丝划过秋日的湖面，留下淡淡的涟漪。他不禁大为惊叹。小鱼儿俯身之时，行歌一眼看到她腰间露出的凤尾纹的雕饰。

“难道是凤尾剑？你是欧冶子的……？”

小鱼儿忙起身拉下衣襟掩住，但对行歌的疑问置若罔闻，转而指指地上的树杈。

“这些果子够你吃三五日，既解饿又消渴。几日之后你就可以走动了。”

行歌眼中似乎又燃起希望。

“姑娘如此侠肝义胆，古道热肠，能否替我捎一个口信给……”

小鱼儿轻轻但坚决地摇摇头，作势要走。行歌低头喟叹一声。

“也只有它能出一份力了。”

说完，从后衣襟处拿出一只小小的鸽笼，里面一只血染的鸽子，看起来已奄奄一息。行歌撕下衣角，用手指蘸着血渍画了个符号，打开鸽笼，卷好衣角放入鸽子脚杆上的一个小竹筒里。将气息微弱的鸽子捧在手心，好像在焦虑地暗暗祈祷。鸽子扑腾了几下翅膀，挣扎着几起几落。小鱼儿和行歌的心也跟着起起伏伏。最后鸽子在庭院上空低低盘旋了一周之后，艰难高飞。正当小鱼儿和行歌刚要欢呼，似乎有极其细微的“嗖”的一声，一支利箭凌空出现，极其精准地从鸽子脖颈处射穿了，力道非常大，鸽子随箭上升数丈之高，笔直地落在庭院外，只有几片带血的羽绒在空中飘摇。行歌脸色大变。

“怎么是他?!”

果真是他——神箭手余镝。他已经路过废弃宅院数里之遥，却一直心存狐疑。行歌虽然身手敏捷，但已身中一箭，在众多追杀者视线所及范围内神秘消失，这所宅院也许正是秘密所在。他策马折回，青骓马踏着深可没膝的草丛临近宅院之时，余镝一眼看到信鸽飞起。他一箭射落鸽子，心里也明白几分。他翻身下马向大门走去，但没有抽箭。他自信不用提前取弓搭箭。他的速度极快，他看到对手的时候，箭已经离弦；对手看到箭的时候，是身体被射穿的瞬间。

显然，行歌也深知余镝的身手敏捷。一旦余镝闯进大门，行歌和小鱼儿必死无疑。行歌急急地向小鱼儿深深作揖。

“姑娘，求你一定要救谷乙的家人，一定帮帮这个忙！”

话音未落，行歌挣扎着冲出房门，踉踉跄跄地冲向大门。小鱼儿被这突变惊得一时回不过神来。行歌在大门口处猛一回头，眼中满是期待甚或是乞求；手向外猛地一推，似乎是要将此事重托给小鱼儿，又似与小鱼儿诀别，还似将小鱼儿阻在房内。被血染红的衣角一闪消失在门外。

行歌刚在宅门外出现就被余镝看到了，余镝并不急于追赶。果不出所料，行歌逃到此处躲避，而且行歌已被牢牢控制在自己的精准射程之内。余镝甚至可以逍遥地闭目养神一会儿。飞毛腿行歌现在只能跛足前行，一副亡命的潦倒样子，拼命地奔向河边。他踏上湿滑河岸，在身体坠向河中的一刹那，余镝伸手摘弓取箭。他挚爱的弓箭没有让他的自信受到任何质疑，一支利箭从行歌后背射入从前胸穿出。

余镝连一眼也没多看，他有理由这么自信，他天生疯狂迷恋弓箭。他仿佛化身一支箭镞，他的灵魂、他的意念完全附着其上，搭在弓弦上的那一刻，是他生命中最绚烂的开始，尽管只有短短的一瞬，还不及流星划过夜空的时间长，但他已经完全满足。这是他忘神的舞蹈、生命的爆发，极为短暂，极为绚烂。暮春的缕缕闪电的迸发，夏夜的成群流萤的闪烁，秋阳下落叶的乱

舞，冬日里暴风雪的狂飙，都是他练习目力的好道具。草原上狂奔的野马的脊背，丛林中被暴风撕扯的大树的枝头，深夜里阴森恐怖的乱坟岗，都是他静静潜伏练习定力的好场地。魔鬼般的训练，地狱般的磨砺，疯魔般的痴迷，使他对自己的箭法由自信到自傲。他深信——行歌已经死了。他飞身上马，回到小路，向队伍的方向绝尘而去。但他没有深想：在此避难的行歌为什么选择自杀式的逃跑。

答案简单到近乎直白：为了小鱼儿，为了小鱼儿能传送信息，为了小鱼儿传送信息后救谷乙家人——总之为了公子光。

躲藏房内的小鱼儿很明确地感知到这一点。她躲了好久之后才走出房门，并非惧怕危险，而是对这条性命的珍重。她深知从行歌夺门而出的那一刻，甚至在行歌有这想法的一瞬间，她的生命就不属于她一个人的了。也许背负着行歌的另一条命，这条命是行歌为换来的一线希望而慨然付出；也许背负着挽救谷乙家人的重大职责，虽然在刚刚的一刻之前，她根本不知道世间还有谷乙这么一个人；也许背负着吴国的兴衰演替，虽然她从未想到一个越国的深山女子会与吴国的江山易手有丝毫牵连。但这一切都真真切切地呈现在她的眼前，如此虚幻，又如此真实。如同她在花丛中漫步，突然一座巨山轰然坠落到她的眼前。

但她必须接受，必须踏进这汪浑水。

但她没有半点头绪，她甚至后悔刚才断然止住了行歌的介绍。她只知道要救人，救谁？去哪里救？怎么救？她一概不知。

忽然想起院外的那只信鸽。自信的余镝箭术着实厉害，但仅此而已。余镝知道这是信鸽，但对信鸽携带什么密文并不感兴趣——这不是他的箭术范围之内的事情。

小鱼儿出了宅门。行歌早已不见踪迹，一串深深浅浅带血的脚印通向河边。小鱼儿凝望奔流不回的河水，在河边伫立好久。也许行歌坠入河底，也许顺水飘走。

西山夕阳如血，在河面铺洒一层浊浊的金色。

小鱼儿捡起信鸽，取出竹管里的布条。她失望了，上面仓促而就的符号恰似天书。她现在感觉如同被抛到茫茫大海中，吞噬生命的巨浪一个接着一个；四顾两茫茫，唯有无边无尽的让人近乎窒息的失望，手中只有一块木板，还被巨浪击碎。

天色已近薄暮，现在及时赶回荷花镇天也会黑透，也许欧冶子现在已回到客栈，看不到小鱼儿肯定会很担心。小鱼儿急切回家的心情越来越强烈，但是行歌出门时回头的一刹那，焦灼、渴盼、乞求和无助的神情却无比清晰起来。虽然不是很清楚行歌要她做什么，但明显可以感到她是唯一的一丝希望，也许数十人现在正命悬一线。

夕阳一点一点陷进地平线，最后像猛地一跳，挣扎着喷出最后的火红，随即天地顿时被黑暗的潮水淹没。

小鱼儿生平第一次感到如此无助，面前千条路万条路，最后挑选的路肯定是“救人”，小鱼儿心里很清楚，甚至在未比较之时心里早有答案，只是心里不愿承认罢了。远远的荷花镇亮起几豆灯光，从未感觉到这些普普通通的灯光如此温馨、如此温暖，家人围坐在灯下享受着最简单的快乐，但现在小鱼儿孤身站在废弃的宅院外，耳边只有泠泠的流水声。清凉的薄雾升起，小鱼儿感到阵阵窒息。一边是万家灯火，一边是数十条性命。小鱼儿深深吸了一口气，最后认认真真看着行歌落水的河岸边，直到夜色中的小河的轮廓在她眼中模糊，一行清泪从酸涩的眼中流下，抑或不是清泪，而是夜色里薄雾凝结的水珠。

小鱼儿伸手握住后衣襟下的那把凤尾短剑，仿佛握住了爹爹宽厚有力的大手，传递给她温暖和力量。她长长呼出这口气，看看遥远的灯光，义无反顾地走进了墨染般的夜色中。

第三章

深入虎穴　越女魂断太湖畔

到了荷花镇的西门，一股温暖的气息透过薄雾迎面扑来。小鱼儿来不及细想欧冶子在客栈如何焦急，她直奔附近一家出租马车的店铺。

店主正打算关门，见一位清秀的姑娘孤身一人来租车，很是诧异。小鱼儿匆匆向店主要求，租一乘轻便马车赶路。店主细问赶路方位、去向和事由，小鱼儿也无法确定。店主不禁更加狐疑。

“阿囡，不要开玩笑啊。哪有像你这样租车的？再说阿囡能出多少盘资？”

小鱼儿一时语塞。小鱼儿也无法说出真相。不过身上却也没有半点盘资，那串老坑籽玉手链早已送给了小乞丐，唯一剩下的值钱物件是胸前的一块玉，不过她确实舍不得。这块玉佩从小到大陪伴始终，外面已经有一层温润厚重的包浆，宛若凝脂，日夜紧贴在胸口。但现在已别无选择，小鱼儿伸手入怀将那块玉佩握在手心，沉思良久，终于恋恋不舍地拿出来，展开手心。

“这个做盘资够吗？”

店主不经意地瞥了一下，眼睛顿时像被火点燃。

店主是识货之人，虽然玉佩只有一半，显出残断之相，但确确实实是正宗荆山玉。店主一把抓在手里，细细把玩，可以看出手有些发抖。

“够，够，阿囡去什么地方尽管说就是，尽管说……”

店主将那半块玉佩小心地揣进怀里，挑了一匹快马一辆轻车，亲自驾辕送小鱼儿出镇。小鱼儿此时也顾不得心疼那块玉佩，跳上车驶出荷花镇。

天依然黢黑，一钩残月在厚厚的云层中缓缓穿行，偶尔闪现，随即隐入云后。车篷上挂着一盏灯笼，亮光被黑暗吞噬着，吃力地散发着昏黄的灯光。

车厢里的小鱼儿和车辕上的店主各怀心事，同样的静默。店主一直挂念着怀里那块荆山玉，黑暗中也难掩脸上的笑纹；小鱼儿心里焦灼，掀开车篷上的侧帘，借着昏黄的灯光看着被雨水泡软的地上的脚印和蹄印。愈往前走愈是清冷黑暗。浓浓的夜色像一团浓雾将两人团团围紧。店主开始不安起来，不住地四处观望，小鱼儿也不由得抽出凤尾剑，紧握在手。

前方是岔路口，店主“吁”的一声勒住丝缰，回头疑惑地看看小鱼儿。小鱼儿跳下车，摘下灯笼，俯身仔细察看泥泞上的印痕。突然一阵冷风刮过，小鱼儿手里的灯笼剧烈晃动，倏然熄灭。店主手忙脚乱地找火石、火镰，在“咔咔”的敲击声中，店主颤声问：“阿囡，你究竟去哪里啊？”

小鱼儿见也瞒不住。

“大伯，你大概也见了今下午路过镇子的那群人了，只要送我赶上那群人就好。现在他们也都安歇了，估计在前面处不远就是了。”

“啊……”

店主大惊，手里的火石、火镰也掉到地上，暗淡的月光下，小鱼儿发现他的脸色近乎惨白。

店主退到车旁，抓住缰绳往回赶车。

“我不去，阿……阿囡，送到这里就好了。我不能去送命。”

小鱼儿也急了。

“大伯，我可是给了钱的，这块玉怎么也值……”

店主赶紧掏出那块玉，像捧着一只刺猬一样，赶紧把玉投到小鱼儿怀里。

“再好的东西也比不上命啊。”

说完，赶着马车落荒而去。

小鱼儿苦笑一声，在地上摸索着捡起火石、火镰，打着之后点着灯笼。

还有什么办法呢？只能自己走。

小鱼儿辨清脚印和方向之后，顺着左边的岔路一步三滑地艰难行进。

不出两三里，有一个小村落，一团火光格外醒目。“难道在这里停下了？”

小鱼儿猜得没错，余镝确实带人在这个小村落里驻扎了。在泥泞的路上挣扎了一整天，中途又遭遇行歌的伏击，加上被押解的人大多是女眷，身体孱弱，早已走不动了。余镝只好命人在这个荒野小村落安歇。

此时，村落里的人大多还没入睡。荒野小村今晚比较热闹，第一次来这么多官兵，官兵们占据了一座空宅，又征用了几处民房，去四邻征用了饭食，刚刚吃完。小鱼儿知道现在不宜靠近，灵巧地爬到村口的大柳树上悄悄观望。夜露不断凝结，打湿了小鱼儿单薄的衣衫。她才感觉到此时又累又饿又冷。

村里的灯光逐渐熄灭。只剩下官兵征用的空宅里还燃着一堆篝火，忽闪的火光中一个放哨的兵丁在加柴，随后靠在大门口打起瞌睡来。宅院里渐渐安静下来。

小鱼儿溜下大柳树，借助曲曲折折的小巷的遮挡靠近了那几座宅院。附近的游哨也都懈怠下来，大多回屋休息了，毕竟奔波了一天已经劳累。

小鱼儿侧耳细听，村里除了偶尔传来一两声狗吠，一切静悄悄。她正在思忖那些人被看押在哪个房间，突然似乎有一阵细微的异响从地底传来。仔细听听，又似乎是极度憋闷的挣扎之声。

小鱼儿辨明方位，就是在有篝火的那个宅院的后院。

小鱼儿像一只敏捷的小狸猫，借助墙外的栀子树攀上了院墙。后院的侧房里也有灯光闪现，小鱼儿贴近窗边，透过窗缝向里看去。

墙上挂着长长一串松明子，噼噼啪啪地烧着。一名少妇站在墙角，双手护胸，头发蓬乱但难掩她的美丽，她两眼充满惊恐和乞求。两名兵丁站在房屋中央，其中一个矮个子一只手把一个三四岁的幼童掳在怀里，另一只手紧捂着孩子的口鼻，孩子被憋得面色通红。另一名高个子兵丁一步步逼近那名少妇。

“谷夫人，怎么还不听从啊？难道你不要孩子了吗？”

矮个子更用力地掐住孩子的脖颈，孩子想哭哭不出来，大张着嘴挣扎。谷夫人苦苦哀求。

“兵爷，求求你饶了孩子吧，兵爷……”

高个子乜斜着眼睛盯着谷夫人的胸口。

“谷夫人，我不是不给你机会，是你不听我们的话啊。”

“兵爷，我……”

“我没有逼你啊，你不就是想孩子活命，很简单啊。让我们兄弟两个快活一番，我们自然会放了这孩子，这个小崽子在我们手里也没用处啊。”

矮个子也在一旁煽风点火。

“我们跟着跑了一整天，得到什么好处了啊？跑断了腿不说，还挨了一刀。要不是为了快活，我们为什么抢着看押你啊？谷乙早已死了，你就跟了我们吧。”

两人说完也不急于动手，明显他们是看着谷夫人自己宽衣，看着平日高高在上、雍容华贵的谷夫人在自己面前一件一件脱掉衣服，比自己扑上前去更刺激。谷夫人满眼的乞求逐渐转为绝望。矮个子也不说话，手上逐渐用力，孩子的脸逐渐青紫，眼睛瞪得大大的，有些凸出。谷夫人痛苦地闭上眼睛，松开披风的扣绊，披风悄然滑落在地。谷夫人的手略微停下，矮个子手上又加

力。一行屈辱的泪从谷夫人紧闭的眼中溢出，顺着美丽的脸庞滑落。一件，两件……两个兵丁看得垂涎不已。窗外的小鱼儿怒火中烧，她压住怒火，抽出凤尾剑撬起窗棂。破旧的窗棂在犀利的凤尾剑下悄无声息地断落。这时，谷夫人只剩下一抹胸衣，两人激动得有些喘不过气来，大张着嘴巴等着胸衣的滑落。两人谁也没有注意到一条黑影在身后悄悄地靠近。

眼见即将得逞，两个兵丁眼热心跳，盼望惊鸿一瞥，然后扑上去大肆发泄一番。高个子兵丁已经挪动了脚步，身后的矮个子也看得热血沸腾，突然觉得脖颈处有轻微的凉意拂过，如此轻微的感觉，好像是一枚羽毛轻轻拂过。小鱼儿手中的凤尾剑携怒带恨飞快掠过，轻微的“咔嚓”一声，矮个子的颈骨断裂，他晃了一下瞪着惊恐和疑惑的眼睛，瘫软在地，手里的孩子也摔在地上。小鱼儿也惊诧于凤尾剑的犀利，这也是她第一次拔剑出手。高个子还未意识到身后的变故，凤尾剑已经从后心霍然刺入。

摔在地上的孩子缓过气来,“哇”的一声大哭起来。谷夫人也睁开眼睛，眼前这一切让她惊恐不已。小鱼儿赶紧抱起孩子，拾起地上的衣服，全部塞到谷夫人的怀里。

“谷夫人，我是来救你的，赶紧逃命吧。”

说完，举剑劈开门闩打开房门，随即把谷夫人推出门外。

“其他人在哪里关押啊?”

谷夫人匆匆指指前院的偏房，胡乱披上衣服，把孩子紧紧搂在怀里不让孩子哭出声，在墙根阴影的掩护下向大门跑去。

前后院之间只隔了一道竹篱笆，小鱼儿轻松翻过了低矮的篱笆墙。前院的偏房外有两名游哨，里面肯定关押着人犯。小鱼儿不能硬闯，她悄悄返回后院的侧房里，墙上悬挂着的那串松明子仍在忽闪。小鱼儿扯下来扔向房梁，松明子串像一条活蛇盘上房梁。小鱼儿弯腰出了房门躲在篱笆墙后静静等待。很快房间内冒出浓烟，啪啪啪啪的爆裂声中隐隐透出火光，随即火蛇窜出门窗。

游动哨很快发现，随即叫嚷声、奔跑声嘈杂一片，附近住户也被惊动起来。小鱼儿见偏房的游哨也跑向后院，她灵巧地越过篱笆墙，用剑撬开偏房的房门。狭窄逼仄的房间密密麻麻地塞着近二十人，手都被捆串在一起。小鱼儿迅即用剑割开捆在他们身上绳索，一边焦急地嘱托。

“快！分头跑！”

众人解绑之后纷纷夺门而逃。突然一支利箭尖啸着飞来，门口的一人穿心倒地，随后一支支利箭如飞蝗袭来。小鱼儿心里大惊，是余镝！警觉的余镝并没有睡着，听到外面有人大喊救火，他迅速翻身坐起，攀上房顶向四周环望，附近几座宅院尽收眼底。

小鱼儿正在惊慌之际，有一名已经解绑的汉子奋力推开后窗，夺过小鱼儿手里的凤尾剑。

“快从后窗逃走！剩下的人我来救！”

不由分说将小鱼儿推到后窗处。

门口已经被飞箭封住，奔向门口的人不断倒下。小鱼儿正在犹豫，那人大怒。

“快跑！你想我们都死在这里吗？你赶紧跑！我自有办法！”

小鱼儿只好攀上后窗跳出。

余镝没想到后窗这条逃生通道。火势开始蔓延，潮湿的房顶浓烟滚滚，火舌时隐时现，兵丁们忙着追捕逃散的人们，更是一片慌乱。小鱼儿藏身在一棵大树后。利箭已经不再飞来，大概是余镝的箭已经发完，但四周都是手持戈戟四处搜索的兵丁，一时无法脱身。

黑暗中，小鱼儿突然发现那个汉子也从后窗跳出，但是没有逃走，而是摘下后墙挂着的粗粗的一团东西，捡起扔在地上的一支火把，点燃了那团东西。那是宅院主人挂在房后的一挂渔网，为了保养，上面涂了厚厚一层鱼油。那个汉子猛地抖开着火的渔网，黑暗中格外刺目。那人大喊着“快跑！快跑！”他自己越过矮墙飞奔而去。紧锁的黑暗中，燃烧的渔网如同一只硕大的火风筝，在荒野中飘荡。兵丁们迅速向那只火风筝追赶而去。

余镝着急地大喊：“回来！不要追了！”杂乱中他的声音很快被淹没，飞奔的火风筝如此醒目，吸引了全部兵丁们的注意力。小鱼儿想起了行歌夺门而出，以身接箭的那一瞬间。耳边只有那团大火中隐隐传来的呼喊声。火光逐渐减弱，声音渐渐平息，朦朦胧胧中那群兵丁围拢在一起，也许那个汉子被抓住，抑或被烧死，抑或被兵丁砍成肉酱。

她狠心一跺脚，含泪翻出院墙。她现在的任务只有一个，那就是“跑”。那个汉子声嘶力竭的声音还在耳边。小鱼儿耳边呼呼的风声，似乎头顶有一颗亮亮的星星钻出云层，天狼星？北极星？她无暇顾及。似乎有一股强大的力量在牵引她，在指引她，让她义无反顾地向这个方向跑去。渐渐有新鲜的气息传来，伴着淡淡的香气。

星光渐渐隐去，地平线处透出淡淡的亮光。小鱼儿止住脚步，眼前渐渐现出一片偌大的湖泊，湖面上是密密匝匝的荷叶与含苞欲放的荷花。小鱼儿的心突然狂跳起来，好像远方的游子走近故土的感觉。奇怪，小鱼儿从没有离家远行，这种陌生的感觉怎么如此熟悉？这种虚拟的梦幻竟如此真实？

这就是太湖，沉浸在晨光中的太湖，夜露未消的太湖，荷花当季的太湖，魂牵梦绕的太湖。小鱼儿深深地呼吸着浸满荷香的新鲜空气，极目水天一色的浩渺太湖。她的双脚不由得向太湖边的垂柳走去，靠在岸上偌大的太湖石边，如同在母亲怀里依偎，被拥入怀的感觉如此真切，尽管小鱼儿从小没见过母亲的样子，没有体味过在母亲怀里依偎是什么感觉。

在淡淡的荷香中，一位慈善和蔼、身体丰盈的女人向她走来。妈妈！妈妈？小鱼儿也暗自纳闷，自己怎么在心里喊她妈妈？那女子靠近小鱼儿，把她揽在怀里，擦拭着小鱼儿额头的汗水，理顺了凌乱的长发，将温暖的双唇贴紧了小鱼儿的额头。

小鱼儿心里暖暖的，闭上眼睛将头伏在她的怀里。突然，那女子决然地推开小鱼儿，起身走向湖边。“妈妈！”小鱼儿赶紧叫她，那女子站在湖边回首，有几分召唤也有几分凄然。然后那女子纵身飘然沉入水底。“妈妈——”小鱼儿大叫，身体一颤，兀自醒了。

原来是一场梦。

小鱼儿睁开眼睛，来不及回味梦境，一下突然清醒了。

几个兵丁正在一步步走来。“就是她！”其中一个厉声喊道，其余人迅速围拢过来。小鱼儿起身想跑，但双脚无力，将近一天一夜的奔波，已让她再无半点力气。小鱼儿拼命挣扎，无奈被如狼似虎的兵丁牢牢按住，他们的手牢牢钳住小鱼儿的胳膊。

小鱼儿在挣扎和厮打中，盘好的头发有些散乱，单薄的上衣也被撕破。一个兵士拿了一条绳子来捆小鱼儿。

“啊，怎么是个女的啊？怪不得这么俊秀啊。”

其余几个也围拢过来。

“是啊，小脸儿还挺漂亮啊，怎么打起架来这么凶呢？”

其中一个将手伸向小鱼儿的胸前。小鱼儿狠狠地啐了他一口，那人恼羞成怒，上前撕扯小鱼儿的衣服。小鱼儿厌恶地看着他丑恶的嘴脸，拼命踢打和挣扎。小鱼儿的外衣被撕扯下来，她突然想起那把凤尾剑和刚才那个梦。

“住手！”小鱼儿尽量放柔了声音，“你们放手，我自己动手，好吗？”

“什么？真的？”

“真的，你们这么多人，我还能跑了吗？”几个人对看了一眼，将信将疑地松了手，眼睛却一时也没离开小鱼儿的手。

小鱼儿一脸的平静，这时她的心里确实出奇的安静。她整理了一下衣衫，细细抚摸着那块巨大的太湖石，在湖边俯身掬起清凉的湖水，湖水流过脸颊的感觉像母亲的双手的爱抚。几个兵丁跟在后面，唯恐小鱼儿跳进湖中潜水而逃。小鱼儿面色平静地洗

漱完毕，刚才那个动手动脚的兵丁紧跟过来。小鱼儿回身解开盘着的长发，长长的头发如黑色的瀑布流泻下来，她轻轻一甩头，飘扬的黑发中现出凄美的笑容，带着对丑恶的决绝，带着对这个世界的依恋，那个兵丁如同被箭镞击中一样，呆呆站在那里僵住了。小鱼儿伸手在长发中轻轻一抽，一把娇小玲珑但同样犀利的簪花剑出现在掌心，小鱼儿持剑刺向那个兵丁，簪花剑毫无阻挡地断然刺入他的眉心，他轻晃了一下后轰然倒地。

其余人惊愕之际，小鱼儿转身用头撞向那块太湖石，尖尖的棱角处血花飞溅，小鱼儿仰身向太湖坠去。溅起的水花击中了含苞的荷花，数不清的粉红花瓣纷纷飘落，数不清的晶莹水珠在偌大的荷叶上颤动。湖面的水纹渐渐平息，淡淡的涟漪中荷花瓣轻轻飘荡，排成无数粉色的同心圆，环环向湖心荡去。

东方地平线的鱼肚白渐渐褪去，太阳隐在荷叶后面慢慢攀升，似乎是从清澈见底的湖水中升起。轻轻摇晃的荷叶上露珠点点，每一颗露珠里都有一个小小的晶莹的太阳。

这个故事似乎应该结束，其实，我们的故事才刚刚开始。

第四章

前生宿命　欧冶子痛失爱女

欧冶子在客栈焦灼地等待了一夜。从附近山上的剑炉回来时天已黑透，房间里却空无一人，欧冶子就有些担心，客栈老板和伙计都没见小鱼儿的踪影。一开始还在安慰自己小鱼儿是贪玩一时忘了时间，可直到深夜也毫无动静。欧冶子一夜未眠，心渐渐变凉，如同一块石头直沉入冰冷的湖底。

第二天凌晨，天蒙蒙亮，欧冶子突然感觉胸口一阵绞痛和憋闷，浑身无力，一阵眩晕。似乎身体在无穷无尽的黑暗中坠落。他打了一个激灵，推门出了客栈。

街道上行人寥寥，店铺开门尚早，只有西门楼几位起早的渔翁，就地摆摊出售刚捕到的新鲜湖鱼。欧冶子拦住行人打听小鱼儿，路人都摇头继而匆匆而去。这时西门楼下飘来阵阵箫声，一老一小两个乞丐早早来到门楼下的石狮旁。欧冶子本无意去听，却突然发现小乞丐的手腕上戴着自己再熟悉不过的那串籽玉手链。欧冶子急步上前，一把抓住小乞丐的胳膊，吓得小乞丐哇地哭了出来，挣脱着藏在老乞丐的背后。那位老乞丐赶紧拦住欧冶子，看到欧冶子紧盯着手链，心里明白了几分，得知欧冶子在寻找爱女，而那位好心的女孩子一夜未归。老乞丐赶紧详详细细地把昨天看见小鱼儿的情况说了一遍，并提到昨晚看到小鱼儿前往马车店。欧冶子顾不得道谢，旋即到了马车行。对昨晚之事还心有余悸的店主对欧冶子如实相告，欧冶子心里明白了几分，同时也笼起不祥的阴云。

“这个阿囡也太大胆了——”店主还在感慨。欧冶子略略拱手称谢，急急出了店门。

鱼市的人逐渐多起来，一位渔夫挑着满满两筐活蹦乱跳的鲜鱼匆匆赶来，虽是清冷的早晨却也出了一头汗，他放下鱼挑子，一手摘下斗笠扇风。

“不得了啊，湖边出人命了。”

人们好奇地围了上来。

远远地，欧冶子听到那人说湖边出人命——湖边？太湖？欧冶子对“太湖”两个字非常熟悉，也非常敏感，他赶紧挤进人群。欧冶子的心急速地通通跳了起来，未等听完，他就感觉阵阵眩晕。一定是小鱼儿，千万不能是小鱼儿，一定不会是小鱼儿，欧冶子心乱如麻，拔腿向镇北的太湖急急奔去。

天色早已大亮。在湖心捕鱼的渔民目睹了清晨太湖石边的一

切，现在太湖石旁还围着十几个闻讯而来的渔民。欧冶子拨开人群，太湖石的棱角上血迹斑斑，地上满是杂乱的脚印和血迹。渔民所说的长发姑娘难道真是小鱼儿？不是小鱼儿又是谁呢？

欧冶子纵身跳入湖中，湖水清澈，欧冶子瞪大双眼仔细辨认，湖泥、莲茎、水草、小鱼都历历在目。寻觅良久一无所获，这时岸上有些躁动，“扑通”一声，一个小伙子跳入湖中帮助欧冶子寻找。

但仍一无所获。那个小伙子浮出水面，焦急地召唤岸上的众人。

“识水性的，都来帮一下老伯啊。”

欧冶子也从褡裢中拿出一枚金贝。“谁找到我的女儿这就是谁的！”

众人的目光立刻被牢牢粘在这枚金贝上，这枚金贝是欧冶子准备购进炼剑矿石的资费，在当时是只限官府库存所用，老百姓哪里见过这么大面值的金子？沿湖居住的从小都是好水性，众人纷纷抢着下水。搜寻范围逐渐向湖心扩展。但是仍一无所获。

欧冶子既希望小鱼儿早早出现在湖底，又希望湖边的血迹不是小鱼儿的。也许小鱼儿昨天玩累了现在在某个客栈歇息，或许下一个时刻小鱼儿突然出现在街头，他甚至有些幻觉要伸手去拉小鱼儿。但他心里也很清楚，小鱼儿虽然贪玩但从小就懂事，绝也不会彻夜不归的。欧冶子就这样在希望和失望中煎熬。

搜寻范围已经到了湖心，大家心里都明白，短短两个时辰尸首是不会滑到湖心的。欧冶子忽然发现在静静的湖底卧着一块太湖石，细细的，长长的，恍若人形。欧冶子心里一颤，游近了细看，竟有非常亲近的感觉。欧冶子也觉奇怪，一块毫无生命的太湖石如此吸引他。湖心？欧冶子浮出湖面深吸一口气，随即潜到太湖石边，伸手揽住石头。很奇怪的是，只是略一伸手，就将石头拥入怀中。欧冶子心里一酸，一手揽住石头一手划水游到岸边。

石头静静地卧在岸上，与其他太湖石不同，这块石头幽幽泛着紫色，轮廓像极了一条细长的鱼儿。

欧冶子的心慢慢滑入冰窟。

虽然有悬赏金贝的诱惑，但是整个太湖都要搜遍了仍一无所获，众人很是失望，零零散散地上岸。看见欧冶子面对那块石头黯然神伤，众人议论纷纷，有的觉得欧冶子有些痴癫，怀疑他是不是悲伤过度疯了，还有的觉得欧冶子可能一开始就无中生有地戏耍他们。

欧冶子也不搭话，众人看得久了也觉得无趣，陆陆续续离开。

这时最先跳入湖里的那个小伙子走了过来，他原先站在众人的背后默默地观察。小伙子拍了拍欧冶子的肩膀，欧冶子抬起头，看到一张憨厚而又充满同情的脸，小伙子长得很是健壮，甚是俊朗。小伙子也不说话，把手伸到欧冶子面前展开，欧冶子仔细一看如遭雷击顿时呆住了，小伙子的掌心赫然躺着半块玉佩——小鱼儿的玉佩！

“哪，哪里的？”

“老伯你搬走石头之后，我在下面发现的。”

“啊！真的？”小伙子点点头。

欧冶子低头看看那块石头，石头柔柔地透着紫光，泛起粼粼波纹——这就是小鱼儿，一定是！小鱼儿真真切切是走了，她又如此不舍，化为太湖石来陪伴我。

那小伙子把玉佩放到欧冶子的手中。

“小伙子，这是荆山玉，够你半辈子衣食无忧了，你为什么没有自己留下？”

“老伯，我虽不懂玉，但我想这肯定是你的，应该陪在你身边，所以还是交给你。”

说完转身要走。欧冶子伸手要拉小伙子，小伙子指指大树旁。

“我该回家了。”

大树旁放着一大捆木柴，旁边站着一位俊俏的年轻女子。小伙子担起柴挑，年轻女子顺从地跟在身后。

“小伙子，你叫什么名字？”

小伙子回头认真地看了一眼欧冶子和那块石头。

“我叫专诸。”

专诸走后，欧冶子看着手中的半块玉佩，不禁黯然垂泪。望着辽阔旖旎的太湖，心中涌起从未向小鱼儿提起的十五年前那段往事。

那是欧冶子第一次来到荷花镇。那时他出师不久，意气风发，雄心勃勃，准备铸造天下名剑。他遍访各国的剑炉和铸剑名家，游历途中偶遇楚国相剑师风胡子。他们的见面是在一处剑炉旁，两人对一把新铸利剑各执己见。两人都是血气方刚的年龄，相持不下之际，剑炉主人从中调停，欧冶子当场新铸一把青冈剑，风胡子黑布蒙眼，仅用手触摸三次，即对青冈剑作出精准的评判。两人从互不服气转而惺惺相惜，把酒彻夜长谈，仍觉意犹未尽。

他们约好相伴游历诸国，遍访名家。行至吴国的太湖，两人雇了一艘舴艋舟，兰舟长橹，湖光山色，两人流连于如画的荷花美景。突然湖边村镇多了好多兵士，岸边也多了些持戟佩剑的人，隐隐透出杀气。欧冶子和风胡子兴致全无，准备登岸离开。不料岸上的气氛愈加紧张起来，路口皆是盘查的士兵。欧冶子和风胡子都佩戴短剑，两人恐怕被兵士们当作嫌犯。

正在两人发愁之际，风胡子突然想起太湖边有位一面之识的朋友，数年前在湖边的餐馆里学徒。于是风胡子领着欧冶子把短剑藏在湖边的树洞里，绕路去湖边酒肆挨家打听那位朋友。巧的是，没问几家就碰到了，那位朋友现在早已不是学徒，而是太湖边大名鼎鼎的名厨，人们尊称为“太湖公”。时隔多年，太湖公虽然记不清风胡子，但还是很热情地接待了他们，并且亲自下厨做了一道“冬梅凤尾鲚”，欧冶子和风胡子品尝之后赞不绝口，多年之后想起仍齿颊留香。欧冶子和风胡子在太湖公的酒楼逗留了两三日，眼见太湖公整日忙碌而自己无法帮忙，太湖公反而每日抽出时间相陪。两人执意要走，太湖公挽留不住。两人提出让他帮忙避开官兵的盘查，太湖公见挽留不住只好答应。太湖公厨艺超群，每每有官府招待上司都会请他亲自下厨，也屡屡让请客之人颜面生光，所以太湖公逐渐成了官府的座上宾，与达官贵人更是有颇多接触。

太湖公送二人通过了盘查的路口，带队的伍长见是太湖公的朋友，不但痛快地放行，而且给他们开具了过关的牒文。两人与太湖公依依惜别，随后来到太湖旁大树下的藏剑处。

正当二人取剑之时，湖边又是人声嘈杂，好像在追杀什么人，两人生怕暴露不便拿剑，只得在大树下观望。时近薄暮才渐渐平息，湖面又起了夜风。两人正准备动身，欧冶子突然发现湖面上有东西影影绰绰晃动，忙招呼风胡子一起细看。湖面风逐渐大了起来，细浪翻滚，一个圆圆的影子随风逐渐飘远，在荷叶上似乎还有东西在晃动，隐隐有微弱的声音逆风传来。欧冶子出于好奇，下到湖中游向那几簇荷叶。游近之后大吃一惊，层层叠叠的荷叶上竟然有个婴儿，茂盛的数片荷叶在水面像是一张绿色的小床。夜风渐冷，婴儿挥舞着小手小脚哇哇大哭着，身边数颗水珠在荷叶上活泼泼地滚来滚去。荷叶周围簇拥着大群的小鱼，不时吐缀着气泡欢快地游来游去，见有人来竟也不避开。欧冶子踩着水靠近大簇的荷叶，小心地伸手捧住婴儿，婴儿见有人来止住了哭声。欧冶子伸手去抱婴儿，婴儿冲着欧冶子咧嘴笑了。清冷的夜风中，硕大荷叶上的这一笑深深触动了欧冶子，欧冶子伸手把婴儿搂住，轻轻举过头顶。风胡子随后赶了过来，两人将孩子送到岸边，回头看时发现大群的小鱼跟在身后，一直跟到临岸的水中，似乎依依不舍。

两人对这个凭空出现的孩子一时手足无措，只得暂时住进附近的客栈，好心的老板娘帮忙照料，并且在附近寻了一位生完孩

子不久的妇人，欧冶子和风胡子倾其所有请她做了奶娘。婴儿长得非常健康，欧冶子很是欣慰，但是把孩子带在身边也不是长久之计，于是请老板娘帮着打听是谁家的孩子。

一天夜里两人正要睡下，老板夫妇两人抱着孩子慌慌张张赶来，也顾不得敲门直接推门闯入。欧冶子纳闷之际发现两人气喘吁吁脸色煞白，一番解释之后，欧冶子才明白，这个孩子是鼎羿将军的，而鼎羿将军就是那天在湖边被追杀之人。一夜之间将军儿遭灭门之灾，而追杀之人仍在打探孩子的下落。店主夫妇得知孩子是鼎羿将军的亲生骨肉，一时很是激动，鼎羿将军是贤良将才，在百姓心目中也颇受爱戴，两人没想到竟也有机会为将军抚养遗孤；但是激动之余感到阵阵恐慌，一旦有人追查到此，不但客栈会被纵火焚烧，两人也会被当街诛杀。两人只好抱着孩子来找欧冶子。欧冶子和风胡子听完后也觉得事关重大，虽然不认识鼎羿将军，但从店主夫妇讲述中也知道应该全力保护将军的遗孤，然而又不能在客栈久留连累热心的店主。两人谢过了店主，带着孩子连夜离开了荷花镇。

带着襁褓中的孩子，两人不能再像以前一样自由自在地远行，只好就此分开，打算各自回家。欧冶子和孩子在一起感情很深，尤其孩子亮晶晶的大眼睛看着欧冶子的时候，欧冶子感觉被孩子的情愫完全网住了。孩子留在了欧冶子身边，风胡子和欧冶子共同给孩子起名“小鱼儿”。

十五年前，欧冶子把小鱼儿从荷花镇旁的太湖中救出，带回了剑炉山，没想到陪伴了自己这么久；十五年后，欧冶子带着小鱼儿离开剑炉山来到荷花镇，没想到小鱼儿永远留在了太湖里。

冥冥之中的缘分，冥冥之中的劫数，还是冥冥之中的宿命？

欧冶子怎么也想不出，他默默地弯腰准备搬起这块酷似小鱼儿的石头，也许这块石头是小鱼儿的前生抑或是后世，也许要小鱼儿以这种方式回归太湖，陪伴欧冶子的后半生。

突然欧冶子感觉有人拍他的肩膀，他起身回头看，依稀透过泪光看到一个身影正静静地看着他，他仔细打量看清来人之后心里一惊，不禁“哦”了一声。

他这时才明明白白感觉到，小鱼儿的宿命还远远没有结束。

第五章

鱼儿重生　利剑现世雪仇恨

来人竟是太湖公。十五年没见，太湖公已显老态，当年高大挺直的身板微微有些弯曲，但此地此时欧冶子还是认出了这位挚友。太湖公清晨习惯早早起床，围着太湖赏景晨练。这天看到湖边的太湖石旁簇拥着一堆人，他也好奇地走上前来。太湖公在人群后几乎看到了事情的全部经过，也认出了欧冶子。

两人默默相视，太湖公把欧冶子的双手紧紧握住。没想到故友相见竟是此情此景，还有什么多余话可讲？太湖公帮着欧冶子像呵护婴儿般把石头小心地搬回客栈。

在客房里，太湖公做了一名最认真的倾听者，欧冶子简要地讲述了小鱼儿跟他来荷花镇的事情。太湖公劝慰欧冶子一番，打算陪着欧冶子散散心，邀请欧冶子到他家中。欧冶子本没心情，但太湖公诚心相邀，欧冶子推辞不过，只得把石头小心收好，跟着去了太湖公家。

太湖公在店中不再亲自下厨，想拜他为师学艺的人太多，他遴选了三个精明强干的小伙子精心传授，现在这三个人已经出师，都能独当一面。太湖公比欧冶子大十余岁，自感身体已有颓势，索性赋闲在家，在离酒肆三里之遥的湖边，盖了一所宅院，也乐得清静。

欧冶子仍觉如磐石压在心口，有些木然地随太湖公到了家中，也没心思参观这座宅院，强打精神坐在宽大的客厅内。太湖公亲自下厨做了拿手的菜肴，又拿出珍藏多年的老坛陈酿。两人对坐把酒，却少了十五年前和风胡子三人煮酒畅谈的气氛。欧冶子心里甚是不快，三五杯酒喝下就觉有些昏昏沉沉。正当思绪飞散之时，突然厅堂外人影闪动，一名年轻女子端着菜肴快步来到门前，将装满菜肴的托盘呈给门口的小童，随即转身飘然离去。欧冶子正要举杯，无意中扭头看了一眼，竟也呆住了——这不是小鱼儿吗？手一抖，酒也泼洒出来，欧冶子差一点站起身喊出小鱼儿的名字。小童端着托盘进来，门外的女子早已不见踪影。太湖公见欧冶子魂不守舍，以为欧冶子还是牵挂小鱼儿，于是，再次给欧冶子满上酒再次举杯相邀。欧冶子无心饮酒，问太湖公门外的女子是谁。太湖公恍然大悟。

“那是小女绮罗，现在跟着我学习厨艺。”

欧冶子这时恍若梦中，他心里很明白那个女子不会是小鱼儿，自己也许是悲伤过度、精神恍惚，看到哪个女子也都会想到是小鱼儿。他轻轻拍了拍额头，举杯一口饮下。

饭后，太湖公又陪欧冶子去湖边转了几处景点，欧冶子深领了太湖公的诚心和热心，但自己已心力交瘁。欧冶子谢绝了太湖公好意的留宿，执意回到了客栈。太湖公送了他很远。途中欧冶子几次想问绮罗之事，但一时感觉无法开口。

欧冶子独自在客栈守着石头直到天亮。他也深知自己重任在肩，小鱼儿走了，自己再悲痛也无济于事，该做的事情还要丝毫不差地完成。天亮时分，欧冶子出了客栈继续寻访剑炉，辨识冶炼石。

五天之后，欧冶子雇了五辆马车，满载着精心挑选的锡矿和铅矿向越国的剑炉山赶去。他坐在领队的马车里，怀抱着那块石头。一个月前，身边是活泼可爱、善良懂事的小鱼儿；一个月后，怀里是坚硬似铁、寒冷似冰的石块儿。

半个月日夜兼程，剑炉山终于出现在眼前。欧冶子的车队在山脚下停下，山上忙碌的工匠在干将的带领下下山迎接。看到欧冶子阴沉着脸，抱着一块石头从车里下来，众人不禁大为愕然。欧冶子脸上密布的乌云是众人从未见过的，他一向和蔼可亲，即使工匠们犯了大错，欧冶子也只是声音严厉些罢了。干将迎上前本想问候师傅然后问一下小鱼儿，可看到师傅如此表情也不敢说话，领着工匠们卸下冶炼石，不时偷眼看师傅。眼见小鱼儿没有出现，干将和大家都由好奇转而忐忑转而有不祥预感。

欧冶子独自顺着小路上山，越是熟悉的场景越是感到小鱼儿就在身边，他一度真实地出现了幻觉，小鱼儿真真切切就在身边，他伸手去拉小鱼儿，结果伸手之后什么都是空的，身边空荡荡的，心里也是空荡荡的。欧冶子感到前方有影子，抬头看是盲七儿。他孤零零地守在上次送别他和小鱼儿的拐弯处。盲七儿听不到大家伙儿高高兴兴的谈笑声，听不到小鱼儿叽叽喳喳的说笑声，只听到欧冶子沉重的步子。盲七儿脸上的期待和笑意渐渐淡去，被失望和担忧淹没。送别小鱼儿时莫名的担心一直压在他心底，自己不断说服自己小鱼儿和欧冶子会平平安安回来。但现在他无法说服自己了。他对自己的直觉和敏感是非常自信的，尽管这个时刻他无比痛恨这种自信。

欧冶子领着工匠们把炼剑石分门别类存放好，随后来到小鱼儿的房间里。一切都这么熟悉，但已物是人非。房间里落着一层薄薄的灰尘，有些凄凉的意味。如同呵护十五年前的小鱼儿，欧冶子小心地将太湖石放在小鱼儿的床上。

窗外的阳光透过花窗柔柔地照在小鱼儿的床上，细长的太湖石宛若曲线优美的少女，又如一条苗条的小鱼。欧冶子忽然心里一动，这块酷似小鱼的石头也像一把利剑，鱼尾处盈盈一握恰似是剑柄，鱼头锋利犹如剑首，剑身挺拔刚劲饱含劲道。

欧冶子心中突现了一个念头。如同春天的草芽，即使困在崖缝里，即使压在磐石下，看似柔弱的嫩芽带着对生命的执着，对阳光的渴望，坚韧地破土而出。欧冶子要用毕生所学所练，让小鱼儿以另一种方式在这个世界上存在，他要亲手将这块太湖石放入炼剑炉内熔炼，炼剑炉内注入自己的气息，注入自己的温情，注入自己的魂魄。剑炉山每一位关心呵护小鱼儿的人都亲身参与这把剑的出世，冶炼、浇铸、淬炼、洗磨、砥砺、开刃，甚至鼓风囊和打边锤的小工匠也都参与其中，这块冰冷坚硬的太湖石，定会成为自己一生心血和技艺的集成，成为剑炉山百余名工匠的心力和情感所集。这把剑不仅是天下名师所铸，更是剑炉山众人所集，更能刺穿阴阳两界的隔阂，让另一个世界的小鱼儿感知到自己在阳间的存在和温暖，延续自己在这个世界的依恋、悲愤、恩情甚或仇恨。

想到这里，欧冶子心里半个月以来第一次有了暖暖的感觉，他弯腰捧起了太湖石。这时窗外阳光突然迅疾隐去，天色骤然暗了下来，乌云从西北方向铺天盖地地匆匆聚拢而来，一道利闪劈开厚厚的云层，在剑炉山顶的祭剑亭轰然爆开。

欧冶子出了房门，到了山顶的祭剑亭，把石头端端正正放到台案上。

天色变得更加阴暗，云层中闪电如银蛇乱舞，呼号的狂风骤起。山坳里高大的白箭竹挣扎着弯成一张张巨大的弓，仿佛要向天空射出一支支怒箭。

欧冶子站在祭台前，心里默默地和小鱼儿说着话。烈火熔炼，千锤万击，百次磨砺，蕴含小鱼儿魂魄的石头势必经受炼狱般的痛苦，但这也将是一次重生一次涅槃。从此之后，小鱼儿将成为欧冶子最为骄傲也最为心痛的一把绝世之剑。无论是无尽的依恋，无论是果断的决绝，无论是携带着天堂的甘霖雨露，无论是依附着地狱的复仇之火，无论是以三魂七魄为伴，无论是以精灵鬼怪作友，小鱼儿都将幻作利剑，穿梭于阴阳两界之间，陪伴着辛苦养育自己的欧冶子，萦绕着朝夕相处的剑炉山，回眸着生于此葬于此的浩渺太湖，伴随着干将、盲七儿、行歌以及每一个亲人抑或仇敌。

骤雨突来，如厚重的幕帘填充天地间每一寸空间，带给人们无尽的憋闷和窒息。不知过了多久，欧冶子忽觉身后有异样，回头看，剑炉山的每一个工匠静静地站立在雨中，脸颊上不知是雨水还是汗水汩汩流下。众人默默对视。突然，一道枝杈状的利闪如龙爪挥舞，在剑炉山顶久久闪现，炫目的光刺透了天幕，如注的雨滴犹如晶莹的珍珠，颗颗透亮粒粒饱满。刺眼的闪电过后，紧接一声急促震耳的炸雷。众人吃惊地抬头，祭剑亭的顶盖竟被齐刷刷劈下，闪电同时击中了台案上的太湖石。大家赶紧围上前，只见太湖石被劈成数段，每一段闪着金属般的光泽，隐隐透出鱼鳞般的波纹，断口处现出丝丝纹路，间杂着鲜血样的泪痕。欧冶子捧起断石抱在怀里不禁潸然泪下。

又一闪电掠过，似乎掠过众人的头顶，从祭剑亭斜斜刺出，直接击中磨剑池边一座早已熄火的剑炉。这是欧冶子来到剑炉山亲手修筑的第一座剑炉，取名“玄鼎”，用了二十余年，早已废弃，这时炉内竟然被天火引燃，烈焰升腾。

大雨初歇，剑炉山又恢复了繁忙。玄鼎炉内火势熊熊，火舌嗞嗞地吞吐，数段石块静静地卧在炉内，干将在炉旁鼓动风囊。炉里还添加了欧冶子翻越千山万水亲手从茨山采得的铁英，从雀锡山精选的锡石，剑炉山自产的铜石。站在剑炉旁的欧冶子凝神屏息，火苗高高低低地冒出，好像十五年前小鱼儿和他做藏猫猫的游戏；炉火中有细微的嗞嗞的声音，好像小鱼儿在耳边亲热地倾诉着什么。炉中的太湖石、铁英、铜石和锡石渐渐熔化，舞动的火苗变得五彩斑斓，如同小鱼儿短短十五年酸甜苦辣的人生。

冶炼出的铜液如心情迫切的游子见到魂牵梦绕的父母，急急涌进筑斗中，凝固成青铜坯料。欧冶子亲手举起定音锤，干将仰天大喊一声抡起大锤，千锤万击之后，青铜坯料如春日里冻僵的泥土，逐渐蜕去了脆性的外壳，仿佛注入了饱满的生命，充满了无穷的弹性和活力，愈加柔韧和挺拔。盲七儿像捧着一枚丝绒包裹着的即将孵化的天鹅蛋，放在耳边仔细倾听。小鱼儿再一次伏在他的耳边和他低语，叫他七哥给他带好吃的，为他在眼中滴入清凉的露珠。盲七儿覆着阴翳的眼睛再一次酸热了。

三遍回炉，六番锤打，九次淬錾，十八遍的砥砺，一把小巧的利剑在欧冶子的掌心出世了。剑身刚足一尺，剑柄只有几匝云雷纹饰，虽然精巧但外形拙朴，只有隐隐透出的鱼鳞状花纹才略显清秀之色。剑身颜色暗淡，剑气锋芒极度内敛，张扬的杀气完全被囚禁在狭细的剑身之内，仿佛压在山下的红日一跃而起，喷薄而出，强大的剑气无处可去，全部集中于剑首，剑锋所指洞穿一切，将一个有形的生命瞬间终止于前方无形的一点。

欧冶子感觉手心突突地跳动，这是自己的脉动还是短剑的脉动，抑或是小鱼儿的脉动。把剑轻轻握在掌心，仿佛第一次握着小鱼儿的小手领着她学走路。

欧冶子将半块玉佩作为剑坠，这块残断的玉佩陪伴了小鱼儿十五年，当然应该继续陪伴她。欧冶子将这把短剑唤作“小鱼儿”。欧冶子将“小鱼儿”和其余的剑一起用紫泥封好，用细绳悬挂着，沉在洗剑池底。

剑炉山铸剑和打造戈戟的任务没有间断，剑炉山依然日夜炉火熊熊。一个月后的一天，当地的郡主陪同越王的特使和库监上山验收兵器。欧冶子已如数完成越王交付的任务，眼光挑剔的特使命人当场一一检验，当检验到第一百杆时，特使脸上早已浮现出满意和敬佩的笑容，频频点头。

“不用再检验了，欧老先生确实名不虚传啊，我替越王赏赐你。”

旁边一直提心吊胆的郡主也放下心来，也顺势说要赏赐欧冶子。欧冶子面色平静地替剑炉山所有工匠一一谢过。这时特使请欧冶子呈上越王所要的五把宝剑，欧冶子转身准备亲自去洗剑池取剑，特使此时心情颇佳。

“要是这些宝剑能让吴王喜欢的话，我们大王更是会重重有赏的。”

吴王？欧冶子停下了脚步。

“请问大人这些宝剑作何使用啊？”

“面呈越王，之后——和你说也无妨——进献给吴王，作为吴、越结好的进献礼物。”特使一时高兴也没有责怪欧冶子打探此事。

欧冶子走向洗剑池的脚步慢了下来。

“小鱼儿”若能前往吴国将会怎样？若她与荷花镇尘缘未了，荷花镇里那段夜幕吞噬的隐情，太湖底神秘的沉没和失踪，自己恐怕一生也无从知晓了，但“小鱼儿”一定会做自我了断的。

欧冶子在洗剑池边俯身拽住细绳，从水中钓出封有宝剑的泥匣。在拽第二个的时候，他的心突突地跳得厉害，放手还是留下？决绝还是缠绵？他的手慢了下来。终于，拽住绳子的手一松，未出水面的泥匣慢慢沉入水底。欧冶子站起身，又走了数十步，扯住拴在大柳树上的细绳，轻轻提起“小鱼儿”的泥匣。

纷乱的思绪，一分的希冀混杂着万分的不舍。

“小鱼儿”个头很小，没有准备专门的剑函，只能像其他宝剑一样装在大剑函中。干将等人跟在身后捧着装有其他的宝剑剑函，欧冶子把“小鱼儿”捧在手中，欧冶子仿佛一瞬间苍老了许多，身子也有些弯曲。

特使打开剑函，不住地点头称赞，不时发出惊叹。欧冶子什么也没听到，他对于出自自己手中的宝剑绝对的自信，无论称赞还是惊叹还是敬仰，都是他意料之中的。他现在唯一没自信的是他再次把小鱼儿送下山是凶是吉，也许现在还来得及反悔。

特使的目光盯在欧冶子手中的剑函上——欧冶子亲手捧来，肯定是剑中绝品，欧冶子依依不舍的神情更让他无比地确信：这个剑函里一定是世间难得一见的宝贝。

剑函打开了，孤零零地躺着一把毫不起眼的小剑，与宽大的剑函相比，与其他宝剑相比，这把剑不仅瘦小而且黯淡。特使疑惑地看看欧冶子，目光满是疑问，这也算宝剑？欧冶子也不说话，用非常肯定的目光回应了特使。特使有些漫不经心地抽出“小鱼儿”，翻来覆去寻找不同之处，结果他只剩下越来越大的失望。

正当特使脸色有些阴沉之际，一只小鸟从上空飞过，抖落了一片羽绒，悠悠荡荡地飘落，正好从剑上拂过，在接触剑锋的一刹那，剑似乎瞬间被激活，剑锋凛然，羽绒断开，分别从剑身两侧滑落，众人的目光也被粘在特使手中的剑上，不由得齐声惊呼。羽绒划过剑锋之后，在剑身下竟又合为一体，轻轻落地，仍是完整的一片羽绒。羽绒离开剑身的一瞬，剑锋立刻收回，仍是一把拙朴的小剑。众人不仅是惊呼“神剑”而是要顶礼膜拜了。

特使更是惊奇，赶紧命欧冶子把剑收入剑函，以免有人失手误伤。欧冶子亲手把“小鱼儿”封入剑函。

“小鱼儿，走吧。早些回家。”他心里默默地说。

特使心满意足地带着兵器回宫交差，欧冶子和众人下山相送。行至拐弯处，欧冶子和干将停下，目送“小鱼儿”消失在远方。众人的心情与当初送欧冶子和小鱼儿下山是一样的。

只有一点大家都不知道，“小鱼儿”下山后是重复上次的事件呢，还是另有新结局呢？

第六章

真假子胥　渔人自沉明清白

伍子胥从昏睡中醒来，淡淡的薄雾中恍如隔世。伍子胥仔细再看，发现自己躺在一张木榻之上，药罐中水气袅袅在屋内挥散，旁边木凳上坐着一位白须老人。伍子胥吃力地回忆着，往事一件件在眼前闪过，最终结束在自己摔倒在水坑旁。他赶紧挣扎着起身，老人起身伸手按住他，温和地发问：“伍先生醒了？我刚刚给你喂下药汤，伍先生安心休息就是了。”

“伍先生？你是怎么知道我的？请问老丈您是？”

“先生好生躺着，你不是楚国伍子胥吗？”

伍子胥突然想到沿途的缉拿告示，心头一惊：难道我被这位老丈抓住了？要把我送回楚国邀赏？公子胜呢？老丈是否有同伙？伍子胥猛地坐起，手下意识地伸向腰间拔剑。

腰间空荡荡。猛一抬头，那把七星龙泉剑挂在墙上。

“伍先生，伍先生，你大可不必惊慌。老朽是救人的，不是害人的。”

“我的孩子呢？”

“伍先生不必担心。你和孩子都是由老朽一并救回的，孩子一路饱受饥寒，身上还有几处皮肉伤。不过，孩子早已吃饱喝足，老夫也给他敷好药膏，早已没有大碍了。现在他在隔壁房间安睡，由老夫的女儿照料。伍先生放心就是。”

“多谢老丈。这里是什么地方？”

“此处离昭关数十里之遥，荒凉偏僻。在此居住一年半载也无人察觉。老朽是山野游医，外人唤我为东皋公。前几日我外出行医，四处都张贴着缉拿伍先生和孩子的告示。归途中正巧发现先生昏卧道边，孩子也在哇哇大哭。不过先生放心，伍家世代贤良忠烈，国人皆知。伍先生昏倒的地方离昭关不远，猜想先生要过昭关逃离这是非之地。老朽愿助先生一臂之力，也算祭奠贤臣良相在天之灵。”

伍子胥赶忙下榻纳头揖拜，东皋公赶紧扶起。

“先生和孩子安心在寒舍住下，虽只有粗茶淡饭，也能让先生休养好身体。先生养好身体后，老朽必想出良策送先生出关。”

伍子胥哪里有心思安心休养，他在东皋公家度日如年。想尽早过昭关投奔吴国，但又不知昭关形势如何。他想出去探探风声，又怕被人认出，不仅自己可能被缉拿，还会连累好心的东皋公。他如芒刺在身，夜不能寐，常常卧而复起，绕室疾走，不觉东方既白。伍子胥前去催问，东皋公安慰道:“先生只管调养身体，老朽在等一个人。”

两天后的一个凌晨，东皋公敲门，语带欣喜。

“伍先生，我们等的人来了。”

伍子胥赶紧开门，不禁恍如惊梦，眼前站着的人不正是自己吗?

东皋公呵呵地笑起来。

“看来伍先生出关之事已成功一半，连伍先生自己都被蒙蔽了。”

那人当然不是伍子胥，他正是东皋公要等的人。东皋公给伍子胥介绍，此人居住在西南七十里的龙洞山，名叫皇甫讷，是东皋公的挚友。伍子胥心中明白八九分，又是高兴又是担心。高兴的是自己出关有望，担心的是一旦事情泄露，非但自己自投罗网，而且连累东皋公和皇甫讷。

皇甫讷看穿了伍子胥的心思，安慰道:“与伍先生虽未谋面，但向往已久，理应贡献微薄之力。我有幸与伍先生的容貌有几分相似，正巧上天赐我机会助伍先生过关。若能让令尊大人的冤案早日昭雪于天下，我虽九死也无一怨。”

伍子胥对两人深深下拜。

“倘若伍子胥有出头之日，定以命相报。”

东皋公赶紧搀起伍子胥。他让伍子胥和皇甫讷换了衣服，然后又去里屋端来一只铜盆。

“伍先生，请洗脸吧。”

伍子胥很纳闷，虽然这几天心中忐忑，没有心思好好洗脸，但在这紧要关头也没必要专门洗脸。东皋公见伍子胥疑惑，微笑着说:“先生还是洗洗吧。”

伍子胥在铜盆边俯身时，隐隐闻到水中散发着淡淡的草药味道，心中更是疑惑。洗完后，伍子胥觉得脸上隐隐作痛，似有凉风吹过。东皋公拿来铜镜递给他，镜中的伍子胥面容迅速憔悴下来，脸变得黝黑，加上头发花白，乍看之下俨然一个花甲老农。

这时伍子胥明白了东皋公的良苦用心。

伍子胥和皇甫讷一远一近跟在东皋公身后。公子胜这几天一直由东皋公的女儿照料，和她颇为亲热。她把公子胜抱在怀里，走在最后面。

远远望见昭关，守关兵士依然盘查严密，伍子胥的心突然怦怦跳得厉害，生死成败在此一举。皇甫讷镇定地回望了一眼，走向盘查的守关兵士。

走近盘查处，皇甫讷突然面露惶恐，故意用袍袖遮住脸，匆匆侧身而过。守关兵士心中顿时起疑。

"站住！"

随即上前一把扯下他的手，皇甫讷满面惊恐，假装拼命挣脱。兵士定睛一看，大叫起来。

"啊，伍子胥！"

皇甫讷夸张地大喊："我不是伍子胥，我不是伍子胥！"

几名兵士扑上来将其扭住，兴奋地大喊："抓住了！抓住伍子胥了！"

附近的行人一听"伍子胥被抓"，立刻簇拥上来围观。

关口处乱作一团。

伍子胥心头一紧，担心皇甫讷遭遇不测，远远地见东皋公向他使眼色，催他趁乱快快出关。东皋公的女儿抱着公子胜，也趁乱走近伍子胥。伍子胥从她怀里接过公子胜，公子胜紧紧拉着她的衣襟，眼中含泪依依不舍。

伍子胥心一横，挤在人群中趁乱出了昭关关口。为防看出破绽，伍子胥压住狂乱的心跳，不疾不慢转过山口，面向关口方向跪下三叩首，含泪转身向吴国方向狂奔而去。

一路上，耳边呼呼风声中夹杂着叫喊声和兵戈撞击声，伍子胥唯恐守关兵士识破假“伍子胥”而再次追击，狂奔数里也不敢停歇。

伍子胥的猜测是正确的。三路追兵正在身后紧紧跟随。

守关右司马芀越听说伍子胥被捉，兴奋地有些眩晕，加官晋爵的机会从天而降，他满面春风地匆匆赶到昭关的关口。

这时亦真亦假的“伍子胥”正在和兵士竭力周旋。看到芀越骑马赶到，皇甫讷估计真正的伍子胥已成功过关逃离险境，突然脸色一变，理直气壮地大喊冤枉。

“你们要干什么？谁是伍子胥啊？我根本不认识他！”

这时轮到守关兵士愣住了。皇甫讷继续义愤填膺地大喊：“我叫皇甫讷，不是伍子胥！我是龙洞山的皇甫讷！”

他详尽地说出家宅住址和家族谱系，并理直气壮地要和兵士前去官府当堂对质。

芀越也开始迷惑了。皇甫讷一边大喊一边环顾四周，这时东皋公装作看热闹，挤过拥挤的人群，适时地出现在他的视野中。皇甫讷兴奋地大叫：“东皋公，东皋公！快来为我作证！”

东皋公忙挤了过来。

“皇甫贤弟，这是怎么了？各位大人，这是我的老朋友皇甫讷，一向忠厚老实，怎么抓他啊？”

芀越大呼上当，他暗自揣度此事有诈，但对于东皋公和皇甫讷又无可奈何。东皋公半生周游行医，悬壶济世救人无数，上至将卿贵族，下至黎民百姓，谁人没受过他的恩泽，谁人不认识东皋公，谁人又不景仰东皋公？

加官晋爵的美梦瞬间破灭，错抓了东皋公的朋友，又给人留下笑柄。芀越心中恼怒，但又不能冲着东皋公发作，只能强装笑脸请东皋公把“伍子胥”领走。他知道，假伍子胥出现不是偶然的，真伍子胥肯定趁乱过关了，并且肯定离开不久。他急忙下令，兵分三路沿小路追击，赶在伍子胥入吴前将其擒获。

伍子胥逃离关口十余里，视野骤然开阔，眼前横着一条大江，滩险流急。宽阔的江面只有几只水鸟滑翔。后有追兵索命，前有大江断路，伍子胥只得躲进江边芦苇丛中暂避。

江风吹过，芦苇飒飒作响，犹如追兵急赶。伍子胥长叹一声："父兄大仇未报，难道上天不容我，伍子胥真的命丧芦中吗？"

这时一个声音透过芦苇传来。

"芦中何人叹息？"

伍子胥拨开芦苇，见一位老渔夫撑一只小船驶近芦苇丛。

"老丈快快救我！"

老渔夫也不多言，载上伍子胥驶向对岸。靠岸后，伍子胥深揖到地。

"谢老丈救我，我身无分文，只有这把七星龙泉剑，老丈若觉得有用可以拿去。"

老渔夫淡然道："难道先生这把剑能比得上万石粟和上大夫吗？"

老渔夫早认出他是伍子胥了。

"我看你面有饥色，待我取些饭菜来。"

老渔夫把小船系在渡口，转身走向远处的小渔村。

伍子胥焦急地等待着。许久不见老渔夫出现，伍子胥紧张起来，莫非？他机警地拔剑，领着公子胜躲进芦苇中掩身四望。老渔夫拎着饭食蹒跚走来，见伍子胥从藏身的芦苇中走出，浑浊的眼中闪过一丝失望。

饭菜很粗糙，但此时在伍子胥口中已成美味。伍子胥和公子胜狼吞虎咽地吃完。伍子胥谢过老渔夫，抱起公子胜准备上路。

"还不知老丈如何称呼？他日我必重谢。"

老渔夫叹道："我用这小舟载过千万过江之人，匆匆过客何问名姓？你我若他日相见，我称你为'芦中人'，你唤我'老渔人'即可。"

伍子胥临行特意叮嘱老渔人。

"若有人问起，千万不要说见到我，否则我有性命之忧。"

老渔夫郑重点头。

“先生放心。”

伍子胥拜别，前行数十步，用疑惑的目光看看老渔夫。

老渔夫再次点头。

伍子胥再行数步，老渔夫已解开缆绳准备开船。伍子胥仍不放心，转身再次叮嘱。

“老渔夫切莫告发我。”

老渔夫叹道：“我摆渡先生是仰慕先生高义，别无他求。屡屡不信老渔夫，我如何许诺才能让先生放心？也罢！”

说完竹篙斜点，小船倾覆，老渔夫自溺江中。

此一诺，千金难比。

江水滔滔，天地无言。

伍子胥大恸，捡起地上的半支船桨，拔剑刻上“子胥无颜，若有他日，以命相还”，然后用石块压在老渔夫系船的缆桩边。

楚兵追到江边，四顾相望，空无一人，只得悻悻离去。

伍子胥历经千难万险，终于踏上了吴国的土地。对于伍子胥的“过昭关”，后人有诗评曰：

千群虎豹据雄关，一介亡臣已下山。

从此勾吴添胜气，郢都兵革不能闲。

第七章

悲欢舒鸠　为伐强楚埋伏笔

伍子胥千辛万苦过昭关时，孙武也在过一道关口。

孙武游历数日后，来到吴、楚边境的一个小国。他现在钟情静谧之地，正好可以停下来整理所学、所悟。孙武向行人打听，方知此处为舒鸠国。

同往常一样，孙武在小镇的林中找了间小屋，修葺一番，住了下来。小屋离小镇尚有一段距离，幽静素雅，周围花草茂盛，五颜六色，很合孙武的心意。

忽一日，云淡风轻，孙武在小屋前边读书。突然远处传来一阵吵嚷之声，仔细一看，一个小伙子在前面奔跑，后面四五个人紧追不放。莫非小伙子遇到歹人了？孙武回到小屋，从墙上取下剑来。

被追赶之人见前面有人，一边呼救一边径直向孙武跑了过来。

孙武让过被追之人，持剑将后面的人拦住。

后面几个人气喘吁吁地停住，为首的人指着孙武。

"朋友，闪到一边，我们井水不犯河水。要是放走了那个姑娘，我们可饶不了你！"

说着挥舞着手中的棍棒。

"把你打成肉泥！"

"姑娘？"孙武回头看看，被追赶之人束起的头发已经披散开来，衣服也被扯坏，用手遮掩着胸口。原来是个女扮男装的姑娘。孙武用剑点指。

"那你们就更不对了。光天化日为何追赶一个手无寸铁的姑娘？"

"少管闲事！"

那几个人手持棍棒围拢过来，孙武哪里畏惧他们？挥剑迎击，不出十几个回合，众人手中的木棒都被削断。为首的人不甘失败，怒吼着猛扑过来。孙武笑笑，把剑放在一边，徒手将其击倒。众人一拥而上，打成一团。

半炷香的工夫，那些人都被打倒在地，或者一声不吭抱头装死，或者手捂伤口鬼哭狼嚎。孙武捡起地上的宝剑，喝令这群歹人离开。

这时，那位姑娘走了过来，向孙武施礼拜谢。孙武见她衣服被扯坏，已经露出了贴身衣服。他回到小屋，取了一件长袍递给姑娘。

“暂且用这件遮掩一下吧。”

姑娘红着脸接过长袍披在身上。

“姑娘，刚才是怎么回事呀?”

“我在家中烦闷，一人出来游玩。为了不招惹是非，我特意装扮了一下。没想到遇到这帮歹人，一开始见我瘦弱，要劫我钱财。在撕扯当中，发现我是个小女子，他们又起了歹心。我拼死逃跑，正巧遇到先生，不然今天不堪想象。”

“哦，姑娘家住何处啊?”

“小女子家住舒鸠城。离此地三十余里。”

“如此遥远，姑娘是怎么来的?”

“本来骑了匹马，拴在湖畔的大树下。现在估计早已被歹人劫去。”

孙武说：“天色不早，你一人回去多有不便。不如我送你回去，顺便经过拴马之处，看看马儿是否还在。”

姑娘看了一眼拴在屋后的青鬃兽，红着脸答应了。姑娘以为孙武会上马，然后让她坐在马前或马后。不想孙武扶姑娘上马后，自己牵着缰绳催马前行。

“先生，你不上来吗?”

“男女多有不便，我跟着走走也好。”

“路途太遥远了，这怎么行?”

“没事，有我保护，不怕遇到歹人。晚些到家也无妨。”

“先生，上马吧。反正我穿着男装，别人看不出什么的。”

“但是我知道。姑娘，不要再争执了。你只管指点方向就行。”

两人来到湖畔，大树下什么都没有，看来马儿早已被人牵走。经过将近两个时辰，两人来到舒鸠城下，天色已经暗了下来。

孙武说：“姑娘，前面就是舒鸠城。我不再远送了，姑娘快快进城吧。”

“先生，天色已晚。到城中我家中住下，明日再回吧。”

“姑娘，多有不便。我的马跑起来飞快，现在返程，片刻能回。”

“今天先生救了我，我身无分文，无法报答。先生随我进城，我让父亲款待答谢。”

“不必了，姑娘安然无恙便是最好。”

孙武将姑娘扶下马，翻身上马，与姑娘告别，随即掉转马头，急驰而去。姑娘伫立在城外，看着孙武的身影消失在夜色中。

第二日中午，孙武正在屋内编写兵法，忽听到外面人喊马嘶。

“坏了，难道昨日的歹人结队报复来了？”孙武抽剑出门。

面前是一列马队，最前面的是一匹高头骏马，马上端坐着一位高大威仪的中年男子。旁边是一匹略矮的枣红马，上面坐着一位俊俏的姑娘。仔细一看，原来是昨天搭救的那位姑娘。

孙武正在纳闷，那位姑娘见孙武出门，大喊了一声“先生”，赶紧跳下马，笑着向孙武跑来。身后的众人也纷纷下马。孙武大惑不解。

“姑娘，这是何意？”

“先生，昨天救了我，还送我回家。没来得及去我家就匆匆走了。我的父王过意不去，特地前来答谢。”

“父王？”

那位中年男子大步走了过来，深施一礼。

“先生，多谢您昨天搭救小女。我是舒鸠国的国君，小女是舒鸠国的公主。”

孙武明白为什么来人这么大的气势和排场。

孙武请众人到屋里坐。但是茅屋太小，加上堆满了竹简、木简，舒鸠国国君和公主进去之后就难有转身之地了。其余人都在外面空地上站立。

国君看到满地的竹简、木简，拿起几片看了一眼，不禁“哦”地惊叹一声。

“先生这是从哪里得到的？”

“闲来无事，信手写的。”

国君不禁大为叹服。

“昨日小女向我讲述先生勇斗众歹人，为小女取衣遮羞，护送至舒鸠城下，让小女骑马先生自己步行三十余里，我已大为惊叹，如此武功高超、知书达理的青年才俊万里挑一，没想到先生还编著出如此恢弘精妙的兵法。这样看来，先生实乃人中之龙凤。今日有缘得见先生，实乃三生有幸，实乃舒鸠国之幸啊。”

公主见父王如此器重孙武，尤为高兴，望着孙武，满眼倾慕的神情。

国君接着说：“先生怎么能住在这样狭窄简陋的房中呢？舒鸠城内有的是高楼玉宇，先生随便挑选使用。”

“好啊，好啊。”公主在一旁抚掌赞同。

孙武连忙婉拒。

“多谢国君美意，但我生性自由，不想囿于一个地方。加之我四处游历，居无定所。还是先在这里暂住，视情况再作决定。如果过几日便走，也就不叨扰你们。如果我打算常驻，必定会登门叨扰。”

“不行，不行，不管你住几天，都要去舒鸠城。”公主在一边着急地说，然后冲着门外喊道：“还不过来帮先生搬家。”

国君笑了。

“先生，你看小女比我还心急。你就答应小女这一次吧。不管住三五日还是十年八载，都由先生。”

众人已经拥了进来，不一会儿工夫，房内已空空如也。

孙武只得无奈地摇头苦笑。

夜著兵书

众人一同赶往舒鸠城，舒鸠国国君设摆盛筵款待孙武，又给孙武腾出一个大院落。酒宴之间，得知孙武是齐国上卿孙书的后人，舒鸠国国君更是大为赞叹。

孙武暂时住在舒鸠城，院落很深、很静。除了觉得一人占据偌大的宅院过于浪费外，孙武对环境还是颇为满意的。

公主每天都来看望孙武，或者送来酒饭，或者替父王邀孙武赴宴。

孙武也很愿意和公主相处，从公主身上，依稀能看到小玄的影子，尽管他不想再回忆起小玄。

暮色渐起，一轮明月满满的，亮亮的，挂在东墙边大柳树的柳梢上，柳条丝丝缕缕甚是清晰，如剪纸般精致。公主又来了，说国君邀孙武赴宴。孙武正想准备行装明日离开舒鸠城，本不想再次赴宴，一想正好可以和国君告别，这次权当是为他送行，省得明日再设摆筵席，耽误行程。

酒宴中，国君不似往常那样善谈，突然郑重起来，好几次欲言又止。孙武也无法先行说出明日离开舒鸠城的话。最后，舒鸠国国君开口了。

“孙先生，有件事不知当说不当说。”

“大王，但讲无妨。”

“孙先生有没有妻室啊？”

“夫人一直在家中操劳。”

“哦，”国君有些失望，“那孙先生有没有娶少夫人的打算？”

孙武心中已明白了八九分。

“我和夫人一直恩爱，不想有他人介入。”

国君长叹一声，沉默下来。

沉默半晌，国君又说：“小女今年一十六岁，极为倾慕先生，想陪伴孙先生一生。若孙先生已有妻室，她宁愿做少夫人。舒鸠国虽小，但小女也贵为公主，能作出如此决定，可见对先生的仰慕之情。可惜孙先生无意，那就罢了。来，继续饮酒。”

孙武无味地饮下一杯，他心里也有些酸楚。公主是极可爱的，若非自己早有妻室，若非自己居无定所，他是有意接纳公主的。公主能为了他自降身价，孙武心里泛起一阵阵感动。

孙武一夜无眠。

第二天，孙武向舒鸠国国君告辞。国君倍感不安。

“孙先生，是不是招待不周，还是……”他压低了声音，“还是昨晚的事情让先生生气了？昨晚的事先生不必放在心上。”

“不，大王，昨晚的事我心存感激。”孙武郑重地说，“今天启程是早有计划，与昨晚之事毫无关系。”

国君看到挽留不住，无奈为孙武设宴送行。

公主闻讯赶来，满眼含泪，拉着孙武的衣袖不松手。

“孙先生，你还回来吗？哪怕你能回来看我一眼，我也满足了。”

看着公主真挚的眼神，孙武认真地点点头。

“会，一定会。”

“什么时候呢？”

“半年之内，半年之内我一定回来一趟。”

“真的？”

“真的。”

公主破涕为笑。

孙武走出了很远，回头望去，舒鸠国国君和公主依然伫立着目送他。孙武心头热乎乎的。

五个多月后，孙武游历完计划中的诸侯国，踏上归程。他一路扬鞭策马，不几日来到舒鸠城下。舒鸠城的守军自然认得孙武，赶紧请孙武进城，有好事的人跑着去给舒鸠国国君报信。

舒鸠国国君急忙迎了出来，孙武赶紧下马。他翘首看舒鸠国国君的背后，一起出来迎接孙武的人很多。孙武想公主肯定跑在最前面，但是人群中并没有公主的身影。

分别将近半年，孙武和众人甚是亲热。孙武的目光不断在人群中寻找公主，但是一直没找到，想开口问，又觉不合时宜。

照例，舒鸠国国君设宴为孙武接风，祝贺孙武又有新的收获。孙武趁机问道：“想必大王和公主也收获不小吧?”

国君敷衍地笑了一下。

“是啊，是啊。”

孙武顿觉有事，直问：“大王，公主发生什么事了?”

“没事，没事。”

“大王，您直言就是。”

国君放下酒杯，长叹一声。

“公主失踪了。已有一月有余，每天出去寻找，一无所获。”

这一切源于囊瓦的贪色骄横。

舒鸠国是楚国的附属国，每年都纳税、进贡。三个月前，楚国令尹囊瓦前来督办贡品，舒鸠国自然是盛情款待。不料，囊瓦看到了公主，顿起色心，想把公主带回楚国。舒鸠国国君不敢惹恼囊瓦，心中极不情愿，百般周旋应对，又送上重礼，囊瓦才怏怏回国。

哪知不出一个月，囊瓦又来侵扰。先是提亲，后是强抢。公主早已心有所属，自然不会答应。囊瓦在舒鸠国和楚国边境陈兵两万，威胁舒鸠国国君，如果公主不答应，就灭掉舒鸠国，血洗舒鸠城。囊瓦许诺，只要公主上了婚车，进了楚国境内，楚军就撤兵，保证不再侵扰舒鸠国。

舒鸠国国君左右为难之时，公主答应了囊瓦的要求。当婚车驶入楚国境内时，囊瓦命令楚军撤兵。婚车行至崎岖山路时，公主突然挣脱囊瓦的手，从婚车上纵身一跃，跳入悬崖之中。众人前去寻找，生不见人，死不见尸。

孙武喟然长叹，泪流满面。

孙武满上一杯酒，正色说道：“大王，楚国目前强大，舒鸠国还只能在其羽翼之下，为了舒鸠国的百姓免遭生灵涂炭，不要与楚国交恶。我发誓，无论公主是生是死，我孙武一定为公主报仇雪恨!”

说完，起身向南站立祭拜，将酒缓缓地泼洒在舒鸠国的土地上。

第八章

黑白颠倒　姬光隐忍图复仇

吴宫外。公子府。隆冬。

庭院非常宽阔，几十棵百年梅树错落有致地占据了半个院子，紧挨院墙的一棵据说有三百年之久，院落虽经拆迁翻盖多次，都为古梅树留足了宽阔的场地。梅枝如虬龙探爪，在空中遒劲有力地挥舞，树身暗褐色，如铜铸铁打的一般，在风中竟有铮铮之音。枝上残雪在风中尚未抖落，新梅已经在枝头爆开。正房的后面是一个荷塘，水面早已冻结了厚厚的冰层，只剩下稀疏的残荷钉在冰面上，在风中瑟瑟颤动。

天还是阴沉，大雪接连下了五天之久，地面的积雪已几近没膝。梅林里的积雪上多了细细密密的印痕，有的是小小的竹叶形，是冬日饥饿的小鸟趁大雪初停出来觅食；有的是小小的梅花形，无疑是在连日大雪中烦躁的猫狗刚刚走过；还有一行大大的脚印曲折延伸，那是这座宅院的主人公子光踏雪寻梅留下的。

公子光很喜欢梅花，也因为这个规模颇大的梅林而喜欢上这座宅院。他原先住在王宫里，那是他的父亲诸樊在位之时。本该成为王宫新主人的他，现在却如同被一群鬣狗围攻的身体孱弱的狮子，在对手的步步紧逼下只能步步退缩，直到最后一爿立足之地，而背后是一条湍急的河流。

现在这个境况一般有两种结局：一是被逼无奈，低头认输，蜷缩起来身子求得苟延残喘；一是无颜存世，跳入河中也算挣得最后一丝颜面。

但是公子光不属于“一般”的范畴，所以结局就是第三种：死地后生。

公子光目前不仅被挤压得令人窒息，而且如同倒悬在树枝上的一头猎物，他眼里的世界不仅是血腥的，而且是颠倒的。

吴国的开国君王泰伯来到被中原人称之为“荆蛮”的江南，他和他之后历代国君励精图治，传承到公子光的祖父寿梦时国力已经非常强盛，可以称王了。寿梦有四子：诸樊，馀祭，馀眜和季札。其中季札最为贤能，寿梦非常想立季札为新吴王，季札的兄长也都佩服季札的治国之才和辅国之略，但季札尊崇祖先泰伯，不想越过兄长继位。开国国君泰伯是周朝先祖古公亶父的长子，本是周朝的继承人。古公亶父偏爱三子季历的儿子姬昌，为了传王位给孙子姬昌，他打算废长子泰伯而立三子季历。为了了结父亲的心愿而又不使父亲尴尬，泰伯和弟弟仲雍借口为父亲采药，两人跋山涉水远走江南，在当时尚未开化的“荆蛮”之地开创了吴国的基业。同时，季札也推崇曹国公子子臧的谦恭无争，祈求追比贤圣，做守节的盛德之人，所以他以兄长在前为由拒不接受。

寿梦将王位传给长子诸樊，诸樊在位期间一直遵循祖训，为吴国兴旺要将王位传给季札，所以并没有立公子光为太子，而是告诫和督促公子光勤学上进，以期季札退位后公子光继承王位时可以有所作为。诸樊退位时季札仍以兄长在前不受位，于是王位传给了馀祭，并制订了兄位弟嗣的循制。不久，馀祭在宫廷争斗中神秘地死去，馀眜继位。这次血腥的宫廷之变让季札对于王位更是兴趣索然，所以馀眜退位之后季札仍然不愿进宫登基。他仍然忙于广交天下贤士，凭自己的贤能出使诸国。

这时王位的传承走到了十字路口：诸樊这一代的兄弟循制已

经完结，王位下一个传给谁呢？

公子光自己感觉这个选择毫无悬念，父王当时为了季札的即位，没有立自己为太子，同时把王位传给了馀祭，自己已经付出了双倍的牺牲，在这十几年中并没有虚度时光，为的是接管千里疆土。为了子民，他日日夜夜韬光养晦；为了江山，他随时准备浴血疆场。

正当他热血沸腾之时，一盆冷水从天而降。馀眛的儿子姬僚抢先一步，入驻王宫，登基称王。这盆水不仅是冷水，简直是冰水，公子光如雕塑般完全僵住了。

诸樊处心积虑了整个后半生，为季札寻找了千万条登基的理由；姬僚处心积虑了整个前半生，为自己寻找了一条登基的理由。他的理由很简单，简单得近乎直白：继承父业。极其简单却极具杀伤力。

这条理由一个错字也没有，却让姬僚和公子光的命运发生了严重的错位。

该做公子的成了吴王，该做吴王的依然是公子。

公子光的世界完全颠倒了，不仅颠倒而且危险一步步逼近。姬僚心里很清楚，他登基的理由也许有几千人、几万人信服，但有一个人不信服，无论谁信服都不如这一个人信服。这个人当然是公子光。

姬僚心里很清楚，他不仅要学会挥动权杖，更要学会保住身下这把晃动的椅子。比起父王馀眛来，他除了治国安邦之外还面临一个迫在眉睫的任务就是灭掉公子光。

要是直接诛杀公子光倒是非常直接，但在王位更迭之际这样做无疑使自己的目的昭然若揭，不仅旧臣老将难以安抚，众多手足兄弟也会借机兴风作浪。千里江山确实诱人，众多的兄弟像一群鲨鱼，目前只是躁动而已，一旦嗅到手足相残的血腥，哪怕一丝腥味都会激活他们嗜血的本性，他们会不顾一切地加入撕咬拼杀的集团。

公子光的实力不可小视，抛开自身贤能不说，作为众人眼中的王位继承人，除了原有的左膀右臂之外，又在身边新聚了一大批攀附者，企图日后借此飞黄腾达。而且姬僚也明白，众多兄弟都以为会进行王位新一代的兄弟循制，若公子光登基那么每个人以后都有很大机会，但自己的横空登基打碎了众人共同的希望。公子光现在可以一呼百应，会使自己立刻成为众矢之的。

姬僚既然能谋得王位，也有能力一一化解这些燃眉之急。他忍痛割爱，将大片土地和高官厚禄分给了包括公子光在内的众兄弟。真实的宝马良田到手总比虚无缥缈的王位实在得多，众兄弟虽然还是愤愤然，但心里的不平和怒火也逐渐减弱。唯一更加不平和气愤的是公子光，自己嘴边大块的流油肥肉被抢走，仅仅剩下半碗淡汤。姬僚既抢了肥肉又赚了人情。

公子光拒不接受封地和爵位，他目前也有更重要的一个任务，就是灭掉姬僚。

然而，灭掉姬僚谈何容易。姬僚为王之后，时时刻刻提防着公子光，而且他在继位之前就思虑着如何将兵权牢牢掌控在自己手中。吴国大将中十之四五是姬僚的父亲馀眛亲手培植的，当然拥立姬僚，愿意继续为之效力；十之一二与姬僚和公子光都无任何直接干系，对于这些将领，姬僚许下厚禄拉拢过来；对于其他与公子光交往甚密的将领，姬僚先礼后兵，若依然死心为公子光效力，姬僚则大开杀戒。欲加之罪，何患无辞？一时间姑苏城开始泛起血雨腥风，牢狱竟然一时人满为患。

面对公子光这棵根深叶茂的大树，姬僚采取的是“围而不打”的手段，将大树的枝枝蔓蔓砍掉，将树根一段段刨除，虽然树干依然粗壮，但不久之后大树叶落根枯，只需轻轻一推，庞大的身躯就会轰然倒地。公子光也没料到他和姬僚之间的争斗会牵连如此多的无辜者，眼见身边的人或投靠了姬僚，或被以莫须有的罪名杀害，为了不牵连更多的人陷入泥沼，公子光不得不暂时做出让步。

风雨飘摇之后，公子光深深感到“利益”如淘沙的巨浪，将原先身边如蚁附膻的虚假者冲刷殆尽。在利益面前，平时温顺的小猫也会变成凶猛的饿虎，摇尾乞怜的小狗也会变成嗜血的恶狼。他该静下心来思谋下一步该如何走。

公子光离开了王宫附近的王府，在姑苏城边买下了这座后有荷塘、前有梅林的宅院，和始终陪伴在自己身边的夫人姜瑶搬了进来。

公子光现在站在那棵古梅树下，冰雪下的五瓣梅透出浓浓的春意。公子光觉得心中的阴沉像春光下的冰层渐渐融化，他深深吸了一口清冽的气息，空气中淡淡的梅香让他痴迷。身后传来踏雪的声音，他知道是谁，回头看果然是脸上漾着淡淡笑意的姜瑶。她手里捧着一碗刚刚煨好的莲子羹。

“外面太冷，你又不回房间，喝口粥暖暖吧。”

公子光心里暖融融的，姜瑶清澈的眼中满是温情，呼出的气息在脸前化作淡淡白雾。公子光接过莲子羹，轻轻啜了一口。面前的梅花带来了春天阳光的气息，手中的莲子羹让他闻到了夏日淡淡的荷香，耳边似乎传来荷叶上的阵阵蛙声。公子光伸手抚摸姜瑶垂落在肩头的乌黑长发，忽然瞥见宅门处人影一闪。来人是他的贴身随从被离，被离推门进来正要说话，忽见公子光揽着姜瑶的肩头，忙转过身眼望着门外。

一朵红晕飞上了姜瑶俊秀的脸，她接过公子光手里的碗，娇羞地转身走回房间。公子光从她身上收回目光，轻咳一声，被离转过身走了过来。被离走近公子光。

“大人，今天我大有收获。”

尽管他尽力压制，他的声音还是因为兴奋有些颤抖，因为他今天完成了一个大任务。

被离还是有些激动。

“大人，你猜我看到谁了？”

“谁？”

“伍员大人。”

公子光攀着梅枝的手轻微地抖了一下，枝头的雪飘落下来。公子光没有做声，但心里和被离一样汹涌起来。

第九章

难上加险　子胥幸运入吴宫

姑苏城外。破旧祠堂。

祠堂外几棵大树光秃秃的，在风中摇摆，树杈上有零零散散的三两个鸟窝，几只乌鸦缩着脖子随着树枝摇摆，不耐烦地“呀呀”几声。若在夏日，院内肯定浓荫蔽日，枝头落满大大小小五彩斑斓的鸣禽，欢快地又跳又叫。但现在叶落枝秃甚是寂寥，不时有一杈枯枝“啪”的一声脆响，坠落在雪地里。

祠堂内虽然破败，倒是暖融融的。几块石头架起一只缺口的陶罐儿，下面一堆枯枝噼噼啪啪地燃着，很是热闹和暖和。火堆旁一名衣着破烂的中年人在添柴，瓦罐里大米的香气慢慢溢出，墙角处一堆破麻絮里钻出一个小孩子，贪婪地嗅着饭香。火光映照下，清楚地看到小孩子的手腕上带着一串老坑籽玉，他们分明是荷花镇西门楼下吹箫的一老一小两个乞丐。

那壮年汉子给孩子盛好粥，孩子迫不及待地接过来，捧着碗暖着凉凉的小手，不顾粥有多烫，贪婪地喝了起来。那汉子暗自叹了口气，回身拿起草席后靠墙的包裹，抽出用布裹着的长长的物件。把布层层解开是一把长剑，他拔剑出鞘，青光凛凛，火光映衬下，有环环光晕在剑首萦绕，衬出剑身点点星光，分明是一把“七星龙渊剑”。他手握长剑走到门口，目光炯炯地仰望阴霾四伏的天空，喟叹一声，弹剑而歌。

虽然白发黑面、衣着破旧，但依然掩不住他英俊之貌，尤其力拔山兮的气势，更是在拔剑的一瞬间展现无遗。显然，他不是一个落魄的乞丐，他正是被离激动不已向公子光报告的“伍员大人”。伍员就是楚国名将伍子胥，而他身边的小孩子是太子建的儿子公子胜。

伍子胥带着公子胜流落到吴国之后，并没有立刻投奔吴王。流亡生活让他深知贸然选择的后果，他需要仔细观察再做行动。虽然逃出楚国的势力范围，但悬赏缉拿他和公子胜的告示还未撤下。

过昭关前东皋公赠予了随身盘缠，伍子胥找了家小客栈把公子胜安顿下来。他每日悄悄出去混迹在市井平民之中，从他们的口中了解时事，观察着吴国的态势。盘缠不多，不久用完了，客栈住不下去了。伍子胥身无长物，也想过卖掉随身的七星龙渊剑，但最终也没狠下心来，这是他父亲留给他的唯一遗物，也是他日后防身和保护公子胜的唯一武器。他领着公子胜流落街头，吹箫卖艺讨得几文饭钱。

令他既酸楚又欣慰的是公子胜，刚刚几岁就父母双丧，流亡异乡还被一路追杀，过重的磨难让他过早地成熟了。懂事的公子胜每天跟着伍子胥受尽异样目光，有同情，有奚落，有叹息，有不屑。他大睁着双眼体验着原本不该如此之早面临的严酷，伍子胥吹箫时，他默默地捡拾听者丢下的零钱；日落时分，他默默地买来饭食；临睡之前，他默默地把住处收拾得尽量整洁。

好像一夜之间，天气骤寒。伍子胥在姑苏城外找了一处破旧祠堂安顿下来。

漫天大雪飘飘洒洒，大门都要被封住了，根本无法出去卖唱。伍子胥拿出仅有的米熬了一罐粥，看着空空的米袋，回想流落半年之久，生计还未有着落，更别谈自己的父兄之仇，心中似乎也被乱纷纷的雪团塞住，有些透不过气来。他走出房门，仰望

阴霾四伏的天空，弹剑而歌。

突然大门吱吱呀呀地响了起来。伍子胥警觉地停下来，大门慢慢开了，衣着破烂的乞丐缩着身子向里张望。一个瘦长的乞丐走在前面。

“两天没要到吃的了，又冷又饿，能不能进去暖和一下？”他的身后一个矮胖的乞丐探出头来，满眼的乞求。同是天涯沦落人，伍子胥赶紧收起宝剑，把他们让进祠堂。伍子胥转身准备找东西为他们盛粥，一转身却发现两人并没有围拢在火堆旁取暖，瘦长的乞丐几乎是紧贴着跟在自己身后，矮胖的乞丐却直接走到公子胜面前。

伍子胥暗叫一声不好，欲拔剑冲向公子胜身边，没有抓住剑柄却抓住了瘦长乞丐的手。瘦长乞丐也要拔伍子胥的剑，伍子胥猛力扭住他的手腕，弯腰用肩顶住他的前胸，奋力把他摔到门外。瘦长乞丐的头咚的一声重重撞在门上。公子胜看到矮胖乞丐向他走来时敏锐地嗅到了危险，矮胖乞丐一手从腰间抽出一把短剑，另一只手探向公子胜。早有准备的公子胜将手中的热粥碗向他砸去，矮胖乞丐闪身躲过。这时伍子胥拔剑从背后刺向矮胖乞丐，矮胖乞丐虽然胖但很灵活，往前一扑把公子胜抱在怀里，猛一转身挡在自己胸前。伍子胥的剑正迅疾刺出，见公子胜成了矮胖乞丐的盾牌，他不由大惊，迅疾收手。矮胖乞丐手中的短剑从公子胜腋下穿出刺向伍子胥。伍子胥怕误伤公子胜，只能抽剑连连后退。矮胖乞丐见已经得势，将公子胜推到身后，连连出剑。伍子胥趁势挥剑砍到他的短剑上，普通的铜剑怎能和七星龙渊剑相比,“叮”的一声脆响，矮胖乞丐手中的剑一下断为两截，伍子胥抬脚踢向火堆，矮胖乞丐只觉得一团团火星向他射来，赶紧丢掉断剑护住眼睛。身后公子胜举起一罐热粥扣在他的头上，他捂住脑袋大声惨叫。

这时伍子胥看到对面公子胜的眼中充满惊恐，未等公子胜大叫，伍子胥意识到身后的危险。一般人的本能是向旁边躲去，不过伍子胥知道自己不能这样做。他能轻易躲过背后的偷袭，但会把公子胜暴露在对方的剑下。他猛往前一跃将公子胜扑倒在自己身下。

瘦长乞丐已经从地上爬起，将手中的短剑猛地掷向伍子胥。伍子胥迅疾翻身挥剑抵挡，却见门外如闪电般飞进一支雕翎箭，精准地穿入短剑手柄的圆孔，短剑猛地调转方向飞向祠堂后墙的供龛。“嘭”的一声，雕翎箭将短剑端端正正钉在供龛正中。

四人同时惊呆。两个乞丐震惊中猛醒，仓皇奔到窗下，破窗而逃。

当然这两人并不是真正的乞丐，而是两名浪迹天涯的赏金杀手，专门捉拿官府通缉的人犯然后到府衙领赏。瘦长的叫匡天，矮个子叫匡地。两人注意到缉拿伍子胥和公子胜的告示，非常高兴：赏粟五万石，受封上大夫。一心当官的匡天憧憬的是上大夫的显赫和风光，而爱财如命的匡地魂牵梦绕的是五万石粟。两人找寻和跟踪伍子胥多日，在路上拔剑拦住两位乞丐，两位可怜的乞丐一开始被吓得魂不附体，摸遍全身也只有几个米团。后来才知道这两位“侠客”是用暖暖和和的厚衣服换他们的破衣烂衫。两个真乞丐高高兴兴又懵懵懂懂赶紧，穿着厚衣服跑开，唯恐“侠客”后悔；两名假乞丐也高高兴兴奔向伍子胥栖身的旧祠堂。两人本以为做成大买卖，没想到伍子胥和公子胜让他们看到了绝望，而一支神奇的雕翎箭更把上大夫和五万石粟的梦想击碎。

他们怎么也想不出这支雕翎箭出自哪路神仙之手。当然，箭的主人不是神仙，是神箭手余镝。

余镝一向勤勉，带了一队卫士冒着大雪巡城，看看天色还早，就到了城外，路经祠堂时听到里面一阵杂乱，不禁一阵起疑。他知道今日里面住了两名卖唱的乞丐，原本二人很是安静，怎么大雪天里面如此嘈杂。进门时发现祠堂成了战场，虽然不知是何缘由，但刀光剑影已经表明里面的人绝不是行乞之人，也不是为争夺几口吃食。眼见一人为护住孩子不顾身后的暗剑，如电

光火石，他的箭呼啸而至，截杀了匡天的飞剑。

余镝率人闯进祠堂，把伍子胥和公子胜团团包围。余镝盯着伍子胥，见这位“乞丐”虽然穿着破旧，但透出英武睿智的气质，绝非街头普通乞讨者那种乞求可怜之相，尤其宝剑在手更显内敛的霸气；而那个孩子面对兵戈在手的官兵并不害怕，反而流露出孩童身上罕见的历练和沉稳。

“你们是什么人?”

伍子胥知道再说自己是乞讨卖唱者无人相信，虽然从乡民口中听说过余镝，也在街头卖唱时观察过他，刚才又目睹了余镝的绝妙功夫，但现在还不能说出自己的真实身份，尤其刚刚经历过一次突如其来的暗袭，他也很猜出那两名杀手的目的。他只能向余镝拱手作揖。

“多谢官爷的出手相救，我和孩子是家中遭难，不得已流落至此。还望官爷放过我们。”

余镝盯住他手中的七星剑。

“哼，经历恐怕不会这么简单吧?”

但伍子胥的话只能到此为止。如果余镝单独在场，他也许会将自己的身世告知一二，毕竟余镝救了自己，而且他也知道余镝和吴王僚的关系，但他顾虑余镝身边的士兵，毕竟人多眼杂，所以伍子胥沉默了。余镝见他不再说话。

“捆起来，带回审问!”

伍子胥知道此时挣扎无益，卫兵手中的戈戟正顶在自己和孩子身上，哪怕自己砍倒几个卫兵，也无法保证将孩子带出险境，况且余镝手中的弓箭是不容自己逃出祠堂半步的。余镝带自己走也不会马上处决自己，会有机会和他解释清楚的。

余镝带人押着伍子胥和公子胜刚刚走出祠堂，迎面一人从姑苏城远远走来。那人背着硕大的背囊踏着积雪匆匆而来。荒郊野外人迹罕至，冰天雪地出现这样的人确实令人起疑。余镝大喝：“站住，什么人?”

兵士拦住他盘问搜查，他停下来，弯腰谦卑地回答：“草民在城里开了小店铺，平日顾不上照顾乡下双亲。这几天大雪，惦念家中，回去送些御寒的铺盖和吃食。”

背囊里也确实只有这些。兵士放他过去，他依然低头前行，眼里却满是失望和焦虑。

他是公子光府里的被离，前几日发现了伍子胥，暗喜之下告知了公子光，公子光也非常欣喜。贸然接近伍子胥难免让人生疑，但流落在破祠堂着实让人不忍，公子光让被离先接济一下他们，再慢慢接近。被离收拾好吃住用品一路赶来，没想到第一眼看到的却是余镝押走了他们。

祠堂里发生什么事？怎么被余镝押走了？被离扔掉背囊，跑向祠堂，门大开着，院里院外尽是杂乱的脚印，祠堂里面一片狼藉，破碎的瓦罐，还在冒烟的灰堆，门上的鲜血还未凝固，一把短剑被一支雕翎箭钉在供龛正中。

被离的心怦怦急跳起来。伍子胥和余镝打斗过？余镝带走他会是什么结局？无数的疑问充斥在被离心里。他捧一把雪放在额头，迫使自己冷静下来。

被离匆匆回到公子光的府里。公子光失望之余更多的是担忧。

“伍子胥不能帮助我没什么，现在的关键是保证他不被余镝杀死！”

公子光焦急地在窗前踱来踱去，他想到了上大夫唐田。唐田虽然拥立吴王僚，但是与公子光私交还不错，而且唐田为人处事很有分寸。

傍晚时分，吴王僚的门客们的住处门前陆续出现几个孩童，手里拿着糖米团，一边玩耍一边大声唱：“楚国桃兮吴人箭，五人落难镝射穿。河流奔走盼入海，田地方兮不容圆。”

一开始大家都没注意，后来越来越多的孩子传唱，有明智的门客们开始意识到这是一句谶言。常去找门客会谈的唐田也觉蹊跷，走出门来拦住一个孩子。孩子只知道有人给他们糖米团吃，让他们在这里传唱。唐田看着孩子手中的糖米团，琢磨着传唱的谶言，糖米团？田地？显然这句谶言是唱给他听的。楚国？桃？五人？圆？哪五人？还是“伍”？圆？员？唐田豁然开朗——难道是楚国逃亡的伍员？“吴人箭”和“镝射穿”显然是余镝了。

唐田匆匆找到余镝。

“将军巡城是否抓捕过什么人？”

“几个小毛贼罢了，哦，还有一大一小两个乞丐，手下尚在审问。”

“快带我去看。”

当然是楚国的伍员，还有公子胜。唐田赶紧让手下人释放二人，对着深施一礼。

“让伍壮士受苦了。快，带伍壮士去休息。”

唐田面见吴王僚：“大王，今天我找到了楚国的壮士伍子胥和公子胜。”

吴王僚看着唐田满面喜色，甚是不解。

“一个流亡之臣和公子有多大益处？”

“大王，伍子胥是楚国良臣伍奢之后，文韬武略堪称上上乘。如能辅佐大王，大王必能如虎添翼。伍员不会长久流亡，如若投靠他国，必成我国劲敌。他在楚国根系颇大，以后倘若吴、楚兵戎相见，可做吴国的内应。况且公子胜也是楚王之后，虽然太子建失宠，但毕竟和楚王的血缘无法割舍，留在吴国也算人质。”

吴王僚心中豁然。唐田趁势安排吴王僚和伍子胥的面谈。详谈之下，伍子胥分析时事鞭辟入里，吴王僚甚是赞许。伍子胥也看重吴国的强势和吴王僚手中的兵马，借兵复仇指日可待。

第二天上朝，吴王僚赐予伍子胥西华山下良田百亩，授封上大夫之职。

从囚犯到大夫只用了一天时间，下朝之后伍子胥走到唐田面前深施一揖。唐田赶紧还礼，在府中宴请伍子胥，随后陪同伍子胥去游览西华山，吩咐在西华山下建造伍子胥和公子胜的住所。

其实唐田心中也疑惑街上传唱的谶谣的来源。其实给孩子们散发糖米团教他们唱歌的正是被离。

眼见伍子胥进了王宫，被离既高兴又痛心。高兴的是伍子胥和公子胜脱离虎口，痛心的是伍子胥辅佐了吴王僚。

公子光安慰被离。

“伍大人的燃眉之急是借兵复仇，即使现在他在我身边我也无法帮他，难以留人。现在他在姬僚处，虽然他有实力但不可能为伍大人出兵。从满怀希望到失望再到绝望，我们自然有更好的机会。”

公子光说得没错，但是这个过程还很长。就让公子光和被离耐心等待吧，因为期间还会发生更多的精彩故事呢。

第十章

爱恨情仇　干将下山遇子胥

夜幕笼罩了剑炉山。清冷的月辉下，干将和衣而卧，在竹榻上辗转反侧，小鱼儿离开剑炉山再也没有回来，留给他一个永久的谜。师傅欧冶子铸造的“小鱼儿”也被越国特使带走准备进献给吴王。师妹小鱼儿的离去，仿佛摄去了他的魂魄；短剑“小鱼儿”的离去，更似抽去了他的脊梁。目送特使带着“小鱼儿”下山，如同两个月前他目送师妹小鱼儿下山一样，不舍，忧虑，恐慌，如同暗潮一样奔涌着将他淹没，他感到无助的窒息。他心痛如锥，腿软心颤，赶紧靠在身旁的大樟树上才站稳。他的心像被掏空一样，他原先心中模模糊糊的一种情愫被巨大的悲恸所冲刷，大浪淘沙般清清楚楚地凸显出来。他这才清清楚楚地意识到：他爱上小鱼儿了。

尽管这种感觉来得如此迟缓，在小鱼儿和“小鱼儿”都消失之后才感觉到；但这种感觉确是如此的强烈和清晰，饱浸着心头滴落的鲜血不停地疯长。耳边有一个声音响起，愈来愈清晰：“追随小鱼儿，寻找小鱼儿，到小鱼儿的身边去。”

他再也按捺不住，猛然起身，打开后窗，北望夜色下遥远的吴国。

他转身收拾一下随身的衣物，从床下抽出一个细长的麻布包裹，层层打开，是一柄九芒青锋剑。青锋出鞘，剑锋凛然，如水的夜色下，剑锋上迸出九束锋芒，灼灼夺人二目。这是干将和小鱼儿合铸的第一把剑。干将轻抚剑身良久，忆起和小鱼儿在一起的幸福日子。

干将背起行李，挎好青锋剑，开门来到院中。夜风轻拂，传来阵阵虫鸣。剑炉里闪着暗淡的引火。干将悄悄锁好房门，环顾剑炉山，仿佛要把剑炉山的一草一木都悉数纳入眼中。他来到欧冶子的门前，俯身跪倒，长拜不起。

“师傅，不肖徒儿与您暂别，少则数日，多则数载。我要离开剑炉山，寻找小鱼儿，我和她一起返回剑炉山，一起服侍您。”

默念两遍，干将起身决然向山下走去。

欧冶子的房门开了，欧冶子静静地站在门旁，默默目送干将下山。他也夜不能寐，听到院内细小的声响，他起身下床，隔着窗户目睹了一切。

数丈之外的房内，盲七儿也静静地站在门后。一场大病让他的世界一片漆黑，小鱼儿的出现让他的世界中升起一轮太阳，眼前一片明亮，心中也暖融融的。小鱼儿的消失对他不啻于再次刺瞎他的双眼。

干将在山坳消失的一刹那，欧冶子和盲七儿泪流满面。

两位赏金杀手匆忙逃出祠堂后，躲在一棵枯树下喘息。矮个子匡地展开手掌笑了，手心里是一串翡翠手链。原来劫掳公子胜的时候两人撕扯，匡地无意中捋下了公子胜的手链。

两人哈哈大笑。

“这翡翠成色真好，能卖个好价钱，权当是把孩子交给官府了。”两人边议论边欣赏手链。

突然匡天的笑容在脸上凝固了。树后走出一人，用手中的虞堪剑点指。

“丧尽天良之人，眼见忠臣落难，你们非但不帮，反而为了钱财助纣为虐！”

匡天、匡地二人手中早已没有兵器，对视一眼之后分头逃窜。持剑之人紧紧跟在匡地身后，匡地似乎觉得剑锋就要从脖颈处掠过，他回身扔出紧紧攥在手中的手链，趁着对方一怔之时狂奔远去。

持剑之人弯腰从雪地上捡起手链，端详片刻顺手系于腕上。

此人正是游历到此的孙武。他住在附近客栈，雪后初晴，踏雪观景。忽见两人匆匆跑来，他躲在树后观看。正好两人停在树的另一侧，谈论捉拿伍子胥和公子胜领赏。他拔剑出来呵斥两人，其实孙武也不想杀死二人，二人丢下东西逃窜也就罢了。

孙武无心赏景，顺着二人跑来的脚印寻去，来到破败的祠堂。想必这就是厮打搏斗之处，破碎的瓦罐，泼洒的米粥，满地的灰烬还有余温，尤其那支雕翎箭穿过剑柄圆环，将短剑端端正正钉在墙龛之上，令孙武大为赞叹。

孙武游历途中也见过缉拿伍子胥和公子胜的告示，看来这里刚刚发生了伍子胥和两位杀手的搏斗，两位杀手仅仅拿走了一串手链，可见并未伤及伍子胥和公子胜。但现在踪迹皆无，伍子胥和公子胜去什么地方了呢？

孙武正要抬手摘下墙龛之上的短剑，忽然感觉耳边一阵风声，心里大惊“不好”，旋即闪身躲避，一道剑光从耳边掠过。

孙武挥剑回击，当啷一声，手中的虞堪剑明显地震了一下，火星迸现，剑身留下一个缺口。原以为偷袭者是刚才赶走的两位

杀手，细看是一位陌生的小伙儿。偷袭者一剑快似一剑连连进攻，孙武一边招架化解一边喊道：“你是何人？”

那人也不搭话，手中剑势更加凌厉。

孙武自忖此地没有仇家，难道是因为新捡到的手链？孙武喊道：“朋友，你我无冤无仇，你欲置我于死地难道是因为这串手链？”

那人果然停下剑来，盯着孙武的手腕。

“这串手链我认识，你是怎么得来的？我的小鱼儿呢？”

“朋友，别误会，我不认识什么小鱼儿，这串手链是我刚从杀手那里捡到的。至于其中关系，非三言两语可以讲清。你若想知道，收起剑来我告诉你。”

那人将剑收起。

“你快说。”

孙武一五一十将他所见所闻告诉了那人。

那人正是下山寻找小鱼儿的干将，循着进献宝物的车马来到吴宫附近，偶然发现了雪地里循着脚印走路的孙武，觉得甚为可疑，于是一路跟来，无意中发现孙武腕上的手链，一时把孙武当作谋害小鱼儿的凶手了。

误会烟消云散，二人握手言和。干将现在急于找到伍子胥，拜别了孙武赶往姑苏城里。

孙武自然继续游历，心中暗自祈福小伙子能找到小鱼儿，同时可惜自己的虞堪剑已被砍出几处缺口，不由暗自喜欢上了小伙子手中那把利剑。他没想到那把剑出自欧冶子爱徒手中，但隐约觉得这位小伙子大有来历，更觉得以后会和这位小伙子还有更多的机缘。

伍子胥正在新建的府邸中郁郁寡欢。从破旧祠堂迁到豪华府邸，伍子胥并没有增加一点欣喜。“借兵灭楚”并没有实现哪怕一步，自己和公子胜独居偌大的厅堂愈加冷清。

突然外面传来厮打之声，伍子胥担心又有杀手来行刺公子胜和自己，猛地起身拔剑冲出门去。

外面的黑影中三个人绞杀在一起。

匡天、匡地对赏金依然垂涎，打探到伍子胥搬到了山下的独栋豪宅，感觉机会再次来临，两人趁夜色准备偷袭。巧的是，干将打听数日，也得知了伍子胥和公子胜的行踪，趁夜色潜伏在房顶。三人相隔不足一丈，干将一看二人的身高就想起孙武告诉他的杀手模样，匡天、匡地一见干将，以为他也是来行刺的，当然要联手赶走这个抢饭碗的人。于是，三人二话不说便扭打在一起。

伍子胥一看高矮不齐的三人，立刻明白了其中有前几天的杀手，他也加入了厮杀的行列。很快，匡天、匡地再次落败而逃。

伍子胥邀请干将厅堂一叙。很快伍子胥明白了干将前来的目的，他没有忘记那个善良的小姑娘，接连几天也为小鱼儿的失踪痛心不已。

他劝干将暂时留下，此处离小鱼儿失踪的地方不远，干将平日可四处寻找，晚上回府上休息。

干将在吴国除了伍子胥也无人投靠，加之匡天、匡地等人肯定贼心不死，不如留下来也能保护伍大人。干将点头应允。

第十一章

借兵遭拒　子胥姬光谋王位

这一日，伍子胥在朝上再次上奏。

“大王，今日听闻楚平王病重，平王身边的弟兄、太子、公子对王位虎视眈眈，甚至外戚都觊觎王位已久。楚国内乱，正是

千载难逢的伐楚良机。”

吴王僚问伍子胥有何打算，伍子胥再次提出借兵灭楚，吴王僚听得有些厌烦，抬手止住了伍子胥的话，只说时机未到，尚需等待。

等待，等待，等待……从楚国逃出后，伍子胥的人生被压缩成一个字——“等”。

伍子胥失望地退了回来，文武大臣中似有人指指点点，悄声议论。伍子胥感觉自己现在像个乞丐，刚开口要点残羹剩饭就被轰了出来。他垂下头，感到被羞辱。

感到被羞辱的不仅是伍子胥，还有吴王僚的兄长公子光。

吴王僚正想散朝，侍卫前来禀告。

“大王，越国特使前来进献宝物。现在正在殿外等候。”

吴王僚大喜，宣越国特使上殿。

越国特使首先呈上国礼清单，然后将宝物一一奉上。流光溢彩的珠宝，千奇百怪的山珍，堆满了半个宫殿，琳琅满目的国礼引得众人啧啧称赞。吴王僚更是满心欢喜，看着手中的礼单。

“还有两把宝剑，寡人怎么没看到？”

特使躬身答道：“这份礼物是越王特意为大王准备的，将在最后隆重呈上。这两把宝剑是铸剑大师欧冶子亲手铸造的，越王已经找相剑师一一审验，堪称绝世之宝。”

“快快呈上来。”

两个剑函整整齐齐地摆在殿前。

吴王僚亲手打开第一个剑函，一道剑气腾空而起，直冲大殿的穹顶，众人惊叹不已。吴王僚将宝剑小心翼翼地捧出。特使在一旁介绍，说道：“此剑名曰湛卢，是天下第一铸剑大师欧冶子亲手所铸。用湛卢山的神铁和圣水，历时数年才锻打而成。剑成之时，精光贯天，日月斗耀，星斗避怒，鬼神悲号。相剑师风胡子推崇此剑为王道之剑，此剑只陪伴仁义之主、贤德之君。现在越王愿将此剑献给大王。”

吴王僚哈哈大笑。

“好好，此份厚礼，我受之有愧啊。”

转身示意唐田。

“唐相，快快拟定回礼清单，将吴国珍宝也回赠越王。”

吴王僚在殿中走来走去，挥舞着湛卢剑向众大臣炫耀。

“去年辰国国君进献给寡人狻猊铠甲，今日越王赠我湛卢宝剑。想必预示我吴国进可攻，退可守，可抵御外族侵扰，可征战万里疆场。”

众人一片赞叹恭维之声。

“大王所言极是。请大王打开第二只剑函，也好让微臣再饱眼福。”

吴王僚这才想起还有一只剑函，他将湛卢剑挂在腰间，伸手打开第二只剑函。吴王僚满脸的喜悦和期望蓦地消失了。众人看到吴王僚脸色突变，也好奇地翘首往剑函中看。

吴王僚伸出一只手，用两根手指拎起一把短小的剑，准确地说，还不如一把匕首，上面还系了一条短绳，挂着半块玉佩。

“这，这……”

众人也大失所望，吴王僚看了一眼越国特使。

“这是装错了吧？还是戏耍寡人？”

“不，不，大王，这把剑也是欧冶子亲手铸造，虽然貌不惊人，但是锋利无比。也是越王请相剑师查验过的。”

“哦。”

吴王僚对这把短剑不感兴趣，随口敷衍道：“也好也好，越王费心了。”

他抽出湛卢剑把玩。

“还是湛卢剑气度非凡。来人，快领使者去馆驿休息，以最高规格款待。”

吴王僚仔细把玩进献的礼物，觉得那把短剑在众多奢华的礼物中格格不入，抬头看见公子光在人群后，从脸上神情看出，公子光对这些华美的礼物不感兴趣。吴王僚突发奇想，抬手招呼。

“王兄，王兄，为何躲在后面？快来与寡人一同欣赏。”

公子光心中极不情愿，但也不得不走到礼物前。吴王僚拿起那把短剑。

“王兄，越王进献了两把宝剑，我不敢独享宝物，正好你我一人一把。来，我给王兄挂在腰间。”

吴王僚拽过公子光的袍带就往上挂。公子光明知吴王僚没安好心，但也不好推托，只得任凭吴王僚将短剑上的细绳拴在自己腰间。细细的绳子，短短的匕首，挂在公子光的腰间显得非常滑稽。吴王僚特意手持湛卢剑站在公子光的身边。人群中有嬉笑声隐隐传来。

公子光不便发作，抑制住涌上的悲愤，压住腾起的怒火，谢过吴王僚，赶紧解下短剑，放在剑函中，抱起剑函，匆匆离去。

吴王僚在他背后得意地冷笑。伍子胥看在眼里，心中对吴王僚暗暗叹息。

吴王僚依然对伍子胥以礼相待，但绝不再提借兵一事。伍子胥食不甘味，寝不安眠，历尽千难万险投吴却复仇无望，寄人篱下又不好发作。

吴王僚确实不会出兵。他深知一旦出兵，日耗千金，现在吴国羽翼未丰而楚国仍兵强马壮，况且伍子胥挟私愤出兵，此乃兵家大忌。但吴王僚不想放走伍子胥，一则伍子胥确有将才伟略，二则流落他国可能今后反成强劲敌手。

从伍子胥入宫后吴王僚的应对策略也浓缩为一个字——“拖”。

吴王僚“拖”得起，但伍子胥“等”不起。

被离对伍子胥的心理把握得很精准，及时地出现在伍子胥的面前。

伍子胥满心愤懑地回到府邸，公子胜正在园中默默地坐着，干将在附近不远不近地坐着。这孩子被宫廷纷争过早地夺走了快乐，两人历经千难万险来到吴国，虽然现在衣食无忧，但两人报仇雪恨的日子依然遥遥无期。干将也心事重重，寻找小鱼儿，为小鱼儿报仇的想法同样让他焦灼不安。三人面面相觑，各怀心事。伍子胥弯腰抱起公子胜，回到厅堂。

天色渐渐暗了下来，家丁早已备好酒饭，但是伍子胥三人都毫无胃口。忽然有家丁来报。

“外面有人求见。”

“谁?”

伍子胥暗自奇怪，不知何人夜里来访又不通报姓名。

“那人只说大人一见便知。”

匡天、匡地两位杀手的多次图谋早已让伍子胥心生戒备，他深知，悬赏他和公子胜的缉拿通告是无限期的，楚平王和费无忌等人依然想置他于死地。神秘人物前来求见不能不防。

伍子胥在腰间重新挂上七星剑，迈步走向大门。干将也警觉起来，拔剑放在手边的案儿上。

门外候着一个人，头戴箬笠，低头掩面。见伍子胥走出门，忙迎了上去。

“伍大人。”

伍子胥仔细看了看，并不认识。

“敢问这位壮士尊姓大名?”

“伍大人，门外人多眼杂，说话不便。我是帮你报仇来了。”

“哦?”

伍子胥心里一动。

“请随我进来说话。”

吩咐家丁紧闭院门。那人随着伍子胥走进厅堂，明亮的烛光下，那人摘下了箬笠，给伍子胥施礼。伍子胥依然没认出，只是觉得曾在哪里见过。

“伍大人，小人名唤被离，是公子光府上的。”

“公子光？”

伍子胥当然认识公子光，是被吴王僚在大庭广众之下羞辱的那人。

“被离先生来到寒舍有何贵干？刚才言及帮我报仇又是何事？”

“伍大人一家遭人陷害，世人皆知。来投奔吴国，小人想伍大人一为避难，二为报仇。”

伍子胥没有搭话，但是触动了他心底的隐痛。

被离接着说：“可是当今吴王只为伍大人提供庇护，但根本不会出兵相救。”

再次触痛伍子胥的心病。

“被离先生知道大王为何不出手相助吗？”

“当今吴王的王位本该是公子光的，是姬僚违背祖训和伦常，强行从公子光手中夺走的，不义之举备受忠臣良将的唾弃。当今大王正忙于诛杀拥戴公子光的有识之士，哪有时间将伍大人的事情放在心上？况且，虽然吴、楚之前交战数次，各有胜负。但如今的吴军早已不比以前，姬僚夺位后，军中要职都安置了自己的宠信之人，原先军中的良将或被姬僚罢黜，或投奔他国，数万吴军成了一盘散沙，即使姬僚出兵帮伍大人伐楚，在强楚面前也是不堪一击。”

“被离先生说帮我报仇，是如何打算的？”

“此事重大，关系到伍先生和公子光的身家性命。如果伍大人有意，可以今夜随我去面见公子光，再细细商议。”

伍子胥陷入深思。从被离的话语中，他能听出公子光有意夺回王位，有意邀请他一同谋反。如果成功，不但自己成为国之重臣，而且伐楚有望。但是一旦失败，不但自己成为谋乱佞臣，也必将株连公子胜。这让他想起了借兵心切、背叛郑国而被杀的太子建。

见伍子胥犹疑不觉，被离说：“此事重大，请伍大人思谋几日。我五日后再登门拜访。”

五日之后，被离再次深夜登门。

这五日，伍子胥暗暗探寻和剖析了吴国的形势，在朝堂上再次遇见公子光，两人眼中都多了些许心照不宣。

不过伍子胥依然犹疑。

再五日。

伍子胥终于下定了决心，于是伍子胥秘密见到了公子光。两位关键人物终于走到一起。

接下来的过程简化为一笔交易，只是这个交易的筹码有些大：王位和江山。伍子胥帮助公子光夺回王位，公子光即位后立即出兵灭楚。

伍子胥思忖半晌，低头久久不语。伍子胥虽然梦中都在疯狂地复仇，但他现在想到的还是太子建，太子建也是疯狂地想借兵报仇但是错走一步棋。

伍子胥可以走险棋但不能走错棋，因为一旦输棋就什么也没有了。

半个时辰三人对坐无语，屋里静得三颗心怦怦跳动的声音都丝丝入耳。

终于伍子胥抬起头。

“我不能助你兄弟相残。”

公子光一怔，失望地与被离相视而叹。但伍子胥接下的话让他由惊到喜再到大为叹服。

“但我可帮季札夺回王位。”

前者是大逆不道，而后者是大义之举。寥寥数语却是惊天逆转，为公子光行刺吴王僚找到了最好的借口，也为即位之后的聚民心、树威仪作了最好的铺垫。

一个月前还是乞丐的伍子胥显现出了大将风度，毕竟他本身就是大将。以后的岁月里他的将才发挥得淋漓尽致，而这一步仅仅是个开始。

第十二章

专诸现身　姬光梦中遇神谕

伍子胥过关入吴，楚平王无可奈何，一怒之下重责守关右司马芳越，连贬三级。昭关把守重兵撤回大半。

昭关。初冬。凌晨。

枯叶飒飒，寒风清冽。

一匹战马沿小路踏着霜花迤逦而来，叩击着凹凸不平的石板，蹄声清脆。马背上驮着一个人和一捆木简。此人衣衫破旧，面容疲惫却掩不住英姿和神采。

关口处，守卫袖手蜷身倚在垛口上，睡眼惺忪，銮铃声让他有所警醒，想上前拦住盘问，一摸冰冷的矛戈缩回手来，瞅了一眼那人腰间的利剑，又垂眼懒懒睡去。

如果楚平王能预料世事，哪怕只能预料到三年之后，他也会把这位守卫砍成肉酱的。

这人正是孙武，身后的竹木简上正是他早已精心编著的兵法。孙武在勘察完吴、楚鸡父之战战场后，继续出游。

至此，公子光福星双至。

如果此时楚国掌管卜筮的官员夜观星象的话，他会惊得摔下观象台——金星煞气直冲斗牛，星光掩月。

孙武入吴后还要遍寻古迹，这种日子相对是平静的，而且还要持续很长时间。

不平静的是公子光。

当然公子光也未能预料到孙武入吴，他的不平静是在得到伍子胥暗中辅佐后，又得到一位壮士。

此人是专诸，一个普普通通的捕鱼汉。如果不出意外的话，专诸会继续捕鱼养家，赡养老母，抚养孩子，平平淡淡地过完一生。

但时势造英雄。

吴都市井繁华歌舞升平，但这一切掩盖下是风雨飘摇杀机四伏。专诸与被离结识之后，就被推到了这个风雨之夜的风口浪尖之上。

两人的结识非常偶然。

一日，朝中无事，吴王僚早早退朝。伍子胥心中烦闷，想去城外散散心，他换上便服出了门。不知不觉他已走出吴都数里之遥。行至薄暮进了一个偏远小镇。忽然听到一阵喧闹，驻足细看，见一个壮年汉子，身背一位白发老妪大汗淋漓疾走而来。行至拥挤之处，汉子气喘吁吁大喊："诸位，借光借光，老母病重。"

伍子胥询问乡人得知，此人叫专诸，父亲早年病故，寡母一手苦撑家业抚养专诸成人。现老母多病缠身，但专诸家贫无力请郎中到家，每日专诸背老母疾走三十里前去诊治。

伍子胥暗暗叹服，如此孝子必定忠义贤良。伍子胥心中起意，向乡邻细细打听了专诸的住处。

第二天，伍子胥称病告假。他乔装打扮，骑一匹快马，悄悄返回楚国，去拜见东皋公。

正巧东皋公外出行医刚刚回家，见到伍子胥甚是惊喜。伍子胥奉上重金拜谢东皋公的救命之恩，又给皇甫讷留下重礼，请东皋公代为转交。东皋公询问伍子胥的近况，得知伍子胥深受吴王重用，也替他感到宽慰。伍子胥再次施礼。

"恩公，今日伍某前来，一是为了答谢，二是请老丈再助我一臂之力。"

"答谢就不要再提。何事需要老朽出手相助，伍大人只管开口就是。"

"救人。"

“哦，谁有疾患？”

“一位壮士的母亲。”

“想必此人是伍大人的至亲好友，不然伍大人也不会冒险前来。”

“不，我和他只有半面之缘。”

“这就奇怪了，何为半面之缘？”

“我见过这位壮士一面，他未曾见过我。”

东皋公不说话了，听到此时他逐渐明白，此事虽然蹊跷但肯定事关重大。他背起药箱，和伍子胥分头来到姑苏城。

两人在姑苏城外小镇会面后，乔装打扮来到专诸的篱门茅舍。

隔着矮矮的篱笆墙，伍子胥看到专诸正在院中劈柴，旁边炉灶上架着一只瓦罐，专诸正给老母煎药。

伍子胥隔着篱笆唤道：“壮士，壮士！”

专诸抬头看到二人。

“二位先生，何事？”

“我们是过路之人，走得口渴难耐，能否讨一碗水喝？”

专诸一听口渴讨水，赶紧扔下手中的斧子，热情地把他们让进屋里，又喊来他的妻子去灶间烧水。

屋内有些昏暗，一张床榻上躺着一位老人，不停地咳嗽。专诸不好意思地说：“先生莫嫌，老母病重，光药已经吃了上百服。今日刚换了一服，刚才在院中我正准备煎药。”

专诸的老母操劳一生，已病重多日，终日咳嗽，手脚浮肿，两眼模糊。东皋公借喝水之时细看几眼，又客气地询问了之前的情况。他与伍子胥对视后微微点头，伍子胥明白，东皋公有把握治愈老人的病症。东皋公又转向专诸老母。

“老人家，我行走江湖多年，您的病症我见过。恰好我得到一位江湖人的偏方，老人家可否愿意一试啊？”

专诸大喜，赶紧道谢。

“多谢先生，请问什么偏方啊？”

“只是这药引难求啊。”

“只要能医好老母，把我命拿去都可。”

“壮士言重了，那药引叫龙涎汤。虽然龙涎汤难得，但恰好我家中还有半罐，过几日我拿来一试即可。”

专诸千恩万谢。

伍子胥和东皋公辞别了专诸，专诸送出二人很远才依依惜别。

伍子胥问道：“恩公，专诸老母的病症好医治吗？”

“伍大人，老人数病缠身，颇为棘手。一两服药收效甚微，如需根治，还需假以时日。”

“恩公放心，这次外出，我以患病为由向吴王告假。正好恩公可以在寒舍多住几日，一来给专诸老母备药，二来昭关一别多日未见，正好有时间叙旧。他人若来探访，看到恩公在此，恰好可以打消疑虑。真乃一举数得。”

二人大笑。告诉了东皋公自己的府邸所在，伍子胥先行返回。东皋公来到姑苏城的医馆，买来上好的药材，去了伍子胥府上，连夜煎成几罐“龙涎汤”。

第二日，伍子胥让干将扮做小伙计，把龙涎汤送到专诸家中。

几罐药汤用过，专诸老母眼清目明，咳嗽也轻了许多。

又过数日，东皋公煎好最后一服药，交给干将。

“喝完这罐，老人就彻底好了。”

干将接过药罐，正要出门，伍子胥一听，连忙叫住干将。

“还是我去送吧。”

专诸感恩不尽，长跪道谢，伍子胥连连摆手。

“老人家能这么快医好，是你的孝心感动天地，也是天赐我们的缘分，我们不如结为金兰之好。”

专诸赶紧摆好案几，招呼妻子去灶间做供品，老母也跟在后面帮厨。

伍子胥与专诸结为兄弟。原先专诸一直以为面前的这位好心人是位客商，现在，专诸才知道他竟然是吴国的大夫伍子胥。随后，伍子胥又把专诸的儿子专毅收为义子。但此后伍子胥并不常来。因为他不想让专诸过多出现在世人的视野中，专诸现在是伍子胥封在剑函里的一把利剑。

这把剑不是挂在人们腰间招摇的饰品，而是一把世人极难看到的死亡之剑，看到它的那一刻是它夺取生命的那个瞬间。它被密封在黑暗的剑函中，剑函外世事喧哗，而剑函里面只有无边无际无穷无尽的黑暗，它的世界似乎凝固了。外面的世界过了百年、过了千年它仍在静静蛰伏。它等待的是呼啸而出的那一刻，一旦剑函打开，第一丝阳光照到剑身，这把剑瞬间被激活，如鬼魅般破空而出，刺穿对手的胸膛，它的生命也在对手胸膛中静止。

千年的蛰伏等待的就是这一刻，这极度辉煌的一刻。

辉煌之后，无声无息。

不知专诸生来是为这把剑，还是这把剑是为专诸而生，或许专诸就是这把剑。

专诸出现了，可那把剑还在黑暗中，或许很快就要出现。

因为连续三个夜晚公子光都在做梦，做的是同一个梦，同一个很奇怪的梦。

这个梦简单而又怪异。

一片荒野中，天阴沉沉的仿佛要压下来，公子光急急地走着，耳边是清脆的“叮”、“叮”的声音，似是玉器相碰。突然，公子光发现自己走入一个黑暗的山洞，仿佛走了很久但仍不见出口，公子光的胸口渐渐觉得憋闷，突然“叮”、“叮”声又响起。公子光大骇，四处张望但仍是一片压抑的黑暗。突然头顶一道亮闪划破夜空，天空骤然大亮。又是“叮”的一声，那道利闪坠地，化做一把利刃。公子光伸手去拿，利刃凌空飞去，不见踪影。天地又是一片黑暗。

公子光从梦中惊醒，忽地坐起，好不容易定下神，这才发现自己的手攥得紧紧的，满手心都是汗。

连续三个夜晚都是如此。

公子光有些毛骨悚然。

次日傍晚，他坐在书房，眼前摊放着书简。他已经静静坐了一下午了。突然“叮”的一声，非常熟悉的声音，公子光一怔猛然警醒，又是做梦，还是幻觉？

眼前影子一闪，公子光赶紧定神。外面窗台上蹲着一只猫，一只黑猫。黑猫蹲在窗台上，静静地盯着他。公子光从未见过这只黑猫。

黑猫猛然躬身敏捷地跳到东院墙上，公子光低下头本想继续思虑，突然他抬起头，因为他在低头的一瞬间看到了猫的眼睛。

天色已暗，猫的眼睛熠熠闪光，瞳孔深邃，如一条无穷无尽的隧道。公子光忽觉，这不是梦中那条黑暗的山洞吗？

黑猫跳到院墙外面。要是平时公子光最多也就好奇罢了。但这一次他跟了过去，因为他又听到了“叮”的一声。

院墙外面是一个破落的小跨院，现在是存放闲置东西的。

黑猫蹲在一间仓房的窗台之上。公子光走上前去，黑猫突然一晃不见了。公子光惊奇地发现，这间仓房的门窗是紧闭的。公子光扭开门锁，推门进去。屋里没有黑猫。

仓房里阴冷黑暗，堆满了置换下的废旧器具，它们静静地堆积着，也许某个冬日家人们会将它们劈成木柴，也许会将它们卖给游走收旧的货郎。

也许没有“也许”。

公子光伫立片刻，回身准备出屋锁门，突然他怔住了。

因为身后又是“叮”的一声，非常真切，犹在耳边。

猛回头，依然是静静的器皿。但是，有个剑函上面堆积了厚厚的灰尘，灰尘上赫然有个猫的爪印。

这个爪印刚才还没有，而屋里没有猫。

公子光探身去拿剑函，手停在半空。他听到了重重的喘息

声。公子光深吸一口气，紧闭双目，屏住呼吸，打开封匣。睁开眼睛，他失望了，里面还是那把短剑。

它躺在这个普普通通的木匣里，短短的剑柄上是松木的天然花纹，小小的护柄上围着七匝云饰，窄窄的剑身只有淡淡的几簇云雷纹饰。

那日，越国使者进献宝物，吴王僚拿着湛卢剑炫耀一番，又“赏赐”给公子光这把短剑，看似赏赐实为羞辱。恍惚记得自己带回剑函后，随手扔进了仓房，不想再看到它，不想回忆那次羞辱。

公子光轻轻拿起这把短剑，将剑柄握在手心，剑太短，不能劈杀，只适合穿刺。

公子光环顾仓房，见有一摞制鼓的牛皮，举剑想试一下剑的力道。

短剑飞速刺穿成摞的牛皮，无声无息。公子光惊呆了，不仅仅是因为短剑的锋利，而是似乎没等自己出手，穿刺的念头刚一闪现，短剑就带着自己的手刺向牛皮。

公子光感觉到手心突突的脉动，是自己的脉动还是短剑的脉动？打开封匣之前的呼吸声，是自己的还是这把灵异的短剑的？

夜色已浓。公子光手握短剑，仰望苍穹，心中默念“要开始了”。

这把短剑叫鱼肠剑，它的锻造者名叫欧冶子。

勇士现身，鱼肠剑出世，一个新的故事要开始了。

第十三章

为近姬僚　专诸太湖学厨艺

勇士专诸和鱼肠剑业已现身，令公子光发愁的是，要刺杀成功，如何让专诸接近吴王僚？

伍子胥夜入公子光的宅中，向公子光举荐勇士专诸。公子光说：“伍先生既然举荐，我相信你的眼光。但是如何能让专诸勇士接近吴王僚呢？”

“人人都有癖好，无论这个癖好是好是坏，都能左右一个人的兴衰成败。”

“但听先生教诲。”

“要想控制一个人，就要牵引他的心智。没有爱好的人是最难控制的，爱好能升级为癖好，癖好可以超越一个人的心智。掌握了他的癖好就能牵引他的心智，就能让他随着我们的计划行事。请公子想想吴王僚有什么癖好？我们可以就此入手。”

“珍馐美味，美女佳酿，金银财宝，这些都是他喜欢的，但是他身边哪样也不缺。”

“这是宫廷之内的，民间呢？”

公子光沉思了良久。

“吴王僚喜欢美食，尤其喜欢吃鱼。宫廷做法他也许吃厌了。我们可以想想民间哪里有独具特色的鱼宴。”

“先生说得有道理。”

探寻民间特色美食是被离的强项。很快，被离向公子光举荐了太湖畔的名厨太湖公。公子光和伍子胥商定，让专诸去太湖公的鱼馆里学做秘制冬梅凤尾鲚，然后让专诸去公子光的宅院里担任厨师，以请品鱼为名把吴王僚引到公子光的宅院。

被离和伍子胥分头行动，被离去了太湖边，伍子胥去了专诸家。专诸正巧去湖边捕鱼归来，见到伍子胥前来探望，甚是高兴，忙让孩子去沽酒，老母去灶间烧水，自己和妻子收拾鱼。大家说说笑笑之间，专诸就把鱼做好了，还未盛上来，香味已经从灶间飘到了客厅。伍子胥心中甚是满意，生在太湖边长在太湖边，半辈子与鱼打交道的专诸，向太湖公学做冬梅凤尾鲚实在再合适不过了。酒足饭饱后，伍子胥邀专诸去院外走走。

两人坐在院外的大树下，专诸还在亲热地和伍子胥说话，发现伍子胥的脸色有些严肃。

“兄长，怎么了？”

“专诸贤弟，愚兄遇到难处了。”

“兄长只管讲来。只要能解兄长之难，小弟愿以身相报。”

“贤弟，你先受愚兄一拜。”

伍子胥不由心中酸楚，起身就拜。专诸吓得赶紧起身去搀扶伍子胥。

“兄长，这是给我折寿啊。有事尽管讲来便是。”

“贤弟既然如此忠义，我也把这个生死攸关的秘密讲给你。”

专诸听完伍子胥讲述的行刺计划，郑重地点点头。

“兄长，你救了我老母一命，我愿以命相报。”

“专诸兄弟言重了。这只是个计划而已，即使真正行刺，我和公子也会尽力保护你的。”

伍子胥和专诸商量好，告诉专诸的老母和妻子，伍子胥的一个朋友开了个鱼馆，一时人手不够，请专诸去做几个月的帮厨。专诸的老母和妻子听完，很是高兴，受伍子胥的恩惠这么久，终于有一个能回报的机会了，自然是满口答应。老母赶紧给专诸收拾行李。

“儿啊，伍大人好不容易用得着咱们，一定要好好做工，不要偷懒，不要惜力，手脚要勤快，不要让人说出伍大人的不是。”

专诸努力地笑着，一一答应下来，跟着伍子胥去了公子光的宅院。

公子光见到专诸，仔细打量一番，他的身家性命都系于专诸一身。他起身向专诸深施一礼，专诸赶紧闪身躲开。

“公子，你这是为何？您贵为公子，我只是一介草民。哪敢受你的大礼？”

“专诸勇士明知危险，还能决然赶来帮助我。实乃大忠大义之人。”

说话间，被离也从太湖边的鱼馆回来，略有失望。

“公子，那个鱼馆的鱼做得确实鲜香，不过太湖公从不收徒，况且年事已高，已不再亲自下厨，学徒们所做的手艺自然差些。”

公子光微微皱了皱眉头。专诸笑了。

“公子，不必担心。其他菜肴我不敢保证，单单做鱼我是有把握的。不管太湖公是否传授，我用心体会，其中精妙不难体会到。加上一两句点拨，能模仿七八成味道是没问题的。”

伍子胥依然不放心。

“此事必须有十成把握，若只能学到七八成，还不如不冒这个险。”

公子光也正色道：“此事若成，江山易主。此事若败，千百人身首异处。还需慎之又慎。”

专诸听后，面露羞愧。自己想的是若成就成，不成就死；没考虑此事关系到的是江山社稷，是万千黎民百姓，自己真是一介莽夫。他顿觉肩上的担子沉重起来。

被离整日混迹于茶楼酒肆，与太湖公颇为熟悉。他找到太湖公，奉上大礼。太湖公连忙推辞。

“被离大人，有事只管吩咐，送礼给老朽，这不是折煞老朽了？”

被离说：“太湖公，今天还真是有事相求，公子光的府上缺名厨师，公子仰慕您的手艺已久，听说您已不再出山，还惋惜了好一阵。既然您老不肯出山，能否从您的鱼馆中抽调一位大厨，去公子府上待上一年半载？”

太湖公面露难色。

“公子既然开口，我本不该驳这个面子。可是这小小鱼馆，只有一名大厨，剩下的全是伙计。大厨一走，这鱼馆不就垮了吗？挣不挣钱还在其次，这百年基业若是败在老朽手中，我死都不会瞑目的。”

“哎呀，那我如何去向公子回复？”

“被离大人，您回去和公子说，挑一名机灵的厨师过来，我让大厨好好传授一下，我也帮着教教。不出半年，手艺肯定要比我这鱼馆的大厨还好。”

被离心中暗喜，嘴上却说：“好吧，只好如此了。您可要好好指教啊。”

当天下午，被离就领着专诸来拜见太湖公，成了太湖公的半个弟子。

专诸安心在太湖边的鱼馆学艺。他牢记公子光的嘱托，深知些许的疏忽会带来天大的灾难，因此学得格外认真。

按照惯例，大厨做菜时，伙计是不能偷看的，伙计只管做好手中的活儿，眼睛不能乱看。但是，太湖公有言在先，专诸算是半个伙计半个弟子，所以成了例外。他每日给大厨打下手，一边手里忙着干杂活，一边眼里看着大厨如何烹制，一边在心里揣摩。等夜间客人散尽后，专诸自己可以练习。他自己在院子角落里盘了一个炉灶，每天早晨，早早出门去湖边捕来鲜鱼，每天晚上大家休息之后，自己在炉灶处继续练习，往往彻夜不眠。每天晚上，院中灶上的火明明灭灭，有人睡不着就怪专诸。专诸仍勤练不辍，为了不打扰他人休息，他去院外盘了炉灶。

忽一日，专诸正在大厨旁边忙着，突然“啪”的一声，炉灶上的锅突然爆裂，热油流进炉灶，火苗顿时蹿出。专诸赶紧把水缸的盖子盖到炉灶之上，众人手忙脚乱地扑火。火势小了，但是大厨的手和脸都被烧伤。郎中前来给大厨上药之后，叮嘱他三个月之内不能接近炉灶，不能受火的炙烤。

只有一名大厨，大厨受伤，大家只能劝客人们去别处。客人们专程为太湖公的手艺而来，太湖公不出山，大厨的手艺也可以。现在大厨受伤了，不能做鱼了，客人们自然牢骚满腹。

一个念头闪过，专诸迅速换上新锅，重燃炉火。

“请客人们耐心等候，鱼很快就好。”

他施展出平生所练所学，炉火熊熊，勺铲翻飞，鲜香四溢，鱼香又重新在鱼馆弥漫。客人和伙计们围拢过来，纷纷为专诸鼓掌叫好。

客人享用烹好的美食，伙计们也各自忙碌手中事情。专诸忙碌了整整一中午，客人渐渐散尽，专诸终于有机会略作喘息。他一停下来才感觉到汗流满面，正要抬起衣袖擦拭，从身后递过一条罗帕。专诸猛一回头，身后站着一个清秀俊俏的女孩子，正把一条手帕递给他。专诸的脸羞红了，忙站起身。

“姑娘，你是?”

旁边有位伙计笑了。

“专诸，你就知道埋头做鱼，鱼做得确实鲜美，不过这位姑娘你不认识就不对了。她是太湖公的女儿，名叫……”

姑娘笑了笑。

“我是绮罗，你做的鱼真香。我也学过做鱼，今天爹爹说大厨烧伤，本来让我替他做上几日，没想到你已经替他做了这么多，这么香。”

“绮罗，我，我也是学做的。本不想献丑，可是客人都在抱怨，影响这个老店的名声，所以我就冒险试做了一下。”

“做得真好。我看一个人也忙不过来，不如我们一起做吧。”

“那再好不过了。只是这灶间油烟太多，怕熏坏了姑娘。”

“都是手艺人，哪有那么多讲究。我们两个人一起做饭，一个炉灶不够，下午我们在旁边再盘个炉灶。”

“这事简单，我来做就是了。”

自此，专诸和绮罗一起在灶间烹制鲜鱼。

专诸很喜欢和绮罗在灶间的感觉。他看绮罗第一眼的时候，就感觉好像在哪里见过。他努力回忆，但是一直没有想起来，或许是冥冥之中吧。

鱼馆的生意依然很好，尤其大厨受伤后，专诸的厨艺显示出来，加上绮罗前来帮忙。好多人前来既为饱口福也为饱眼福。专诸的名气渐渐传了出去。

伍子胥感到风头不对。专诸是他暗藏的一把利剑，无声无息地在黑暗中潜伏，他的出现是在刺向对手的一刹那，是夺取性命的一刹那。而现在专诸成了一把挂在腰间的宝剑，招摇过市，人人可见，与其说是为杀人，不如说是为炫耀。鱼馆中，食客云集，说不定就有吴王僚的耳目，这些人目光犀利，他不敢想象，一旦肩负秘密使命的专诸被他们看穿，这个绝密计划就会半途而废，随之无数人将受牵连。

他决定连夜去太湖边寻找专诸。干将不放心，陪同伍子胥一同前往。

二人到了太湖边的鱼馆时，客人散尽，夜已深，专诸和绮罗封灭了炉火，正准备分头休息。伍子胥和干将走了进来。专诸一见伍子胥前来，心中一惊，忙迎上前去。

“先生深夜前来，有事吗？”

“哦，”伍子胥看到还有人，说话多有不便，“没事，夜里睡不着，随便走走，走到这里看到你这里还亮着灯，就随意进来看看。”

“哦。”

专诸放下心。还没等专诸把绮罗介绍给伍子胥和干将，干将突然大叫起来：“小鱼儿，小鱼儿！”伍子胥和专诸吓了一大跳。绮罗也惊慌失措。刚才见有专诸的朋友来，她远远地冲二人笑了一下，正准备转身回房间，突然发现干将眼中放光，直直地盯着自己，突然大喊起来。

干将一边大叫，一边大步向绮罗走去，伍子胥和专诸赶紧拉住干将。

“干将，干将，怎么了？”

干将指着绮罗。

“她就是小鱼儿，小鱼儿没有死！”

伍子胥听干将说过，他出来是为了找小鱼儿的，小鱼儿生死未卜。难道这个姑娘就是小鱼儿？

专诸猛地记起，在什么地方听过这个名字，怪不得看着绮罗有似曾相识的感觉呢。

伍子胥怕干将的大喊大叫把别人吵醒，也怕小姑娘害怕，忙拦住干将，冲着小姑娘说：“姑娘，抱歉抱歉。这位喝醉了。”

“没事，各位请坐。”

“不，我没喝酒。伍大人，你听我说，她就是小鱼儿。”

“干将，你先坐下慢慢说。”

干将被伍子胥按到椅子上坐下，但他的眼睛一刻也没有离开眼前这位姑娘。绮罗淡淡一笑。

“客官，你认错人了。我不叫什么小鱼儿，我是绮罗。”

“不，你就是小鱼儿，你忘了，你在剑炉山生活了十五年，你我在剑炉山一起住了十五年。去年你下山之后就再也没有回去，你是不是被什么人拐走了，被什么人下了迷药了，我是干将啊，你怎么不认识我了？”

绮罗愣了一下。

“我从小一直生活在太湖边，没听说什么剑炉山，更没去过。”

“不，小鱼儿，你在剑炉山待了十五年啊。你说你今年是不是十六岁？”

“哦，这倒是。但这说明不了什么。这个可以猜出来啊。”

“那好，你说，你的胸前是不是挂着一块玉佩？”

绮罗不说话了，她确实佩戴着一块玉，而且她穿得严实。干将和她刚见面应该是看不到的，她的眼睛下意识瞄了一下胸前，脸有些发烫。

“呃，是啊。不过女孩子挂着玉佩的很多啊。”

“这块玉佩是半块的，对不对？”

“啊？”

这次轮到绮罗惊呆了。她从小胸前就挂着玉佩，也确实是半块。这一点除了家人很少有人知道。

“你，你是谁？怎么知道的？”

“小鱼儿，我是干将，我们在一起十五年，你怎么会不知道呢？”

伍子胥和专诸在一旁看得目瞪口呆。突然专诸猛地一拍额头。

“我记起来了。绮罗，你的那半块玉佩是不是翠绿色的，是不是刻着半个“鼎”字？”

“啊？怎么你也知道？”

绮罗双手不由得护在胸前。干将也吃惊地看着专诸。干将知道，小鱼儿胸前的半块玉佩上有半个“鼎”字。

“这块玉佩我见过，就在太湖里。当时听人说有个女孩子掉进湖里，有个老者招呼人们下湖去救，大家都没有找到那个女孩子。我下去后在湖心找到了一块太湖石，太湖石下是半块玉佩。我把那块玉佩和太湖石都交给了那位老者。那位老者给我钱我没有收，听说他后来回越国了。”

“那是我师父欧冶子啊。”干将惊讶地说。

“干将，你的师父我也见过。那天早上，我和公子胜在外乞讨，一位老丈焦急地问过我和公子胜，问我们有没有见过一个小姑娘。想必那位老丈就是你的师父，那位失踪的女孩子就是小鱼儿吧。”

神奇的巧合。

房中四个人都吃惊不已。

伍子胥说：“干将，这位绮罗姑娘在此地生活了十多年，她肯定不是小鱼儿。但是她也有半块玉佩，样子和小鱼儿非常相像，可以肯定，这块玉佩不是小鱼儿身上的玉佩，但绮罗可能与小鱼儿是姐妹。”

其余三人暗自思忖。

伍子胥接着说：“另一半玉佩我可能也见到过，是在一把短剑的剑柄上。”

"对，"干将激动起来，"我师傅用太湖石铸了一把短剑，把那半块玉佩挂在短剑的剑柄上。听说这把剑是越国献给吴国国君的，难道这把剑给了吴王僚？"

"剑的下落我日后告诉你。现在绮罗姑娘回去休息吧。我和专诸兄弟说几句话，说完就回去。"

绮罗起身施礼离开，她的脚步很迟疑，看得出她今晚吃惊不小，同时也在疑惑自己的奇怪身世。干将的目光一刻也没有离开绮罗，直到她拐进了自己的房间。

伍子胥告诫专诸不要过早暴露，应潜心钻研烹饪，抛头露面的事情绝不能再做。

伍子胥和干将连夜赶回伍子胥的府邸。干将辗转反侧，他心痛如锥，他虽然不愿承认，但他心里很清楚：小鱼儿已经不在人世了，今晚见到的很可能是小鱼儿的姐妹。因为某种原因二人被迫分散，分散之前，将一枚玉佩一剖为二，分别戴在两个孩子身上，或许只是留作纪念，或许作为以后相认的凭证。泪水扑簌簌地打湿了枕头。

同样辗转反侧的是绮罗。在湖边无忧无虑生活了十六年，她第一次真真切切地体会到悲欢离合。虽然没有向太湖公求证，但她也认同伍子胥所说。没想到在不知名的远方，还有一位同胞姐妹，正是这位姐妹的神秘失踪，将好多本来毫无牵连的人都集结于此。她也猜不出这件事如何发展。

第二天，绮罗再次见到专诸的时候，两人都沉默不语。专诸的沉默是因为伍子胥的告诫，而绮罗的沉默是她内心的触动，她也在想自己的同胞姐妹现在身在何处。她善良的心一阵阵隐痛。

公子光很担心专诸的所学，他派被离又一次来到鱼馆，品尝专诸的手艺，回来禀告公子光。

"手艺大有长进，食客们都很满意。但是要吸引吴王僚还有差距。吴王僚不是一般的食客，吃尽宫中所有美味，尤其对于鱼，口味极其刁钻。如没有超人的烹饪手艺，专诸是没机会靠近

吴王僚的。”

被离向专诸转告了公子光的评价。专诸这才意识到，他原先夸下的海口有多大。专诸彻夜练习烹饪，但是接连数日，口味一直停滞不前。食客们一致的叫好声让他失去了上升的动力，一遍接一遍的烹饪让他没有了创新。怎么办？除了自己的领悟，还有太湖公的点拨，但是至今太湖公也未曾说过哪怕只言片语。

专诸内心焦灼，快要急疯了。要想让太湖公说出太湖风尾鲚的真谛，需要让太湖公知道他学做太湖风尾鲚的缘由。

一天傍晚，太湖公来到鱼馆，看到食客如云甚是高兴，更高兴的是绮罗的手艺大大提高。太湖公高兴之余，在食客们散尽之后，破例亲自动手做了一道菜，和大家一起吃完饭。

味道自然妙不可言。太湖公也破例和专诸、绮罗喝了几杯酒。几杯酒后，专诸心中的焦灼更为明显。他向太湖公请教为什么他自己做的太湖风尾鲚味道连太湖公随手炒的小菜也不如。太湖公笑而不答。专诸急了。

“太湖公，您知道我为什么要学做这道菜吗？”

“为什么？不是学会之后侍奉公子光吗？”

“不是，是为了救你的女儿。”

“我的女儿，我的女儿怎么了需要你来救？”

“太湖公你有所不知，你应该知道，绮罗还有一个孪生姐妹。”

“什么？”

“太湖公，你内心知道，只是不便说出罢了。”

“她的那个姐妹不久前死在吴王僚的手上。虽然吴王僚不是直接杀死她的，但是这笔账是可以记在吴王僚的身上的。这对姐妹的玉佩都是半个，拼起来就是一个图案，那就是‘鼎’。回忆一下十几年前的血雨腥风，不难想象绮罗和那个失踪的孩子的父母吧？现在我学这门手艺，就是为了接近那位凶手，一剑毙其命。为国为民，大仇统统都报了！”

太湖公的竹筷“啪”的一声掉到地上，隐藏了十多年的秘密被专诸全部披露了，更令他吃惊的是小小的鱼馆里竟然隐藏着一位杀手，一位刺杀大王的杀手。

不过，太湖公也知道，吴王僚确确实实是谋害鼎羿将军一家的凶手，绮罗也确实是鼎羿将军的女儿，是欧冶子和风胡子救下的一对孪生姐妹之一，另一个被欧冶子带走了，去了欧冶子铸剑的剑炉山。

太湖公认真地看着专诸。

“好了，不必多说了，言多必失。太湖风尾鲚，需要原汁原味的太湖水和太湖凤尾，唯有此，才可以保留太湖鱼的纯鲜。用太湖莲藕煨出高汤，才能吊出太湖鱼的纯嫩。做到这两点，可为做太湖凤尾鲚的高手。药若想发挥药效，需要加药引；菜肴若要美味，需要加菜引。要想成为做太湖凤尾鲚的绝顶高手，需加一味菜引——冬梅，所以这道菜全称为冬梅太湖凤尾鲚。其中既有荤——鲚鱼，也有素——莲藕；既有莲藕中蕴含的夏日炎热，又有冬梅中隐藏的冬日严寒。阴阳相济，循环无穷，鲚鱼、莲藕、冬梅各自的味道融在一起，醇厚的鲜味自然溢出。”

专诸听完，连连点头，大受裨益。太湖公说完之后，好像瞬间苍老了很多，起身离开了鱼馆。

第十四章

专诸行刺　姬僚命丧鱼肠剑

专诸和绮罗各自回房安歇。专诸得了秘方，甚是得意，加之喝了几杯酒，晕晕乎乎，似睡非睡。隐隐约约，他觉得有人来到

他的床边，轻轻推他的肩膀，而且那人手中拿着一把宝剑。他迷迷糊糊地想。“这梦做的，好生晦气。”他胡乱挥挥手，继续睡去。直到他感觉到脸上冰凉，才吃力地睁开双眼。他“啊”的一声坐了起来，原来刚才不是梦，是真真切切的。

“你是谁？怎么来到这里？”

专诸说完准备点起油灯。

“你不用管我是谁，别乱动，你也不必看到我的样子。”

“你来有什么事？我身上没有钱财。”

“钱财我根本不需要。”

“难道需要我的命？”

“当然也不是，你的命还是你自己留着吧。”

“那你要做什么？”

“要你杀人。”

“杀人？杀谁？”

“今晚上听到你话的人，所有。”

“啊！为什么？”

“因为你泄露了天机。”

“这……”

“不是吗？需要我重复一遍你说的话吗？”

“不需要，不需要。是我犯了错，该惩罚我才对啊，为什么是杀他们？”

“对啊，就是惩罚你啊，所以是让你动手。”

“是我的口误，能不能杀了我，不杀他们？”

“不行，不杀他们，会有更多人被杀，没办法。”

“能不能不杀他们啊，听到这件事的也许还有别人。”

“对，你说得很对，所以现在门外还有两具尸体。”

“啊？”

“不要那么惊奇了，把该做的事做完，不然下一步死的可不只是这两位。”

那个黑影站起身，把剑留在专诸的床头。

专诸的心怦怦地跳。

那个黑影悄无声息地走了出去。专诸等了一会儿，也蹑手蹑脚走到门后，悄悄打开门，不由得倒吸一口凉气。果然有两具尸体躺在地上。

专诸一时没了主意，他向公子光的宅院跑去，他希望那个黑影是公子光派出的，希望公子光能原谅他最后一次。等他悄悄翻墙进去，准备敲响公子光的房门时，他才想起这是半夜时分。他焦急地在外面等至天亮，等公子光起床后，惊奇地发现专诸浑身被雾气打湿，坐在门外的台阶上。专诸赶紧起身问公子光关于黑衣人的情况，公子光茫然不知。专诸又迅速来到伍子胥的府上，同样伍子胥也说不知道。等专诸若有所失地回到鱼馆时，发现绮罗安然无恙才放下心来。

专诸不敢造次，潜心钻研太湖凤尾鲚的制作。

忽一日，被离再次来访，暗示专诸夜里回到公子光的宅院。

灯光下，案几上放着一只剑函。公子光当着专诸的面打开剑函，里面是一把毫不起眼的短剑。

“专诸壮士，烹制美味鱼宴业已学会，如何将这把宝剑带在身边？此剑虽然短小，但是吴王僚生性多疑，必然仔细搜身，寸铁也难放在身上。”

专诸小心翼翼拿起这把短剑，剑柄上的玉佩如此的熟悉。是他从湖底捞出，紧紧握在掌心，又送给欧冶子的。这把剑极像一尾小鱼，不如将其藏在鱼腹之中，趁奉上菜肴之际，一并将吴王僚刺杀。

烹饪需要鲜活凤尾鲚，如把短剑提前藏入鱼腹，凤尾鲚便不再新鲜。若烹饪期间放入鱼腹，如何将这把短剑带入厨房？

专诸想起了太湖公所说的莲藕高汤。

“公子，我有主意了。公子需助我一臂之力。”

“壮士，只管讲便是。”

“帮我在宫中找一位凌人。”

专诸告诉了公子光如何行事，公子光也大为赞叹专诸的精妙计划。

公子光应允了。

现在只差一个接近吴王僚的时机了。

公子光苦苦等待的这个机会终于来了。

楚平王病重，将费无忌、子西、囊瓦和申包胥等叫至病榻前，将他与伯嬴所生的太子轸托付给他们，准备下诏将太子轸立为新君。翌日天还未亮，宫中传出一阵哭声，楚平王驾崩了。

满朝悲痛之时，囊瓦将子西悄悄叫到一边。

“平王死了，现在是我们的天下了。兄长若想当新君王，我辅佐你就是。”

“什么？”

子西大为惊奇。

“先王临终前叮嘱我们辅佐太子轸，先王尸骨未寒你就起叛逆之心？”

“我甘心立兄长为王，怎么是我叛逆？轸虽为太子，但是他的母亲伯嬴本是太子妃，要不是平王一时糊涂，哪轮得上伯嬴做王妃？哪会有太子轸？再说，他还不满十岁，无疑是个小傀儡。楚国江山社稷交给他，这难道不为天下耻笑？兄长你在朝中德高望重，拥立你为新王无人敢说个‘不’字。有谁不同意，我出面收拾。”

子西正色说：“休要胡言乱语。先王虽然没有下诏，但是我们要遵守先王的临终嘱托。随意废立太子，必然引起朝野大乱。先王废黜太子建，已经使得父子反目为仇，太子建也在异国被杀，伍子胥也投奔了吴国。此事饱受诸侯国的藐视。我们如果再颠倒伦常，势必又成为世人的笑柄。”

“要不兄长先执政几年，待太子轸长大成人之后再让他继位，如何？”

“子常，不要再争执了。我本庶出，即使太子轸不登基为王，也轮不到我。太子轸确实年幼，我们合力辅佐他就是了。”

囊瓦争执不过，只能讪讪离去。不足十岁的太子轸登基，即为楚昭王。国君新丧，新君年幼，朝野一时群龙无首。吴王僚看准时机，准备趁楚国丧乱之际发兵南伐以兴霸业。

伍子胥借兵伐楚的夙愿终于实现，伍子胥却仰天悲叹。

“天不助我，天不怜我，我今生无缘手刃昏君，亲报血海深仇！”

吴王僚派出公子掩余和烛庸担任大将，率两万精兵水陆并进，包围楚国要塞潜邑。潜邑太守一面坚守一面速向郢都告急。

楚昭王初登王位就遇大敌入境，不由惊慌失措，竟然吓得在朝堂上哭起来。子西进谏。

“吴国丧心丧德，趁我国君新丧借机侵扰，实乃不义之师。若不讨伐，国内民心大乱，大王威仪受损。愚臣之见，可派左司马沈尹戌率陆军一万驰援潜邑，遣左尹伯郄宛率一万水军，从淮水顺流之下截住吴军，使之首尾不能兼顾，吴军只能坐而受擒。”

楚昭王破涕为笑，调遣二将水陆并进。

掩余、烛庸正在围攻潜邑，激战之时，忽接到线报——楚军援军来袭。二人分兵迎战，没想到他们阻击的并非是楚军主力，仅仅是沈尹戌派出的三千兵马，是用来虚应掩余和烛庸的。掩余和烛庸并不知晓，见楚军交战不久就败逃，不由得意地大笑，两人率吴军继续追击，没想到楚军三转两绕，很快不见了踪影。正在心中起疑之时，探马来报，沈尹戌亲率七千兵士迂回进攻，将吴军后退的水路阻断。正在二人惊慌之时，又接线报，楚将伯郄宛带领水师在淮水塞断江口。吴军进退两难，只得分为两营以相互声援，等待救援。

前线急报传回姑苏。吴王僚大吃一惊，短短几天之内，两员大将和两万精兵轻易被困，没想到掩余和烛庸首次出兵就遇到了楚国名将沈尹戌和伯郄宛。朝野之中惊慌纷起，唯有伍子胥和公

子光心中暗暗兴奋。

机会真真切切降临到公子光的面前。

吴王僚身边将卿众多，但心腹之人只剩下太子庆忌。能解救吴军之困的只有大将庆忌。倘若吴王僚将庆忌派遣出去，吴王僚身边再无心腹，他将羽翼尽失。

但吴王僚不会轻易让庆忌离开自己身边，况且倘若吴王僚让公子光前去解围呢？

良机稍纵即逝。

是夜，伍子胥夜入公子光的宅院，灯光摇曳至金星偏西。

伍子胥向公子光点点头。

“公子，请吧。”

公子光还在犹疑。

“能否用朱砂涂抹一下，也许能骗过他的。”

“公子，此事绝不能存在‘也许’。吴王僚本来生性多疑，肯定要亲自查验，真伤尚且难以打消他的疑虑，何况是假伤。”

公子光抽出利剑，手有些抖动。

“子胥，多深的伤口才适合？”

伍子胥从公子光手中接过剑。

“公子，我试着比划一下，然后你按照这样的方向砍下就是。”

说完，没等公子光开口，伍子胥挥剑“咔嚓”砍到公子光的腿上。

“啊，子胥，你不是比划一下吗？怎么真砍？”

“公子，得罪了。如没有断腕的勇气，万事不成。”

说完，伍子胥给公子光包扎好伤口。

第二天，公子光未能上朝，理由是月下舞剑，失手自伤。

吴王僚心中狐疑，但是战情危急，无法耽搁。吴王僚思忖再三，派偏将唐无言率军救急，派太子庆忌前往郑国和卫国，请求两国联盟抗楚。

对于公子光的伤势，吴王僚疑云未消。他怀疑公子光贪生怕死，不愿为国出力，更怀疑公子光趁着国家危难之时有所图谋。他决定，要去公子光宅院亲眼探伤。

吴王僚身穿狻猊犀甲，自带三百铁甲护卫，两名持戈佩剑护卫不离左右，从王宫到公子光府邸的路上岗哨森严。吴王僚的车队所过之处，住户关门闭户，行人纷纷伏地叩拜。

他这次出行是庄严的，是浩大的，是威风凛凛的，无论用多少威严的辞藻修饰都不过分，但有一个词不能漏下，那就是“最后的”。

城外的一条小路上，专诸也在匆匆前行，脸上泪痕未干。

前一天，伍子胥星夜赶往太湖边找到专诸，让专诸急入公子光宅院待命。

伍子胥匆匆离去，专诸收拾行李，在门口犹豫再三，急急地踏上回家之路，到家时已东方泛白。

妻儿老母见专诸回来，高兴地准备饭食。一家老小好久没在一起吃饭了。

想到可能和妻儿老母永别，专诸内心一阵悲凉，但是专诸不能表现出来，他佯装笑颜和老母说话，细若毫发的异常却未逃出老母的眼睛。

“诸儿何事发愁啊？”

专诸安慰老母。

“没事，我的子胥大哥让我今天去他家有事商量，”顿了一下，“可能要长住些日子。子胥大哥以后会派人来照料妻儿和您，只是……”

“诸儿，自古忠孝难两全，娘知道诸儿是忠义之人，不用牵挂我，放心地做你的大事去吧。”

专诸拿起包裹，眼中闪过一丝犹疑。

“诸儿，我忽觉心口发闷，有些火烧火燎，你去村东井边舀一瓢凉水来。”

专诸赶紧放下包裹，拿起水瓢，疾步走向村口的水井。

他若是回头张望时，一定会发现母亲眼中满含着凄楚和不舍。

当他急急回来时，妻子在院中浣洗衣服，儿子在旁边玩石子儿，不似有什么异常。

但是，老母的房门关得紧紧的。专诸大惊失色，顿时悟到情况不妙，扔掉水瓢，撞门而入。

专诸呆住了，随后赶来的妻儿也呆住了。老母已自缢于床头。

老母知道他是去慨然赴死，为了断绝他的牵绊，老母决然自缢而亡。全家恸哭。专诸埋葬老母，与妻儿洒泪分别，匆匆踏上通往公子光家宅的小路。

他的这次出行是决绝的，是凄楚的，是义无反顾的，无论多少悲壮的辞藻修饰都不过分，但有一个词不能漏下，那也是“最后的”。

吴王僚的卫队停在公子光家宅门外。

吴王僚自带五十侍卫进门，其余在门外守卫。

公子光斜卧病榻，见吴王僚进来，公子光执意起身站了起来。吴王僚与公子光假装亲热地寒暄。公子光自责。

“都怪我疏忽大意，做出这般蠢事。如今边境危急，本该赴死为国效力。可惜昨晚夜不能寐，便去院中舞剑，心中烦闷乱了套路，不慎伤及自身。”

吴王僚连连安慰，关切地细察公子光腿上的伤口。伤口当然是真的，而且确实很重。昨晚伍子胥预料到，如果称伤不出朝，吴王僚必定起疑。为迷惑吴王僚让他看不出其中有诈，伍子胥狠心挥剑将公子光的腿砍伤。

吴王僚暗暗舒了一口气，看来自己的确多疑了。吴王僚回想自己即位初期屡见公子光有不平之色，但这几年公子光似乎不愿干预朝政，自己步步压制，公子光步步后退。

吴王僚应该想到，对于一支搭在弓弦上的利箭来说，后退意味着什么。但公子光主动示弱，苦苦忍耐，连生性多疑的吴王僚也被蒙蔽了。

言谈之间已日薄西山，公子光说：“现在病痛缓解，过几日便起居无碍。我近日正巧聘得一位太湖名厨，他所烹制的太湖凤尾鲚鱼味道极为鲜美，大王可否留在舍下一起品尝？”

太湖凤尾鲚鱼让吴王僚大为心动，看看确实天色已晚，吴王僚点头答应。

公子光蓦地心跳加快，局势在他的控制之下一步步进展着。他压抑住狂喜吩咐下去，为大王设宴，煲制鲜美鱼羹，烹制凤尾鲚鱼。

公子光挣扎着起身，同吴王僚分坐在案几两侧。吴王僚的两名心腹亲兵侍立左右，门口也有卫兵持戟守候。公子光孤零零在另一侧倚墙而坐。背后的墙是空心的，早就安排了二十名甲士，脚下的地下密室也暗藏五十精兵。这些人都是散落于吴都内外的忠勇之士，吴楚初战之时，由被离逐一联络，扮做家奴入府待命。

宴席开始，一场决斗在酒香和鱼香中无声地展开。

厨房庖丁的一举一动被严密监视，厨房里的食材也都被检查一遍，进献菜肴的家丁在门口要脱至半裸，还要被细细搜身后方可进入。

专诸拎着一个大筐准备进入厨房，门口站着两名护卫。护卫拦住专诸，把筐里的东西仔仔细细检查了一遍，连每条鱼也都掰开鱼嘴向里看看。突然一名护卫看见筐内有一只大盘，上面盖着一层厚厚的棉布。他伸手揭开，盘里是三根粗粗的冰凌。

“这是什么？”

“大人，这是莲藕高汤。”

“怎么不是汤汁而是冰啊？”

“回大人，做这道太湖凤尾鲚需要用莲藕调成高汤，烹制之中要把汤汁灌进鱼腹。将高汤冻成冰块，烹制之前放进鱼腹。等鱼肉酥软之时，冰冻的汤汁融化，在鱼腹内由里向外浸润鱼肉，冰火相遇，方才激出极度的鲜香。”

“少啰嗦，我不听你的做饭经。”

护卫伸手去拿冰块，专诸赶紧止住。

“大人，这是大王的入口之物，不要用手玷污。如果味道怪异，恐怕我有杀头之虞，或许也会连累大人。大人若要检查，请旁边池中净手之后再行触碰。”

护卫皱皱眉，又弯腰仔细看看那几段冰块，挥挥手让专诸进了厨房。厨房中早有两名护卫将里里外外搜查了一遍，见专诸进来，两人随即跟在专诸身后，再也不离左右。

吴王僚和公子光虽然各怀心事，但都强颜欢笑举杯共饮，吴王僚虽疑心稍稍懈怠，但仍觉在公子光的宅院里危机四伏，实为不宜久留的是非之地。吴王僚意欲早早品尝太湖鲚鱼后离身。公子光等待时机，意欲趁酒酣耳热之时一举刺杀。

吴王僚心中甚是焦灼。

“其他酒馔少吃无妨，凤尾鲚鱼何时上来？宫内政务繁忙，寡人需尽早回宫。”

公子光忙答：“大王耐心等待，凤尾鲚鱼味美，但烹制极为耗时，不然难以入味。我已派人去催过了。”

说完，用手暗暗地按压伤口，轻呼一声：“大王，旧伤不慎崩裂，待我另行包扎后再陪大王，正好顺路催促庖丁上鱼。”

吴王僚俯身细看，果然伤口包扎处有鲜血渗出。吴王僚示意自己的一名侍卫过来，搀扶着公子光出门。名为搀扶，实为监视。公子光当然要离开，因为片刻之后，酒歌欢场将成为凶险之地，江山可能瞬间易手，易手的代价是以命相搏。

专诸终于上场，他面色淡定，公子光许诺照料他的妻儿，老母为断绝他的后顾之忧也已自缢，此时他心怀悲痛却了无牵挂。专诸端着亲手烹制的凤尾鲚鱼在门口被细细搜身，当然他身无寸铁，那把夺命的鱼肠剑此时正隐身鱼腹之中。

守卫一摆手，专诸迈步走向案几，心中默念，一步，两步……再有五步就能靠近吴王僚了。

也许自己的生命就剩下五步了。

鲚鱼的清香隐隐传来，不浓但正如太湖之荷香丝丝沁人心脾。吴王僚精神为之一振，专诸轻轻放下托盘，垂手站立。

“容草民为大王分鱼取刺。”

吴王僚瞥了一眼专诸后点点头。专诸并没引起他过多的注意，这也正是被离挑选专诸的缘由之一。专诸虽力敌万人，但相貌极普通，很容易隐没于众人之间，倘若专诸虎背熊腰如凶神恶煞，岂能靠近吴王僚百步之内？

专诸双膝跪下，躬身轻轻地剖开鱼腹，一股浓香如栀子花香扑鼻而来，吴王僚不禁双目微闭将香味深吸入鼻。在这电光火石之际，蜷身服侍的专诸突然从鱼腹中抽出鱼肠剑，如蓄势待发的利箭，闪电般飞身越过案几。旁边的侍卫一个“啊”字尚未出口，鱼肠剑直刺吴王僚的胸膛。吴王僚惊恐地睁大双眼，他认得专诸手中的剑，那是他“赏赐”给公子光的，为的是羞辱公子光。他没想到的是，公子光将这把剑还给了他，为的是夺取他的性命和王位。

抽剑、跃起、出剑、刺入，一连串的举动如此顺畅，如同鱼儿在大海中畅游一般。专诸感觉自己异常轻盈，身下有无数只手将他托举在空中，有小鱼儿、干将、绮罗、盲七儿……他的身体在空中飘逸，鱼肠剑的剑柄在手心又突突地脉动起来，他化身一柄犀利的鱼肠剑，幻作一道寒光隐入吴王僚的腹内。吴王僚立时透胸断骨，犀甲贯穿，天地黯然，乾坤易主。

专诸与吴王僚四目相对，在那双惊慌的眼睛中，专诸看到了绝望、愤怒和悔恨，同时也听到了戈戟刺入自己身体的声音。

第十五章

要离行刺　壮士命丧复仇路

守候在旁的亲兵惊呼一声，青铜利戈迅疾刺来，霜刃刺入专诸脊背。门外的守卫听到异常也冲了进来，数杆戈戟刺向专诸，鲜血四处喷溅。与此同时，暗室的门轰隆一声被撞开，公子光暗藏的二十位精壮勇士应声杀出。地下密室的甲士如潜伏丛林的猛虎，杀向仓促迎战的王室守卫。一时间，戈戟砍刺着身体，利刃啃噬着筋骨，戈戟相撞声、厮杀声充斥着公子光的宅院。公子光的甲士得知专诸刺僚成功，威加十倍；吴王僚的守卫见吴王僚命丧剑下，势减三分。

片刻之后，一片沉寂。

公子光从血染的帷帐后走出，看到专诸伏在吴王僚的身边，已被砍成一团肉酱。若非手中死死抓住刺入吴王僚腹内的鱼肠剑柄，根本无法辨认出这就是力敌万人的专诸。公子光凄然地俯下身，抚摸专诸握剑的手，突然发现从血肉中现出一颗血红的心，兀自突突地跳动。公子光惊慌失措，踉跄着后退几步，险些摔倒，惊呼：“专诸壮士，你，你还有何事?”

伍子胥匆匆走进，一见此景心里顿时明白，随即“扑通”一声跪倒。

“专诸贤弟，愚兄知道你还有牵挂，还有不舍。你的妻儿老母无须牵挂，公子定然会派人照料。”

心还在兀自跳动。

“专诸贤弟放心，公子会好生厚葬贤弟。”

还在跳动，而且更加急躁。

伍子胥突然想到，专诸进门时脸上残留未干的泪痕，心中猛地一沉。

“专诸贤弟，难道老母已遭不测?”

跳动两下。

“我将和公子亲手厚葬老母。”

还在跳动。

“将贤弟安葬于老母坟旁，让贤弟日夜守护。”

心猛跳两下，化为一滩血水。众人一片唏嘘，公子光和伍子胥潸然泪下。

公子光登上吴王僚的銮驾，率甲士一路杀入王宫。撞开宫门，公子光走上大殿。王位，我的王位，苦苦等你十二年，终于回到我的手中！公子光仰天大笑。

“昨日入朝我是拜服的小臣，今日登基我做君临天下的大王。”

公子光兴奋不已，在王宫巡游一晚。第二天众臣上朝，才发现一夜之间乾坤易主。

在朝堂之上，公子光向大臣历数吴王僚的罪状。

“姬僚不仁不义，蓄意违背祖训，窃居王位已久，激起人神共怒。我顺国人之意大义灭亲，冒死夺回王位。现在叔父出使晋国，我暂且替叔父主政几日，待叔父归来之时，我必请叔父即位。”

不几日，季札从晋国出使归来，刚进城门就听说吴王僚被公子光派人刺死。他早已料到这个结果，叹息一声，径直去了吴王僚的墓地。季札在吴王僚的坟茔前，举哀凭吊。

“您交付我的使命，臣已如期完成，特来复命。”

公子光听说季札回来了，也赶去墓地，以王位相让，说：“这是祖父之意，侄儿不敢忤逆。”

季札叹息着说：“你费心谋求，怎能随便让给他人？我若想登基为王，十年前就已成大典，何必等到今日，何必抢夺侄子

王位？”

这番话让公子光既面露愧色又心中暗喜。

季札多次谦让王位，没料到竟引得手足相残，他更不愿卷入这纷扰的宫廷恩怨。他长叹一声。

“我年事已高，操劳国事力所不及。国不可一日无主，你既得王位就是吴国新君。”

季札祭拜姬僚之后，黯然离开吴都，从此退隐延陵。

公子光名正言顺即位，成为吴国新君阖闾。

阖闾厚葬专诸，封专诸的儿子专毅为上卿。被离因举荐伍子胥有功，升为大夫。伍子胥暗中辅佐夺位，更是功不可没，被封为上大夫。

专诸临死之前怎么也没想到，前一天夜里，太湖边鱼馆里的绮罗和太湖公都不见了。一辆马车停靠在鱼馆旁边，下来几个蒙面的黑衣人将二人强行请出，送进了马车，随后马车飞奔而去。十天之后，剑炉山上的欧冶子惊奇地发现，一队人马停在山下，干将领着一位姑娘和老者向山上走来，那位姑娘极像小鱼儿，那位老者正是老友太湖公。

从此，剑炉山上小鱼儿又出现了。不过，她既不叫小鱼儿也不叫绮罗，改名“莫邪”，跟着欧冶子悉心学习铸剑。

掩余和烛庸在潜邑被困，苦苦等待援兵。偏将唐无言率领的一万人马前来救援，不料半路遭到伯郄宛的伏击，唐无言被俘，其余将士四散溃逃。

军帐中，掩余和烛庸一个枯坐着呆呆发愣，一个急躁地四处乱走。这时，探马飞奔而至。马上之人来不及等待通报，直接翻身下马，奔跑着几步闯入帐中。

“不好了，两位将军，大事不好。”

“什……什么事？”

烛庸上前一步，抓住探马的胳膊。

“吴王被刺杀了！”

"啊？谁干的？"

"公子光趁两位将军带兵出战，假意邀请大王赴宴，派人将大王刺杀了！"

二人悲痛之际，顿觉求生无望。公子光既然可以手足相残，也必容不下他们。若放下武器投降楚国，可先前吴、楚交战数次，所结下的仇怨太多，况且在楚国寄人篱下，难免会凶多吉少。

烛庸叹道："看今日形势，取胜无望，不如投奔小国，暂避风头，以待他日东山再起。"

"楚军如今铁桶合围，我们如同飞鸟入笼，如何逃脱？你我逃脱不难，难道丢下这三万人马不管？"

"事已至此，不必顾忌太多，你我二人保命要紧，今晚我们秘密出行。"

烛庸赶紧传令，吴王僚派来五万援军，增援部队即刻赶到，今晚全体将士全力备战，明日与援军里应外合，同楚军决一死战。趁着营中备战，二人扮做巡哨小卒秘密潜逃。掩余逃往徐国，烛庸奔往钟吾。

次日天光大亮之时，吴军惊恐地发现主将已逃。吴军兵士顿时军心涣散，众人各自抢夺船只逃生，一部分杀出重围逃回吴国，剩余兵士被伯郄宛水军擒获。

逃亡的掩余和烛庸此时正如丧家之犬，对吴国暂时构不成威胁。但新即位的阖闾仍对一个人心有顾忌。

这人就是前去联合郑、卫两国的太子庆忌。

三年前庆忌被立为太子，这个王位本是为他准备的。现在父王被刺杀，王位被夺走，他肯定对阖闾痛恨入髓。庆忌绝非等闲之辈，除有雄才伟略外，武艺尤为超群。他年仅十七岁就随祖父馀眜迎战楚国，在鸡父大战中，孤身冲入敌军之中，被团团围住。庆忌大喝一声力拔榉树，手持房梁般的榉木左冲右突，楚军死伤无数。后来战马被箭射中，庆忌弃马奔走。楚军弓射手乱箭

齐发，庆忌竟然毫不避让，稳稳站在那里伸手接箭，数百支乱箭竟无一能中。如此强大气势之下，楚军大惊失色，惊为天人，无人再敢追击，数千楚军眼睁睁看着庆忌从容离开。

阖闾深知吴国现在国力空虚，原先能征善战的大将多为姬僚亲信。姬僚已死，他的亲信也非逃即亡。庆忌前往郑、卫时，亲率一万精兵，这一万精兵是庆忌亲自训练的精锐之师。如能说服郑、卫联军伐吴，吴军胜负难料。联想至此，阖闾忽觉心头如巨石重压。

阖闾的当务之急是除掉庆忌，大举兴兵已不可能，剩余的办法倒还有一个，况且是他刚刚使用过的。

那就是刺杀。

这次刺杀的人选来得要比专诸更容易，他叫要离，是被离以前招募的忠义之士。

要离身体枯瘦，但胆略过人，机警聪颖，一双不大的眼睛似乎随时洞穿他人心思。

要离是吴国有名的剑客，而且有勇有谋。齐国著名的勇士椒丘䜣也曾遭到他的折辱，甘拜下风。当时，齐景公派遣椒丘䜣出使吴国。行至淮水岸边的渡口，椒丘䜣和战马都饥渴难挨。掌管渡口的小吏见特使前来，赶紧恭迎椒丘䜣，把椒丘䜣的马拴在树下，随后跑到附近的集市买来酒饭，恭恭敬敬呈给椒丘䜣，然后给椒丘䜣的马备好草料。虽然饭食粗鄙，酒水也寡淡，但对于饥肠辘辘的椒丘䜣来说，无疑是珍馐美味。坐在渡口的大柳树下，椒丘䜣风卷残云般吞咽着大盘的牛肉，咕咚咕咚灌下大坛的老酒。小吏在旁边看得目瞪口呆，赶紧又跑到集市买来酒饭。来回穿梭三四次之后，椒丘䜣摸摸嘴。

“痛快，痛快！小吏，再拿两盘牛肉，一坛酒来。”

“啊？大人还要？”

“怎么？我奔波千里，难道饭食也不让吃饱？快去拿来！”

小吏诺诺准备退下。

椒丘䜣站起身，看到战马吃饱了草料，于是他解下丝缰牵着去渡口饮马。匆匆赶回的小吏看到，惊慌地边跑边喊："大人，大人，万万不可。水中有妖怪!"

"什么？哪来的妖怪？"

小吏气喘吁吁地说："水中有一种怪物，时常出没，专吃饮水的马匹。每月都有三五匹马被水怪吃掉。"

椒丘䜣反而兴奋起来。

"我是天下第一大勇士，什么怪物敢来捣乱？水怪真要来，我把它剥皮抽筋，做一件战袍穿穿。"

说完，不顾小吏的阻拦，牵着战马来到渡口。口渴难耐的战马迫不及待探身去喝水。这时，突然从水底涌起浪花，"轰隆"一声，一个庞大的怪物从水中探出巨大的头颅，张开血盆大口叼住马头，椒丘䜣大喝一声"来得好"，紧紧拽住缰绳。水怪猛地一摆头，把战马拖进水里，椒丘䜣手里只剩下半截缰绳。椒丘䜣暴怒，赤膊挥剑，跳入水中，和那水怪厮杀起来。顿时，渡口像开了锅一样，波浪翻腾，椒丘䜣的怒吼声，水怪的咆哮声，搅作一团。无数乡民纷纷赶来，将渡口围得水泄不通。椒丘䜣和水怪在水中厮杀了两天两夜，不分输赢。毕竟，水中是怪物久居的巢穴，椒丘䜣在水中渐渐气力不支，拼尽气力刺中水怪头部，水怪疼痛难忍，甩动巨蟒一样的尾巴拍击水面，激起冲天的浪花。椒丘䜣趁势退回岸上。水怪也知遇到致命强敌，沉入水底悄悄离去。渡口的众人欢呼雀跃迎接勇士。在众人的簇拥中，有人指着椒丘䜣的眼睛惊叫，原来有血从他眼睛流出。椒丘䜣这才感觉到眼睛疼痛，视力模糊，原来，在水中搏击水怪时，眼睛被怪物的尾巴扫到。众人赶紧找来郎中，椒丘䜣不以为然，摆摆手径自上了渡船。

齐国勇士的勇猛威震周边诸侯国。椒丘䜣到了吴国之后，当时的吴王僚也对他尊重有加。不过遗憾的是，椒丘䜣的一只眼睛因伤势太重，又不愿治疗，不久就失明了。吴国的好多勇士贤人也纷纷结交这位齐国大勇士。椒丘䜣几乎天天在酒宴中，在众人的赞颂中度过。

一天中午，椒丘䜣新结交的一位朋友设宴款待他。椒丘䜣照样在众人的赞扬中豪饮，逐渐有些飘飘然。他开始不顾齐国使者的身份，自恃与水怪搏斗，开始目中无人地自我吹嘘。

“各位到齐国时，一定要找我，我在齐国是第一大勇士，连我家主公都怕我，敬我三分。过淮水的勇士有千万，有谁敢与水怪拼杀三天三夜？唯有我椒丘䜣！”

“是，是，是。”

主人心中有些恼火，但也不便发作，只得赔笑脸让椒丘䜣喝酒。椒丘䜣愈发狂妄起来。

“吴人身材矮小，更难得有大勇士。”

陪坐的宾客非常恼火，但自知力气不如他，不敢和他较量，只好忍气吞声。这时椒丘䜣的目光扫到了在对面坐着的要离，一口酒喷了出来。

“哈哈，这位小娃娃是谁啊？这也是勇士吗？”说着，捋起袖子露出粗壮的胳膊。“你的腰有我的胳膊粗吗？”

要离不卑不亢，斥责道：“椒丘䜣大勇士，你能担负勇士之名吗？勇士之斗，与日月战不变色，与鬼神战不后退，与敌人战不求饶。出生入死，不受侮辱。你与水怪搏斗，不仅丢失了马匹，还弄瞎了一只眼睛，留下残疾之身，徒有勇武的虚名。这是勇士的羞耻！在搏斗场上，你没有与水怪决斗到底，反而偷生而还。居然在这里扬扬自得，还好意思充当大勇士！”

话语不多，声音不高，确是有理有据，铿锵有力。椒丘䜣如同被一剑刺中脊柱，立时羞红了脸，垂下头来。

酒宴散后，要离回到家中，告诉妻子：“我今天在宴席之上当众教训了椒丘䜣。此人必定怀恨在心，晚间会找上门来决斗。请你晚上不要把门关上。”

果不出所料，夜幕降临后，椒丘䜣来到要离的住处。正想翻墙而入，突然发现大门洞开，毫无防范之意。椒丘䜣提剑径直闯入院中，同样的，房门洞开。他进入室内，见要离正在床榻之上呼呼大睡。椒丘䜣一个箭步冲上前去，一把将要离揪起来，厉声问道：“你已经犯了三个致命的错误，你可曾知道？”

要离从梦中醒来，睡眼蒙眬地答道：“不知道。”

椒丘䜣道：“你当众羞辱我，这是其一；回家以后不关紧大门，这是其二；睡觉时不加守卫，这是其三。你犯了这三个大错，死不足惜！”

要离揉揉眼睛，镇静地对椒丘䜣说：“我并没有犯什么错误，倒是你做了三件亏心事，你知道吗？”

椒丘䜣称不知。

要离说：“我在众人面前教训你，你却不敢当众复仇，毫无勇士之风，此为其一；你偷偷摸摸夜至私宅，行事鬼鬼祟祟，毫无大丈夫之风，此其二；你我同为剑客，你趁我酣睡，持剑威胁，毫无侠士之风，此其三。你做了三件亏心事，反而来恫吓我，是不是太卑鄙了？”

椒丘䜣闻言，心中大为惭愧，丢下手中的利剑。

“人们都畏惧我的勇武，不敢正视我一眼。我虽然身材高大，却只是一介莽夫；要离虽然身材瘦小，却有勇有谋。我不及要离先生的万分之一。要离先生才是天下第一勇士！”

说完，捡起地上的剑要自刎谢罪。要离赶紧拦住他。

“先生能勇斗水怪，确实做了千万人不敢做的壮举。先生又能知耻顿悟，不惜以命明志，实是有勇有义的壮士。”

要离招呼妻子下厨杀鸡煮酒，二人畅饮至天亮。

椒丘䜣心中钦佩要离，到处传颂要离的勇猛睿智。

被离对勇士要离更是熟悉，刺杀庆忌不但需要勇气，更需要计谋，要离无疑是最佳人选。要离平日在江边捕鱼为生，被离悄悄去江边寻找要离。被离见到要离，还未说出意图，要离就猜出被离的意图，自荐替阖闾除去肘腋之患。

要离随即弃舟登岸，跟着被离去见阖闾。

阖闾一见要离，不禁大失所望，虽然听说过要离的英名，但是没想到这位勇士如此的瘦小，仿佛一阵风就能吹倒。阖闾颇有些疑惑地看了一眼被离，被离赶紧上前说：“大王，这位就是吴国第一勇士要离。”

阖闾瞅了一眼瘦弱的要离。

“先生有何良策？”

“庆忌现在如惊弓之鸟，极难靠近。如沉疴顽疾，非猛药不可除去。”

“何谓猛药？”

“药方是三条人命，药引是我的一只胳膊。”

阖闾大惊。

要离面色沉静。

“此乃密谋，关乎吴国命运，他国之人不可信任。而庆忌对吴人极为警觉，非苦肉计不能取其信任。”

正当阖闾思忖何为苦肉计时，下面的话让他心惊肉跳。

“我假意冒犯大王，大王砍去我的一条臂膀，杀我妻儿。我逃离吴国投奔庆忌，取其信任，趁其不备一举刺杀。”

“苦肉计未尝不可，重责可以，但不必砍你胳膊，况且你的妻儿不能无辜受此连累。”

“若不用此计，庆忌难除。若庆忌怀疑，我枉死事小，再无时机可接近庆忌。一旦联合郑、卫杀回吴国，两国刀兵再起，那时不知有多少兵士腿断臂折，不知有多少人家的妻儿无辜横遭涂炭。若舍我一家之命能避举国战乱，我死而无憾。”

阖闾慨然悲叹。

“为兴我大吴伟业，如此忠勇义士慷慨赴难，吴国兴旺指日可待。”

第二日早朝，要离迟迟未到，阖闾不悦，已近散朝之时，要离醉醺醺前来。阖闾大声呵斥，要离酒意未消，两人言辞激烈顶撞起来。要离提起阖闾弑君夺位之事，阖闾暴跳如雷，喝令卫士将其拖出，砍掉左臂。不一刻，卫士捧一托盘而入，盘内一只血淋淋的胳膊。众人大惊，伍子胥率众人求情。宫门外，要离仍在大声怒骂。阖闾不听劝阻，命人将要离打入死牢。

三天后，要离越狱逃亡。阖闾气急，命人将要离妻儿一同抓捕，押到闹市斩首示众。

要离逃往郑国，刚进郑国国境就被抓住。要离直言要面见庆忌。英雄相惜，庆忌早就耳闻吴国大勇士要离，很早就想和他会面。

但是，虽然要离来自吴国，但是现在的吴国已是阖闾的天下。要离贸然前来，庆忌有些草木皆兵。庆忌命人把要离带进来，要离衣衫褴褛，身上肮脏不堪，还散发着一股恶臭。庆忌不禁喟然："要离，听说你是吴国第一大勇士，为何这般落魄模样？"

要离伏地大哭。

"将军休再言勇士，我这般模样，连乞丐都不如。公子光害我一家三口，我愿和将军一起杀回吴国，手刃公子光！"

要离见庆忌面露疑惑，袒露出溃烂的左肩伤口。

"将军，你有国仇，我有家恨。我面见将军不为别事，公子光弑君夺位，丧心失德，我仗义执言，与他争辩了几句，岂料这个小人恼羞成怒，砍下我的左臂。更可恨的是，杀死我的无辜妻儿，在街头曝尸三日。我投奔将军，以求公子助我诛杀公子光，以报国仇家恨。我有一位朋友在军中做事，同情我的身世，透露给我吴军的布兵详图，我愿献给将军，助将军帮我报仇雪恨。"

庆忌之前已经和郑、卫联盟，商定好灭吴之后三分吴地。三国约定好联军伐吴，近期内择机出兵。在这关键时期，庆忌有些将信将疑，暂时不置可否，命人领着要离去换洗衣服，同时遣人暗去吴国打探。庆忌很快得到禀报，要离所言属实。

庆忌放下心来，收留了要离。对于庆忌想获知的吴国之事，要离每日告知些许实情。庆忌逐渐开始信任要离，后来把他作为

亲信留在身边。

两月之后，庆忌感觉时机成熟，亲率三万水军大举伐吴。

庆忌站在船头迎风远望，要离右手持戟靠在船舷之上，盯着庆忌铁塔般的身躯，他只有一次机会，生命悬于一线之间，吴国安危也悬于一线，这条线绷得紧紧的，似乎不经意轻轻一碰就怦然而折。

要离走近庆忌，说："公子，江风阴冷，我为公子挡风。"

要离身单力薄，单手持戟难以刺杀庆忌，他要借助天赐之力。

江风袭来，如刀如锥，要离眯着双眼，瘦小的身躯挡在庆忌身前。要离静静等待着，耳边风声呼啸。

机会，一次机会，只有一次机会。

一阵刺骨的江风袭来，要离猛一闪身，庆忌只觉冷风突袭，赶紧以袖掩面。要离似乎背后长了眼睛，猛一旋身，双脚猛地一登船头，纵身一跃，手持铁戟借风势飞身刺去。

铁戟刺入庆忌胸膛，深达数寸。庆忌大叫一声，一手紧握戟杆一手抓住要离，忍痛大喊："你竟敢刺杀我庆忌，真乃天下勇士！"

亲兵一拥而上要杀要离，不料庆忌大声呵斥："岂可一日之内杀天下勇士二人？放他回吴，以旌其忠。"

庆忌一手将要离重重摔倒在船头，一手从胸膛中拔出战戟，鲜血如注，从伤口喷涌而出。庆忌挣扎几下，身体晃动，轰的一声，庞大的身躯栽倒在要离身边。

要离伏在船板之上，看到身边的庆忌脸色逐渐苍白，喷涌的鲜血浸染战袍，庆忌眼中的最后一丝希望也凄然逝去。众亲兵伏在庆忌身上恸哭，庆忌一死，他们也无家可归，联合郑、卫讨伐吴国，便是吴国的叛军；留在郑、卫，便与父母妻儿永远天各一方。

要离心中也涌起无尽的悲凉，眼前一片迷乱，他身在何处又身往何处？妻儿已被斩首曝尸街头，现在不知埋入哪座荒冢之中，他何处与妻儿团聚？

要离悲怆之泪顺风洒落。“杀妻灭子，以事君主，不仁；为新君杀故君之子，不义。我不仁不义，有何面目见天下之士。”

要离猛然起身，抽出一名亲兵的腰刀，断然自刎，尸首栽倒在船头。

鲜血汩汩流出，在甲板上蜿蜒，如一条赤色长蛇急急游走，终于看到前面一片血红的湖泊，一头扎了进去。

两位勇士的鲜血流到了一起。

第三卷

第一章

神鹤引路　双雄会聚罗浮山

阖闾终于除去心头大患。庆忌船上的将士无处可逃，决定由进攻变为归降。兵卒们都放下武器，裹好庆忌和要离的尸体，继续开船驶向吴国。阖闾见状大喜，收编了庆忌的将士们。庆忌的兵卒献上庆忌和要离的尸体，想到两位大勇士转瞬间殒命，阖闾和伍子胥扼腕叹息。

阖闾本想将要离和妻儿合葬，但是要离妻儿的尸首早已不知去向。阖闾按上卿之礼把要离安葬在勇士专诸的墓旁，同时以公子之礼把庆忌安葬在吴王僚的墓旁。

阖闾在伍子胥、胞弟夫概和太子夫差的辅佐下谋图霸业，重农桑，减赋税，增武备，明言路，广纳谏，普招天下贤士，不惜破格擢拔。一时间国内上下同心，生机勃然焕发。

不过阖闾心事重重，原因很简单，政事纷繁，百废待举，真正能辅佐自己的良臣名将太少了。吴王僚在位时的将相虽多，但大多怕横遭不测，或退隐避难，或逃亡他国。

同样心事重重的还有伍子胥。国力空虚，缺兵乏将，阖闾所许的诺言一时无法兑现。虽然楚平王已死，但费无忌之流仍横行朝野。父兄尸骨未寒不知葬于何处荒冢，伍子胥每日在家中祭拜父兄灵位，手刃费无忌、荡平楚国的念头不但从未湮灭，反而如荒郊野火疯狂蔓延。

烦闷。愤懑。

伍子胥下朝之后在家中如坐针毡，胸口如有磐石重压，索性带了几名家丁骑马携弓去郊外狩猎。

伍子胥兴致不高，两个多时辰过去，只射杀了一只野兔和两只野鸭。

抬头看，暮色苍茫，潮湿的雾气开始弥漫。

依此光景，结果可能就是怏怏而归。但是如果那样的话历史可能会改写。

家丁突然兴奋地大叫起来。伍子胥顺着家丁手指的方向望去，一只洁白的仙鹤在低垂的夜色中缓缓飞来。

伍子胥迅即张弓搭箭，利箭刺破夜雾擦着仙鹤的翅膀掠过。再一支，射偏。再一支，再偏。鹤仍在缓缓向南飞。

最后一支，仍然射偏。

鹤仍在缓缓地飞，低低的，似乎一伸手就能抓到。

伍子胥懊恼，将弓抛向远处，扯下箭囊摔在地上，催马向仙鹤飞去的方向疾驰而去。

鹤继续南飞，南面就是罗浮山。

伍子胥不顾家丁在身后大喊劝阻，夜入深山，他现在把一腔愤懑全撒在这只怪异的鹤身上。

他现在没心思考虑前面是凶还是吉。

马踏上蜿蜒山路，鹤并未隐入山林，而是在前面时隐时现，夜色映衬下白得很醒目。前面是羊肠小路，崎岖的石板路上凝出薄薄的夜露，蹄声不再清脆，马蹄开始打滑。

伍子胥甩蹬下马，疾步攀爬。

鹤隐入山林不见了，伍子胥伫立四顾，这才听到夜风里山林飒飒作响，如墨的波涛起伏，树影摇摆，如千军万马藏于其中。

一阵寒意袭来。伍子胥暗暗懊恼，仔细辨别方向想沿原路返回。夜色沉寂，家丁的呼喊声和马的嘶鸣声似乎都被松涛声淹没。

茫然四顾，如墨的夜色中突然远远的一豆灯光闪出。

深山里还有住户？伍子胥心头一暖，如迷茫的荒野中见到北斗，摸索着向灯光处走去。

一座茅草屋隐在树丛中，房前隐隐约约还有一片开阔地。

伍子胥走近茅草屋，透过窗户望去。

跳动的烛花下，一个年轻人坐在案几旁，面前展着片片竹简，他时而蹙眉沉思，时而颔首释然，膝下堆满了满是墨迹的竹木简。墙壁上悬挂着一把宝剑，在山风激荡下铮铮作响。

伍子胥暗暗思忖，这是哪位高人隐居于此啊？他推门而入，那位年轻人似乎没有反应。伍子胥上前一步。

“先生，我冒昧来访，还请谅解。”

那人猛一抬头，从书中顿醒，连忙起身，但并未对不速之客深夜来访面露惊异，反而平静地弯腰搬来一把竹椅。

“伍大人请坐。”

伍子胥一惊，问：“先生如何认得我？”

那人微笑不语。

“先生，还没请教……”

“齐人孙武。”

话语简洁。异常简洁。

伍子胥微微一怔，这个名字如同他被裹挟在浓浓夜色中看到的那一豆灯光。伍子胥抑制住心中汹涌的波澜，目光落在案几上的竹简上。伍子胥早就听被离谈到齐人孙武，说此人编修兵法且携兵法周游考证，莫非……

伍子胥拿起竹简粗粗翻看。伍子胥在楚国之时身经百战，自

然洞悉兵法精妙。还没等看完几段，伍子胥已经觉出兵法的分量，不禁手不释卷，沉心细读，时间一点一滴流逝。良久，伍子胥抬头，发现孙武静静地看着自己。

绝世高手的交流不是高谈阔论，双方的心领神会也许只需一个细微至极的眼神。

伍子胥把竹简放在案几上，静谧的茅屋内传出竹简碰击案几的声音。

声音清脆。

如同雪崩前轻轻一震，历经千百年的沉寂，铺天盖地的雪崩在这一刻猛然爆发了。恍惚间，伍子胥看到了死亡之神横扫楚国的情景。

这是伍子胥从楚国逃亡以来所一直魂牵梦绕的，他深深吸了一口气，压抑住狂乱的心跳。他决定开口了。

两颗巨星在深山中即将不期相撞，迸溅的火花势必在吴、楚大地引发一场熊熊烈火。

孙武对伍子胥的意图洞若观火。

他隐居山中已有一年多，除潜心精修兵法外，孙武对吴国局势也密切关注。良禽择木而栖，良将选明主而事，他思谋长驻吴国。但是，兵书虽在齐地早已成型，但多处尚待修缮，尚需不断融入新的感悟。如果就此搁笔下山，兵书之事难免半途而废。另外，吴国当前国事纷乱，如果鲁莽行事，很容易深陷政事漩涡——齐国的四族纷争，至今仍令他心有余悸。

他以微微一笑和微微的摇头婉拒了伍子胥。

伍子胥深感失望。但是，他明白深潭藏蛟龙，而蛟龙是不会轻易出水的。五年的苦苦等待和暗暗忍耐磨练出了他足够的耐心。

正在此时，忽闻外面一阵嘈杂，有人在拍打柴门。孙武起身打开院门，众人一边呼喊着“伍大人”一边涌了进来。原来家丁们也循着灯光急急赶来。大家见到伍子胥稳坐在屋中，这才长长

双雄会聚

地松了口气。

家丁的到来也化解了伍子胥的尴尬。

“孙先生，那我们就叨扰了。”

此刻已近深夜，大家都饥肠辘辘，家丁们一阵忙乱，将猎获的野兔和野鸭收拾停当，借着屋外的炉灶烹制。孙武也在茅屋前自种的菜园中采摘新鲜菜蔬，汲取几罐清泉，又从床下搬出几坛清酒。茅屋后的竹林中有青石桌椅，正好可以点起松明围坐长谈。

伍子胥和孙武心照不宣，不再谈及出山之事。两人惺惺相惜，对弈谈兵，促膝而坐，畅饮至晨曦初露。

二人依依惜别。

伍子胥赶往吴宫，向阖闾力荐孙武。

“孙氏家族多名将良卿，接连五代在朝为官，辅佐齐国兴盛。孙武聪慧过人，深谙文韬武略，十几岁与司马穰苴力克劲敌，令燕、晋五万虎狼之师望风而逃。此人周游列国，洞察历代兴衰，观万物机变，现在游历来到吴国，见到吴国初兴，如春起之苗，深感在吴国大有作为，于是长期隐居罗浮山。孙武所著兵法集古今谋略之大成，暗藏鬼神之妙、天地之玄。如今来到吴地，实乃天降英才于大王。若得此奇人奇书，定可使吴国攻无不克，战无不胜！”

众人皆有惊异之色。这时阖闾的胞弟夫概按捺不住，满是讥讽地说：“既然有这样的神仙，伍大人何不把他请到殿前，我们一起瞻仰供奉一下如何？”

对于夫概的顶撞和讥诮，伍子胥微皱眉头，他看了看阖闾。

阖闾面露喜色，同时也半信半疑。

“这样的才俊岂能埋没？伍大人领我旨意，前去罗浮山请孙先生出山。”

孙武依然谢绝。

“我深知吴王颇有进取之心，但大王请我出山是为解一时之急，还是真心用我?”

“吴国初兴，大王素有重图霸业之志。大王广纳天下英才，仰慕先生已久，故派我拜请先生出山。”

“为何不屈驾亲临，反而让伍先生代劳?”

伍子胥怏怏而归，回复说孙武一心修缮兵书不愿出仕。

其实孙武还需要观望。倘若阖闾只为搜罗人才而不知人善任，自己处处受掣难以施展，如鲲鹏剪翼，如猛虎进笼，况且进身易而退身难，轻率应下之后难保全身而退。

但若是让阖闾亲自上山拜请，伍子胥暂时还是无法直言。

阖闾求贤若渴，但倘若亲临拜请也心存顾虑。自己是堂堂国君，若孙武是将相之才，自己亲自上山拜请尚算礼贤下士；若孙武只是空有虚名之徒，自己如此兴师动众岂不令天下人耻笑?一个古老而又复杂的先有鸡还是先有蛋的问题摆在眼前。

第二章

子胥搭桥　阖闾初识《十三篇》

伍子胥苦苦思索。

又过几日，伍子胥前往罗浮山拜见孙武，这次对邀请出山之事只字不提，只谈兵书，细细研读孙武的兵法。

下山之后，伍子胥凭记忆将孙武兵法的前两章誊抄在竹简上进献阖闾。

阖闾细读，不禁击节而叹。

“绝妙之极，书中既有兵法又有兵道，若我军将士深谙此道，即可运筹帷幄决胜千里！不过伍大人，此篇似乎言犹未尽。”

“大王，孙武所著兵法十三篇，此篇仅为开端，尚未深及精髓之处。”

一旁的夫概摇了摇头，他勇猛善战，但重勇武轻谋略，对孙武的“小儿把戏”嗤之以鼻。

伍子胥视而不见，他关注的是阖闾的反应。

正如他所预料的。读完前两章兵法之后，阖闾暗自佩服孙武，一直思谋伍子胥所言“精髓”之处，遂萌生亲自上山之意。

但让他真正下决心要即刻动身的是随后接连发生的三件事。

第一件事是阖闾得知吴、楚关口的楚军守卫被楚昭王下令诛杀。原因很简单，玩忽职守，擅自放孙武过关入吴。

阖闾深感羞愧，连年轻的楚昭王都如此深谋远虑，如此器重孙武。孙武已在吴地隐居，自己却因为顾忌颜面不肯拜请，气量如此狭小，还奢谈什么重振霸业。

紧接着是第二件事。伍子胥从山民口中得知，近来有多名越人乔扮成樵夫，在罗浮山上出没，窥探孙武的茅屋，形迹甚是可疑。阖闾听完伍子胥的禀报，暗自思忖，难道越国也风闻孙武隐居于吴国，企图邀请孙武入越？越王允常本来就有文仲和范蠡辅佐，若得到孙武这位奇谋良将，那岂不如虎添翼？本可以成为自己臂膀的孙武，那时将会成为自己最强大的敌手。一想到此，阖闾心头不由得闪过阵阵恐慌。

如果第二件事是让阖闾恐慌的话，第三件事就让他毛骨悚然了。近来南方吴越边界处两国渔民冲突频频，当地官府派人前去调解。不料越国渔民态度强横，一语不合拔刀相向。这些渔民个个武艺高强，轻易将吴国官兵打得节节败退。官府派重兵全力围剿，方才捉住了匪首。严刑拷问之后，渔民招供说他们是越国兵士乔扮，前来刺探吴国虚实，越国正在操练水军，积极备战。当地官府派人到越国刺探，方知越王允常在大夫范蠡的建议下，趁吴国缺乏统兵善战之将，派遣使者到郑、卫两国，三方合谋包围吴国。大夫文仲亲自秘密前往楚国，意欲联楚制吴，其余附属小国也纷纷响应，准备合力将吴国瓜分豆剖，战后都能分得一杯羹。

阖闾感觉自己手无寸铁，而恰恰又被一群饿狼包围。他感觉四周闪着绿幽幽的眼睛，耳边仿佛听到饿狼的牙齿咬得咯咯作响。

颜面事小，亡国事大。

阖闾毅然决然答应上山拜请孙武出山。他命伍子胥引路，率领夫概和太子夫差以及三十名侍卫前往罗浮山。

伍子胥心中暗喜，而夫概极不情愿，一路上脸色阴沉。

山路崎岖蜿蜒，众人攀爬了好几个时辰，才气喘吁吁到了孙武的茅屋小院，却发现柴门紧闭，院中空空荡荡。夫概恨恨地撞倒篱笆，扭断茅屋的门锁，屋内也空无一人。

阖闾面露不悦，沉着脸擦拭汗水。伍子胥也大失所望，暗怪自己没预先联络孙武。众人只得到屋后的竹林中歇息等候。阖闾命人四处打探孙武行踪。

已到中午时分，天气燥热起来，竹林中沉闷压抑。侍卫找来石板放在阖闾面前，将随身携带的美味酒馔摆好，但是烦躁愤懑的阖闾毫无胃口。夫概早已按捺不住，独自一人下山去了。

日薄西山。打探的侍卫陆续返回，没发现孙武的任何行踪，只是听樵夫说孙武已经多日不见了。阖闾眉头微蹙，一来，责怪孙武让他颜面扫地；二来，或许孙武已离开吴国，阖闾担心孙武为他国所用。

阖闾悻悻地命令下山回宫。

临近宫门，突然一个乞丐模样的人冲出来，不顾卫兵强行阻拦，急匆匆赶到伍子胥面前，扑通一声跪倒在地，纳头便拜。

“子胥兄，可否还认得老友？”

伍子胥一惊，下马搀起来人，仔细辨认，此人竟是楚国大将伯郄宛的儿子伯嚭。现在吴、楚局势剑拔弩张，此时伯嚭前来投奔究竟为何？

伯嚭的哭诉将伍子胥的思绪带回了四年前，自己就是在此地苦苦等候，盼望着能入吴借兵，以报费无忌杀害父兄之仇。

阴谋陷害伯郄宛一家让伯嚭家破人亡的，正是残害伍子胥一家的楚国第一佞臣——费无忌。

一年前吴、楚潜邑之战，楚昭王派出左司马沈尹戌和左尹伯郄宛以解潜邑之围。沈尹戌切断了掩余和烛庸的后路，伯郄宛率水军堵住了掩余和烛庸的去路，两路人马把掩余和烛庸死死困住，逼迫两位吴国大将弃兵潜逃。伯郄宛围歼吴军一万余人，全胜而归。楚昭王大喜，对沈尹戌和伯郄宛加官晋爵大加封赏。此举令贪财的囊瓦颇为嫉妒，更令费无忌暗生歹意。费无忌见伯郄宛的地位一步步要超过自己。靠取得国君宠信钻营的费无忌感到自己地位岌岌可危，谋害伯郄宛的恶念像毒蛇一样时时刻刻盘绕在他的心头。

他思谋再三，一个借刀杀人的毒计暗暗滋生。

第三章

伯嚭投吴　阖闾联手孙武子

费无忌借口为伯郄宛庆功，亲自上门拜访并奉上贺礼。伯郄宛设宴款待费无忌。席间，费无忌骗伯郄宛，说大夫囊瓦对伯郄宛的德才仰慕已久，多次提及要与伯郄宛结为好友。伯郄宛是个忠厚之人，信以为真，自然也颇为高兴。费无忌趁机撺掇伯郄宛发请柬，邀请囊瓦来府上赴宴。伯郄宛与囊瓦交往甚少，他知道费无忌和囊瓦交往甚密，向费无忌询问囊瓦喜欢什么口味。费无忌眼看着伯郄宛一步步走进自己的圈套，心中暗自高兴。

“子常大夫对酒馔毫不挑剔，唯独喜欢兵器甲胄。你挑选几件上好甲胄和精良刀剑，酒宴前放在帷帐之后。席间趁酒兴献给子常大夫，一定会宾主皆大欢喜。”

伯郄宛不知是计，听信了费无忌的话，花重金购得两柄龙渊宝剑和两套犀牛铠甲。

囊瓦接到伯郄宛的请柬颇感意外，自己与伯郄宛素无深交，伯郄宛贸然相邀实在令人费解。这时费无忌“及时”地出现了，听说囊瓦收到了伯郄宛的请柬，费无忌假装大惊。

“子常大夫可能要横遭不测啊。”

囊瓦更是不解。

“子常大夫有所不知，伯郄宛有谋逆之心，他蓄谋造反已绝非一日。”

囊瓦大吃一惊，虽然他也嫉妒伯郄宛，但未想到伯郄宛会如此大胆。费无忌伏在囊瓦耳边，神秘地说：“潜邑一战，吴军已被团团围住，全歼吴军简直就是瓮中捉鳖，轻而易举，但为什么掩余和烛庸逃跑了？是伯郄宛故意放走敌方两位主将。吴国当时正值内乱，若乘胜追击，必将一举灭吴，但伯郄宛率兵撤回，放弃了大好时机。”

囊瓦也觉有些道理，不过对宴请还是有些半信半疑。

“难道这次伯郄宛请我赴宴会有不良居心？”

“这就是我为何说子常大夫您要横遭不测。您是楚国主力战将，他若准备谋反，必然要先设计除去主力大将。这次宴请来得确实蹊跷，依我看恐怕暗藏杀机。将军如若不信，我替您先行打探一下，结果即刻便知。”

费无忌出了囊瓦的府邸，找了家偏远的酒肆，让店主备了个清静的雅间。他一边享用着酒家进奉的新鲜果蔬，一边估摸着时间。一个时辰后，费无忌假装从伯郄宛家获得了惊天秘密，匆匆忙忙惊慌而归。

“子常大夫，果不出我所料，果不出我所料，大厅的帷帐后

暗藏刀兵，想必是伯郄宛要在您赴宴之时刺杀您！”

囊瓦大怒，遣派自己的亲信再去暗察。

帷帐后面果然“暗藏”刀兵。

当然是“果然”。

囊瓦暴跳如雷。

“伯郄宛，这个贼子佞臣！阴谋反叛不说，竟敢暗害我！我一定要手刃此贼，方解我心头之恨！”

费无忌假意阻拦。

“子常大夫，此事不宜自行了断。伯郄宛要谋杀您不假，但他与您之前并无私怨，他谋杀您也是为了谋反叛国。如果您自行杀死伯郄宛，必将与伯郄宛一家结下私仇。还是将此事禀报大王，由大王发令处置为好。”

囊瓦压住怒气，让费无忌作为证人，一同面见楚昭王，弹劾伯郄宛阴谋造反，设计暗害朝廷重臣。

楚昭王听信谗言后勃然大怒，令囊瓦率军捉拿伯郄宛。可怜的伯郄宛还在家中等囊瓦赴宴，想亲手奉送宝剑铠甲，没想到囊瓦身披铠甲手持宝剑破门而入，直奔帷帐后搜出兵器。费无忌大为得意，当场宣读王谕，要以谋反之罪将伯郄宛当场斩首。伯郄宛方知中了圈套，大声辩解，囊瓦不听，伯郄宛抽出潜龙剑自刎以示清白。

费无忌趁机大喊：“谋反罪人伯郄宛已经畏罪自杀，将其家人缉拿归案！”

伯郄宛未曾想到自己的死反而落下了口实，被费无忌借机定为谋反之罪。谋反该受大辟之刑，株连九族，囊瓦将伯郄宛家族一百余人全部缉拿押入大牢，又命随从点起熊熊大火，将伯郄宛的住宅连同伯郄宛的尸首化为灰烬。

费无忌趁机借肃清伯郄宛党羽为由继续清除异己，将阳令终、阳完、阳佗、晋陈等贤臣一并斩首。

可怜伯郄宛世代忠良，竟惨遭灭门之祸。

伯嚭恰逢在外地，侥幸逃脱，满含悲愤地投奔伍子胥。

相同的境遇激起了伍子胥的义愤和同情，伍子胥收留下伯嚭，翌日向阖闾力荐伯嚭。

阖闾寻孙武未果，抑郁一夜，早朝时见楚国大将投奔，欣然接收，封伯嚭为大夫。

伯嚭一路逃亡性命难保，现在突然擢升为大夫，不禁感激涕零。伍子胥见阖闾如此任人唯贤，心头也不由得热流滚滚。

唯有夫概在一旁见阖闾屡屡重用客卿，吴国大权交付他人之手，心中不由愤愤不平。

下朝之后伍子胥得到消息，孙武回到罗浮山。伍子胥赶紧亲自前去。

孙武得知阖闾亲自上山拜请之后微笑不语，继续整理散乱的兵书，对于这几天的行踪避而不答。

孙武这几日只身前往铸剑岭拜望了一位旷世奇人，此人正是铸剑名家欧冶子，专诸刺僚所用的鱼肠剑、阖闾随身所佩的磐郢剑和阖闾藏于密室的湛卢剑，皆出自欧冶子之手。当然孙武现在还不便向伍子胥谈起。

第二天，阖闾得到消息后和伍子胥再次上山相邀。

孙武早在茅屋里静静等候。

“孙先生，在山中修缮兵书受累了。”

“孙武一介草民，劳驾大王亲入深山，实不敢当。”

“孙先生乃经天纬地之才，寡人盼先生下山襄助如焦田盼甘霖。”

“我在山中修缮兵书尚未精到，唯恐误人误国。”

“今日之前先生在竹简上练兵，今日之后吴国千里疆场、万名将士我皆愿交与孙先生。”

阖闾目光炯炯，坚定决绝。从阖闾深邃的目光中，孙武仿佛看到竹简上的墨字化作千军万马在奔腾。

孙武转身从案几下捧出一个包袱，郑重地递向阖闾。旁边侍卫伸手去接，阖闾摆手拦下侍卫，亲自将兵书接到怀里。

《兵法十三篇》，阖闾托付了千里江山，孙武托付了毕生心血。

《兵法十三篇》，跨越千里现身吴地，精彩战事开始演绎。

第四章

夫概挑衅　孙武后宫欲演兵

阖闾和孙武一并回宫，为显诚意邀孙武同乘銮驾。为庆贺孙武出山襄助兴业，阖闾当晚大设酒宴邀众臣，并让美姬歌舞助兴，最喜爱的姜妃和皿妃也陪伴在身边。

阖闾在酒宴上对孙武的兵法大加赞赏，封孙武为军师，旁边的夫概更是不满。在他眼中，伍子胥和伯嚭都是亡命之臣，走投无路投奔吴国，但阖闾兴业心切，将重权高位都托付外人之手；孙武充其量是个摇唇鼓舌的江湖术士，还劳驾阖闾两度上山拜请。喝了半天闷酒的夫概越发气恼，趁着酒意转向孙武。

“你的兵法吹得神乎其神，你不会是纸上谈兵吧？大丈夫建功立业要靠金戈铁马、拔城夺寨，不是靠鼓动唇舌、夸夸其谈，更不是靠缩在屋里摇动笔杆。”

“要称霸中原要靠强兵猛将，但不能忽视兵法。将士为军之肢体，兵法为军之魂魄。谈论兵法不顾兵将则是空谈，重兵将而无视兵法，则是逞匹夫之勇。”

“哦？那你认为我是匹夫之勇了？”

夫概猛地站起，“刷” 地抽出腰间的宝剑，剑尖直指孙武。

“你用你的兵法，我用我的匹夫之勇，看看今天到底是谁命丧吴宫？”

众人大惊，鼓乐笙箫乱了音调，众美姬吓得躲到柱后瑟瑟发抖。姜妃和皿妃也吓得抓住了阖闾的袍袖。

“王弟！”阖闾大为不悦，低声喝道:“不得无礼！今天为孙先生接风，众位将相都来助兴，天下精英齐聚于此，是我吴国兴旺之兆。岂能无理取闹，无端招致血光之灾！”

夫概将宝剑恨恨入鞘，愤愤甩袍而坐，端起一斛酒大口灌下，将酒樽重重放在条几上。

“不用刀剑也可以，那如何证明你的兵法胜似刀剑，怎么才能不枉军师之名?”

席下众臣面面相觑，将目光集中在孙武身上。伍子胥正要开口阻拦夫概，孙武摆手止住。

面对夫概的挑衅，孙武毫无惧色。

“这军师之名是大王所封，不是我强要而来，如果大王感觉我不胜任可随时收回。至于如何证明，望大王给我一千人马，我保证在五日内训练出一队精兵强将。”

阖闾点点头。他暗自敬佩孙武的兵法，同时也希望看看孙武如何在校军场演练兵法。

夫概哈哈大笑。

“一千人马？在座的大将哪位不能训兵练将？冲锋陷阵本来就是兵士职责，岂是你的兵法之功?”

孙武也不争执，微笑着看着夫概。

“要练兵也可，但不用营中兵卒，换个方式可否敢应承?”

孙武胸有成竹。

“大人尽管说。”

“用……”

夫概用手一指躲在柱后的美姬。

“能把这些娇弱女子练成冲锋陷阵的勇士，方显出你的兵法的神乎其神。哈哈……”

众人皆惊，继而哈哈大笑。

夫概猛地收住笑容。

“敢吗?”

夫概脸色阴沉下来，显然不像随口戏说。孙武脸上的笑容也凝固了。

“大人，练兵岂能当作为儿戏，还是让孙武带兵上阵，那时一试便知。”

“我看是你怕了。不辨良莠，谁敢将众将士的性命交给你的手中?”

孙武看看阖闾。阖闾也深谙自己胞弟的执拗脾气，知道自己是无法阻拦的。不让夫概心服口服，他绝不会善罢甘休，而且孙武在朝中也难立威望，何谈统领全军。

阖闾点点头。

孙武叹息一声。

“那就依大人所言。不知大人想让孙某用何人在何时何地演练兵法?”

“那就明日吧，在新筑都城的点将台。至于人选……”

夫概看了一眼阖闾。

见孙武答应以美姬演练兵法，阖闾也觉有趣。

“从后宫挑出两百人，明日由孙先生带领即可。”

“谢大王。宫女毕竟不是男卒，发号施令面传口授多有不便，加之我仓促练兵实难做到知己知彼。烦请大王指定一正一副两名队长，此二人需德高位尊，既能以身示范，又可襄助演练。”

“这个容易。”阖闾看了一下左右,“我的两位爱妃可担当此任，所有宫女皆在两人管辖之内。再说，寡人还未见过爱妃一身戎装的妩媚英姿，哈哈……”

两位妃子没想到会选到自己，既吃惊又好奇，整天待在宫中不免厌烦，正好可以到校军场一览新奇之景。听到阖闾说起一身戎装妩媚英姿，更是既好奇又娇羞，红着脸依偎在阖闾身边。

剑拔弩张的气氛缓和下来，众人见此情景也长舒一口气，席间又恢复了轻松。

孙武却正色起来。

“大王，军中无戏言，请大王三思。”

“寡人一言九鼎，岂能拿军中之事作儿戏？不必顾虑，明日演练兵法，全权交于孙先生。”

孙武看了一眼阖闾身边的妃子，低头沉思不语。

阖闾举杯大笑。

“众位爱卿，明日一起随寡人观看孙军师演练女兵。”

孙武微微摇头，欲言又止，似有些懊悔。

夫概和伍子胥都看着孙武。两人的目光碰在一起，像两把利剑在空中相撞，旋即避开，火星飞溅。

一场格斗无声地开始了。

第五章

整肃军纪　孙武忍痛斩美姬

孙武一夜未眠。演练兵法对他来说易如反掌，但没想到竟是演练后宫嫔妃，明日非重药猛剂不可。他开始后悔自己与夫概争执，要是忍让一下也许还有转机。证明自己能力的方式很多，为什么非得将柔弱女子推到斧钺之前呢？

伍子胥一夜未眠。夫概逼迫孙武演练嫔妃，不论是夫概的激将法，还是孙武的自愿，孙武都被推到风口浪尖之上。演练失败，孙武今后在吴国无法施展；演练成功，若伤害到爱妃会激怒阖闾，一怒之下恐怕会祸及孙武。

夫概一夜未眠。他一直为大权旁落忧心忡忡，虽然阖闾不会按兄

弟循制将王位传给他，但传给夫差也是自家江山。明日孙武演练嫔妃会成为一大笑柄，也好让阖闾清醒一下，重视一下自己的胞弟。

翌日。姑苏城外校军场。

二百名宫中佳丽齐聚在点将台下，身披甲胄，持戟举盾，飒爽英姿中透出妖娆妩媚。

阖闾身边众臣簇拥，远远地坐在华丽的伞盖之下，面前摆满珍馐美馔，兴致勃勃地观看满场春色。

孙武站在点将台上，亲自划分队列，姜妃和皿妃各带朱雀、玄武两队。另由两名小校充当执法官，一名小校充当传令官，十名壮汉充当行刑官，众人各持令旗、金鼓和斧钺列队站好。

孙武望了一下校军场，二百名粉黛列队待命，互相好奇地看着，不时有打闹声、嬉笑声传出。

孙武微皱眉头。

“各位在宫内是娇弱佳丽，但在沙场，实同男卒。今日演兵，绝非儿戏。有功必赏，有过必罚。各位可否明白？”

“明白……”

台下的声音稀稀落落，还夹杂着嗤嗤的笑声。

“言不相闻故为金鼓，视不相见故为旌旗。有旗鼓手传达号令，击鼓前进，鸣金后退，令旗一指，随旗而动。号令是否明白？”

台下的声音依然稀稀落落。

“号令既明，设置赏罚。赏有重金，罚有斧钺。”

说完，指向十名壮汉手中冷森森的斧钺。

孙武命两位队长持旗为先导，按五人一伍，十伍一总的队列布成阵势。传令官向两队长传令：第一通鼓，两队齐头并进；第二通鼓，随旗转向；第三通鼓，持剑前刺。

鼓声大作，两队款款前行，不似战场行军，反而更像宫中歌舞婀娜。阖闾抚掌大笑。

第二通鼓，令旗一挥，众人犹疑半天方才转向。有的转错方向撞在一起，你推我搡，笑声又起。

孙武下令重申军规："将令不明，罪在主将。再行传谕军令。"

鼓声再起，场内一片喧闹。

夫概在阖闾身后冷笑着，伍子胥面色阴沉。

只有孙武一脸平静，传令让姜妃和皿妃两位队长重申军令。

场内喧哗依旧。

秋日的正午天气闷热。宫女本来柔弱，披挂着沉重的甲胄和兜鍪早已汗流浃背，索性摘下兜鍪，拄着战戟休息，更有甚者将盾牌丢弃在地，坐在上面闲聊。

在她们看来，这是一场游戏，二百人由一个年轻英俊的将军领着一同玩儿的大型游戏，周围的刀斧手也只是道具而已。

阖闾在场外一边举杯，一边和身边群臣谈笑，夫概在身后得意地笑，众人在身边放松地谈笑，围观的百姓也指指点点低声说笑着。

正午的太阳亮亮地悬着。

笑声，笑声，笑声……

全场没有笑的唯有孙武和他身后的伍子胥。

这场演练眼看就在喧闹中结束，伍子胥的手心开始出汗。他正要转身走向阖闾，请求明日让孙武带领男卒再行演练。

孙武的声音再次响起，穿透了满场喧嚣。

"我已三令五申，但众兵士无视军规。令行不动，治队长之罪！执行官，将两位队长押上台来！"

场内一怔。

姜妃和皿妃在喧闹中似乎听到孙武说到自己，犹疑之后才意识到自己是队长，旋即笑了，远远张望着帷幔下的阖闾，若无其事地继续和身边的人谈笑，姜妃索性将令旗扔到地上。

执行官也犹豫地看着孙武，又望望阖闾。

孙武面色凝重，昨晚担心的事终于要发生了。他目光坚毅地回望执行官，执行官只得走到两妃面前，将其架起缚住。

两妃还认为是游戏。

孙武一声令下："军令申明，士卒不听，罪在队长。为明军

纪，斩!”

一字出口，全场似乎被箭镞突然击中，一片沉寂。

斧钺手还在犹疑，孙武面无表情，岿然不动。阖闾突然醒悟，急命身边的伯嚭。

“快，孙将军演习结束，我已知孙将军之能。拿我仗节，传令孙将军速速释放爱妃!”

伯嚭匆忙赶往点将台，一路疾呼：“孙将军，暂且住手。主公已知将军演兵之能，速放二妃!”

孙武正色。

“将在外君命有所不受，”略一停顿，“今日演兵早已三令五申，兵者，关乎社稷存亡，绝非儿戏。”

“孙将军可否通融一下，这次权当博取大家一乐，以后再论实战。”

孙武的声音突然提高。

“不知伯大夫是否听过烽火戏诸侯的故事？周幽王如何亡国？大王不想重蹈覆辙吧？”

伍子胥敏锐地感到，风把最后一句话真真切切地送到阖闾耳中。

“大王救我，救我!”冷森森的斧钺下，两位妃子满脸的热汗瞬间变得冰凉。

“斩!”

阖闾猛地站起，还未及开口，就见远处亮亮地一闪，随即两股热血喷溅而出。

场内外一片惊呼，随即一阵恐怖的寂静。

校军场仿佛瞬间空旷起来。

正午的太阳依然亮亮地悬着。

鲜血在干涸的土地上蜿蜒着，很快就渗进泥土中。

静得连泥土吸吮鲜血的“嗞嗞”声都真真切切地传进耳中。

阖闾痛叫一声，拂袖而去。

伍子胥扼腕顿足，正要转身追去，孙武一把拉住他的战袍。

瞬间的痛惜重新笼上一层坚毅。

场内的宫女不寒而栗。孙武缓声重申军规，任命朱雀、玄武两队的排头继任队长，继续演习阵法。

没有了嬉笑，没有了喧闹，没有了懒散。

前进，后退，左突，右击。一切中规中矩。

队列已成，继练步法，再练阵法。

伍子胥在一旁心绪开始急躁，思谋如何替孙武向阖闾解释，孙武心无旁骛地教练阵法，似乎什么都没发生过。

日薄西山。

阵法初成。战鼓擂响，如盛夏之炸雷愈来愈急。

伍子胥回过神来，顺着孙武指引方向看去，不由暗暗叫好。

场内阵法大变，披坚执锐的宫女妩媚中透出决绝和刚毅，英武气势倍加。随着鼓声轻重缓急和令旗指向而变化阵势，无论谁靠近旋即被裹挟其中，一旦闯入阵中，就有落入漩涡般的绝望和眩晕，无论如何应对都觉杆杆利戈从四面八方刺来。满眼是刀剑，满眼是近得能清晰地感觉到呼吸的敌手和她们仇恨的目光。眼前已不分男卒女兵，有的只是死亡的步步紧逼。

伍子胥蓦地明白了。“这就是九天玄女阵？”

孙武点头，有的将士究其一生也只能在传说中感知到。

伍子胥佩服之余还在担心怒气冲冲离去的阖闾。

阖闾连銮驾也不坐，大踏步走向吴宫。众人跟也不是，留也不是。

阖闾走出数步才发现酒樽还在手中，恨恨地摔到地上。就在自己眼前，心爱的姜妃和皿妃与自己阴阳两隔。

他现在唯一的念头就是“杀死孙武，为爱妃报仇”。

他心如刀绞但无处发作，孙武是自己拜请的，演兵是自己同意的，爱妃是自己举荐的。

为什么昨晚埋下祸根？酒意作祟还是自己也想考验孙武？

阖闾抽出腰间的磐郢剑狠狠砍向道旁一棵古树。

他眼前浮现出爱妃的一颦一笑，爱妃的笑声犹在耳边。

笑？他突然想起听到孙武说的最后一句话，“烽火戏诸侯”。阖闾不禁心头一凉。

周幽王为求爱妃一笑而点燃烽火戏弄诸侯，失信于诸侯而落得国破家亡。

难道孙武最后一句话是说给我听的？难道孙武昨晚的忧郁是爱妃之死的前兆？为何我没有看出？

他狂乱的心渐渐平静下来，他挥挥手让众人退去，倚在古树上陷入沉思。

许久，许久。

他起身走向校军场，众人在身后小心翼翼地跟着。日光渐渐暗下来，偌大的校军场幽静而空旷，宫女都散去，远远地两个人影一前一后走到二妃面前，前面的是孙武。

孙武深深弯腰，真诚地躬身下拜。许久，孙武起身。

泪流满面。

第六章

进献兵法　蓄势待发谋伐楚

翌日，阖闾端坐在王座之上，他知道几十双眼睛在盯着他。他压抑住心中汹涌的波涛，正式封孙武为上将军，主持伐楚抗越大计。

几十双眼睛瞪大了。

夫概在一旁仍然有些愤愤。虽然二妃被斩由他挑起现在感到气短，但他依然皱眉说道：“校军场上抗令不遵，诛杀二妃，该治

何罪？”

阖闾正色喝道：“校军场上没有二妃，只有军卒！”

孙武心中涌过一阵热流——阖闾将国家大计全托给了自己。

散朝之后，阖闾单独约见夫概。还未等阖闾开口，夫概就直言抢问：“吴国人多地广，朝野一心，正呈兴盛之势。伍子胥和伯嚭皆为楚国亡命之臣，为泄私愤而投吴，孙武也为躲避齐国内乱而入吴，他们未必真心为大王出力。如此重用他们，难道不怕天下人耻笑我吴国之人都是酒囊饭袋？”

阖闾语重心长地说：“我并非耳塞目闭，也听到朝中多有议论，以为伍大夫和孙将军身居朝中要职，国中大权尽付他人之手。此言差矣。”

夫概不解地看着阖闾。

“吴国原为沼泽之地，偏远小国。先祖高瞻远瞩，借力兴国。一代名相屈巫臣原为楚国亡臣，先祖明辨其治国之才，委以重任。屈巫臣忠贞不贰，竭诚事吴，以车战之法增我国力，后又游说群舒、诸越等附属国，劝服他们脱离楚国投靠吴国。四方精英皆来投吴，实乃兴盛之兆。只要对国家有利，何必计较主客之分？众臣如不解寡人之意，你需为之劝导，不可轻信流言，扰乱朝政。”

夫概点头。

“我也是为兴吴大业。只是觉得他人毕竟不如自家人忠诚可信。”

“王弟应放开度量，忠奸岂是由亲疏所定？父子、兄弟也会自相……”

阖闾突然语塞，皱眉沉默许久。

“但能忠君为国，不管内外，一视同仁。”

孙武果然不负众望。

除了《兵法十三篇》，孙武又接连进谏：“伐谋”——制定伐楚抗越的长久谋略和短期计划；“伐交”——安抚附属小国，结交强国，试探动向；“伐兵”——整顿军制，大兴水师和车战。

孙武事必躬亲，伍子胥也一一亲临。

伍子胥感觉到吴国大军日益精锐，如一支利箭瞄准楚国，蓄势待发。

而此时的楚国也发生了大变化，最重要的一个变化是伍子胥和伯嚭最想看到但也是最不愿看到的，那就是——费无忌死了。

费无忌最擅长借刀杀人，而杀死费无忌的人恰恰是他刚刚用过的刀——囊瓦。

囊瓦在费无忌的蛊惑下怒气冲冲领旨捉拿伯郄宛，伯郄宛自刎以示清白，全家也遭灭门之灾。囊瓦自以为捉拿了叛臣，扬扬自得。数日之后的一个夜晚，囊瓦酒后登上花园里的凉阁，习习的凉风把阵阵歌声送入耳中。一开始囊瓦并不在意，以为哪家酒楼夜宴歌舞，忽觉歌声悲凉满含怨恨，侧耳细听，清晰可辨。

“莫学伯大夫，忠而受诛，身已死，骨无存；楚国无君，唯费与鄢；令尹木偶，为人作茧；天若有知，报应立显！”

囊瓦大惊，继而大怒——歌中的令尹就是他自己。

众随从立即下楼搜寻，结果惊奇地发现几乎家家户户都供奉神位，香火延绵不断。询问供奉的神位是谁，百姓理直气壮答道：“是伯大夫，楚国最大的忠臣。我们盼着上天显灵，惩治恶人，为伯大夫申冤。”

歌声夜夜如此。

囊瓦开始怀疑自己当初遭受蒙蔽，遍访朝臣，公子申说：“伯郄宛等人世代忠贞，并无通吴之事。”

囊瓦渐生悔意。

沈尹戍更是直言相告：“费无忌自恃大王的恩宠，和鄢将师狼狈为奸。教唆先王夺媳为妃，罗织罪名陷害太子建，排除异己冤杀伍奢父子。如今又借你之手残害左尹伯郄宛，殃及阳、晋两家。百姓对这两人恨之入骨。如今祸及令尹，对你的咒骂声已经遍及全国。”

囊瓦大怒，披挂甲胄，持剑带兵——这次是冲向费无忌和鄢将师的府邸。

费无忌一生借刀杀人，终于死在刀下。

鄢将师一生狐假虎威，终于命丧虎口。

囊瓦杀死费无忌之后，取代费无忌获得了楚昭王的进一步宠信，加之位居令尹，成为众卿之首。囊瓦不仅取代了费无忌的宠信，而且继承了费无忌的奸诈和狂妄。沈尹戌和申包胥见状也只能暗自叹息。

这次朝臣更迭发生在风雨飘摇的郢都，但孙武在千里之外敏锐地觉察到了，他如同一只潜伏在茂密草丛中的猛虎，捕捉着微风掠过带来的气息。

吴国正处于楚越联盟的威胁之下，阖闾目前所焦虑的是楚、越联手之后吴国腹背受敌。

囊瓦在沈尹戌和申包胥眼里是楚国的大蛀虫，朝廷支柱开始朽烂，大厦将倾，但在孙武眼里这是个千载难逢的好机会。

他想到了自己详尽考察的鸡父之战。

吴、楚为争霸江淮连年纷战，楚国率七国联军与吴国在楚地的鸡父展开会战。吴军出其不意，选择兵家所忌讳的“晦日”果断出击，又利用离间之计诱敌深入，楚联军惨遭伏击。败退之时，原令尹阳匄病亡，囊瓦继任，为挽救颓势派人到越国借兵。但越王允常见吴国风头渐劲而楚国已成败势，迟迟按兵不动。结果楚国大败。从此楚国开始对越国渐生间隙，以囊瓦最为明显，对越国的见死不救怀恨在心。

这小小的间隙让孙武不失时机地捕捉到了。

不出几日，吴国向越国派出使臣。越王允常对于吴国使臣的到来颇有些莫名其妙，但不能慢待。盛情款待之后，吴国使臣在驿馆休息玩乐，却迟迟不提前来何事，也不递交照会文书。越国大夫文仲奉命前来询问，使臣答复前来问候越王。第二日，吴国使臣辞别回国。

没过几日吴国又派出一批使臣前往越国。同样，只是问候拜望。

使臣身份特殊，不能质问，更不能拘禁。

如此三番。

又过几日，吴国传言纷纷，说越国也派使臣到吴国，企图挑拨吴、楚再起战事。又传言说阖闾一怒之下将使臣斩杀，曝尸街头。

果然，几名越人横尸闹市。

只有孙武和阖闾知道，这几个越国“使臣”是几个月前在吴、越边界寻衅被囚禁的越国兵士。

流言纷起，越国秘密结交楚国，又暗地结交吴国，挑拨吴、楚纷争，吴、楚之战中不论哪方获胜，越国都会坐收渔翁之利。

楚昭王见越国背信弃义，怒气冲天。越王允常听到后大呼冤枉，匆忙派出文仲和范蠡前往楚国辨明真相。文仲极力辩解吴国使臣是不请自到，未递交照会，只是问候越王，这一切与越国毫无干系，也绝无吴、越关系亲密之事。

通使多为礼尚往来，吴、越多年不通使，突然在吴、楚剑拔弩张之际有所来往，有些反常。

通使多为一年一次，而此时不出半月就有三批“使臣”，也有些反常。

通使必是问政、贡赋、军备交接等国之大事，而频频来人只为问候，更是反常。

通使必留下交接文书和双方照会，而三番五次空空而来、空空而归，最是反常。

“使臣”一系列的反常连巧舌如簧的文仲也难以辨明。

孙武的迷魂阵不仅让文仲晕头转向，连楚昭王也迷失其中。

楚昭王对于越国的流言将信将疑，召见囊瓦问计。

这次问得很巧。

囊瓦首先想起了鸡父之战中越国袖手旁观，他至今余怒未

消，这次听说越国事情败露前来辩解，未加思索就给越王下了定论——“两面三刀”。

楚昭王想想不妥，又召见沈尹戌和申包胥。

沈尹戌也不敢贸然下结论，虽然明知是吴国之计，但也无法担保越国的清白，万一以后越国真的背信弃义，岂不是作茧自缚？

沈尹戌望望申包胥，说道：“还是静观其变吧，至于楚、越结盟一事再议为妙。”

文仲也只得悻悻而归。

楚、越结盟包抄吴国的计划被孙武轻巧地化解于无形之中。不过阖闾还是不敢掉以轻心，他还有更重要的任务——操练兵马和水军。

第七章

孙武夜访　干将莫邪齐助吴

这副重担显然也落在孙武的肩上。

孙武没有让阖闾失望。

他首先提出“藏兵于民”——百姓人家五家为一轨，十轨为一里，四里为一连，十连为一乡，各出一人为统领，专职督导训练。冬春季节行田猎，平日田间劳作，战时数万之兵一呼云集。

战车改制也在同时进行。北方战车常用铜木，驷马驰骋，凶悍威猛。南方战车多用皮革，轻巧灵活，梅雨之季不受损毁。孙武命各打造千乘，编队列阵。

水军之制也独具特色。孙武设计出庞大稳健的辎重船“赑屃”，坚固凶悍的战舰“睚眦”，负责瞭望和指挥的瞭望舰“蒲牢”，刺探敌情的侦察舰“嘲风”，穿插救援的“游蛟”，还操练战时纵火的“狻猊”，皆以龙之子命名，组合编队。

从训练的兵士中，分别挑选出骁勇善战的“虎”卒，力大勇猛的“熊”卒，善于长途奔袭的“狼”卒，善于短途冲刺的“鹿”卒，善于攀援的“猿”卒，隐蔽狙击、一击毙命的“隼”卒。

虎狼之师开始操练。现在，孙武发愁的是这些虎狼缺少“爪牙”。

孙武在营帐中端坐在案几前，静静地端详手中的东西——半支雕翎箭。

这是一支在吴、越之战遗址挖掘到的残箭，竹杆雕翎已朽掉，但箭镞仍无半点残损，虽毫无光泽但却是隐隐透出冰冷的气息。箭镞从箭杆相接处呈弧形向前弯出，黝黑的锋芒向箭头聚集，似乎聚于远处无形的一点，令人不寒而栗。这支箭锋刃内敛却可伴随呼啸如影子般从空中掠过，将一个鲜活的生命止于瞬间。

这种毫不张扬的杀气让孙武想起了一把剑——鱼肠剑，而这把剑又让他想起了一个人——欧冶子。

一年前的记忆开始激活。

“老兄，该出山了。”孙武暗自说。

翌日，孙武独自一人在烈日下默然前行，直奔剑炉山。

欧冶子的大门紧闭。孙武坐在门外的石头上等待。

剑炉山夜雾笼罩，欧冶子仍然未归。

孙武颇有些失望，正待起身，突然发现西南的山坡上有红光隐隐透出，叮叮当当的敲击声穿过夜雾，清晰入耳。莫非欧冶子在打造兵刃？

孙武疾步前往西南的山坡。

一个红炉在嘶嘶作响，猩红的火苗映出两个剪影。

一个高大威猛，一个娇小利落。高大的身影高高举起大锤重重落下，娇小的身影灵巧地翻动铁砧上的剑坯，让每一记重击都落在合适的位置上。

几十，几百，几千……敲击声终于停下。高大的剪影放下大锤，倾倒红炉里的铜液；娇小的剪影依了过去，拿起麻巾给他擦汗。

鲜红的铜液喷薄而出，顺着沟槽如赤练蛇游进型模。

炉火和火红的铜液映着两个人的疲惫而又微笑的面庞，一个是坚毅的，一个是娇美的。

一个是干将，欧冶子的爱徒；一个是莫邪，欧冶子的爱女。

欧冶子外出采集冶炼的金石已经多日，只留下干将和莫邪在家锻造宝剑。

炉火熊熊一夜未熄，三人一夜未眠，长谈至红日薄发。

孙武领着干将、莫邪入宫觐见阖闾，举荐二人主管吴国的锻造冶炼。

阖闾大喜。

“欧冶子所铸鱼肠剑、磐郢剑和湛卢剑皆为世间珍宝，皆为寡人所有，而今老人家的爱徒、爱女也来助我，大吴兴盛在即。”

随即传令，由干将、莫邪协助孙武选址锻造兵器。干将问：“不知大王让小民锻造何种兵器？”

阖闾令人到武库中去取各种武备到殿前来让干将挑选。

差人匆匆而去，不到一炷香时分，又慌慌而来。

“大王，不好了，武库中兵刃全部废弃了。”

“什么？怎么回事？”

“全部兵器都残破不堪，我仔细查验，每件兵器都有啃噬痕迹，被什么东西咬坏了。”

阖闾大怒。

“荒唐！武库守长如此玩忽职守，立斩无赦！”

正在此时，武库守长跌跌撞撞赶来，俯首重叩。

“大王，冤枉啊。今日凌晨我还亲自查验，一切完好，也绝无他人潜入。兵器被吃一事我也是刚刚得知。小人守库三十年从未见过如此怪事啊!”

“那武库中还有什么异常?”阖闾追问。

“武库中空无一人，只是抓住了两只怪兽，貌似野兔，奇大无比，一黑一白。”

朝中一片惊异。

这时干将开口了。

“大王，草民知道此种怪兽。”

“哦，说给寡人听听。”

“恩师欧冶子曾经告诉草民，山中有山神冶炼主司，常令鬼卒化身野兔，寻觅天下铁石，吸山川瑞气，聚天地神威，常常潜入武库，吞噬铁器化为精英，集于胆肾之中。若能得到此怪兽胆肾之石铸成宝剑，可助有德明君成就霸业!”

“有这等怪异之事?”

“大王可以派人擒来野兔，剖开兔腹，当堂验证!”

守库兵卒抬来怪兽，众人大开眼界。怪兽状如野兔，体大如斗，毛发倒竖;双目炯炯，如电光火石，摄人心魄;爪坚牙利，牙齿格格作响，令人胆寒。

兵卒壮着胆子剖开兔腹，果见黑白双兔体内各有两枚拳头大小的卵形神石，相撞锵锵有声。

阖闾大喜，天降铸剑名师又巧得神石，欣然命干将、莫邪取石冶炼铸剑。

冶炼场选址在天目山余脉，树木葱葱，恰可伐木烧炭，泉水清冽，恰可淬火磨剑。

童男童女身心清纯，最得冶炼之神喜爱，阖闾命伍子胥亲选三百童男童女鼓囊添炭。干将、莫邪搭造拜祭神龛，筑建红炉，二人将神石敬奉之后，恭恭敬敬放入亲手所筑名为“莫干”的红炉之中。干将将薪炭填满炉灶，取出赤堇山巅之燧石，敲击之下，火星如急雨溅落，薪炭青烟袅袅升起。

干将、莫邪亲手鼓囊添炭。

天目山九排八十一座红炉同时喷火开炼。

半月之后，五千柄利剑相继出炉。“莫干”炉中神石颜色未变。

一个月过去，五千杆利戈出炉。“莫干”炉内依然毫无动静。

三个月过去了，神石依然静静地躺着。

干将、莫邪已筋疲力尽，三百童男童女也满面灰尘，神情低落。

夜色降临，徒弟们端来饭菜，两人毫无心思。干将让童男童女退下休息，他倚在炉前的大树下，无力地看着炉内的火苗渐渐暗淡下去。莫邪依偎在他的身边，看着他多日紧皱的眉头，汗水在脸上冲出道道沟痕，心里重重地刺了一下，暗暗叹了一声。

“我们会炼成的。”莫邪幽幽地说。

干将转过头，看了看同样疲惫的莫邪。莫邪避开干将的目光低下头，身体却靠得更近了。

干将用力把莫邪揽入怀中，劳累让他垂下了眼睛。

恍惚中，莫邪的幽幽眼神在他眼前晃动，如此爱恋，如此幽怨，如此决绝……

决绝……决绝！

干将猛觉怀中空荡寒冷，一睁眼，莫邪已不在身边。

她在炉边，踏上炉边的石墩，正探身攀上高大的红炉。莫邪凄然回首，夜风袭来，清泪滑落。

红炉中红光映现，莫邪宛如仙女飘然下落。

毁身投炉？

“不，不——”干将大叫着急冲过去，一把拽住莫邪，紧紧抱在怀里。

莫邪伏在干将胸前。

“为了你不再忧愁，为了你成为真正的剑师，我宁愿毁身。”

干将哽咽无语。

飘逸的长发从干将指间滑落。

长发？

身体发肤受之父母，同样珍贵，何不一试？

一束秀发投入炉中，一阵烟雾升腾，神石颜色渐变。

二人大喜，唤起三百童男童女，一起剪下头发、指甲投入炉中。

烟雾腾起，如乌云在红炉上空萦绕。干将、莫邪急急鼓动风囊，童男童女纷纷添薪加炭。

突然夜风吹过，隆隆有声，一道利闪从天劈下。

红炉内烈焰腾空，神石顿化，化作汩汩热流，急急奔涌，如缚捆的蛟龙挣断铁链，携风带雾呼啸奔出，冲入型模之中。

一阵青雾散去，现出一对青色的宝剑。

一雄一雌，雄者命名为“干将”，雌者命名为“莫邪”。刚能斩金削玉，柔能拂钟无声。

传世之剑终于面世，他和她的出现让这个清冷之夜如此温暖。

第八章

孙武带兵　小试牛刀伐钟吾

翌日，干将、莫邪进宫复命，献上刀剑戈戟各一万件，另呈上宝剑“莫邪”。

二人留下了“干将”——他们不是不忠心事吴，只是新剑初成剑师被杀的例子太多太多了。莫邪已有五个月的身孕，为保全骨血，暗暗留下“干将”以便传承。二人攀上天目山脉西侧的无名山巅，将“干将”藏在一棵千年古松之下。“干将”、“莫邪”

不会分离，如果吴王英明睿智，二人生命和他们的骨血得以保全，“干将”自会飞入吴宫与“莫邪”合而为一；如果二人不幸罹难，“莫邪”将飞出吴宫寻找“干将”。

阖闾见神剑炼成，欣然接过。此剑放于掌中娇小柔弱，有温润纤细之感，不禁怀疑。

“这就是斩金断玉的利刃？”

“大王可以一试。”

阖闾迈步走出殿外，旁侧有一尊虎丘石。

“这个可否？”

“可以。”

阖闾举剑劈下，巨石应声断为两半。阖闾大喜，连连赞叹。

干将深揖。

“大王责令冶铸刀剑戈戟之事草民业已完成，请大王恩准草民与莫邪回家。”

“好剑。干剑师能否铸出更加犀利之剑？”

“如有好材质，草民愿为一试。”

“哦，”阖闾话锋一转，“铸剑岭离越国不远了吧？”

干将、莫邪心里同时一沉。

“是的，大王。”

“听说名剑出世，如以剑师之血试剑，力增百倍。干将，可有此事？”

干将暗叹一声：“大王，我听说有此事。”说完心一横，“如真能力增百倍，草民愿以身试剑。只是此剑是草民一人所铸，与莫邪无关。”

莫邪正要开口，干将紧紧抓住她的手暗示她别动。

众人大惊，孙武抢先站出。

“大王，杀进谏者，谁敢进谏？杀献剑者，谁敢献剑？大王可曾记得微臣讲过的庚舆亡国和虞堪剑的事吧？”

阖闾还在思忖，手中原本温润的剑突然杀气凛凛、寒气森森，寒气顺掌心沁入心脾。阖闾暗惊。

“孙将军，我怎能不知啊，我是与干剑师开个玩笑而已。千军易得，一将难求，千工易得，一匠亦难求，何况是天下难求之剑师。干将、莫邪，寡人封你们为吴国冶造总监，继续辅助寡人完成兴吴大业。”

阖闾赏赐干将、莫邪三百金、三百匹帛，命令他们继续在天目山督造利器，充实武备。

阖闾不忘楚、越之患，召集众将卿商讨抗楚大计。

“掩余和烛庸逃亡徐国和钟吾，至今对寡人怀恨在心，已成我肘腋之患。”

孙武言道：“非但如此，钟吾和徐国虽为楚之附属小国，但深入吴国疆界，犹如楚之耳目，如若不除，久之必成吴之大患。”

“那孙将军有何计划？”

“大王授臣以军中要职，委以伐楚重任，但臣至今尚无战功。我愿亲率人马攻下两国。”

“吴国所有兵力孙将军可以任意挑选。”

“臣只需两千人马，五日之内毕其功于一役。”

夫概在一旁不以为然。

“你如此贤能为何不早除去二国？”

“楚国比作长蛇，徐国和钟吾即为长蛇之舌信。轻易讨伐会激怒楚国，现在时机成熟，宜速战速决。”

“徐国和钟吾远在数百里之外，虽为弹丸之地但民风彪悍，骁勇善战，岂能如此夸下海口？”

“我对两国早已研讨透彻，知己知彼方能百战不殆。夫概将军若不信可随我一战。”

“好，我倒要领教一下。”

当日下午，孙武亲点两千兵士，带领夫概和副将裴基北上讨伐钟吾。钟吾确为弹丸之地，国小兵弱，本在强楚羽翼之下残存，如今见到楚国未动，吴国却抢先一步汹汹而来，国君知道顽抗到底无异于以卵击石，只得开门献城，烛庸趁吴军尚未围城匆匆缒城而逃。吴军迅即移师伐徐。

大军在城外十里处扎下营盘，埋锅造饭开始休整。孙武在帐中细细摆弄沙盘，少顷收起沙盘，带领夫概和裴基前往高地勘察。

徐国虽小，但地处淮、泗之间，湖河交错，地形复杂。国君章羽风闻吴国讨伐，早已准备好滚木礌石，且城高池深、河汉纵横，吴军无法展开。

副将裴基有些焦虑，唯有夫概和孙武反而气定神闲。夫概的悠闲颇有些袖手旁观的意味，孙武的悠闲是成竹在胸。

裴基问："兵士靠近城池都颇费力气，夫概将军有何攻城良策啊？"

夫概瞥了一眼裴基，颇有讥诮地向孙武努努嘴。

孙武并不理会夫概。

"裴将军，我军确实难以靠近，但攻下徐国根本不用靠近它。"

裴基有些惊异，连夫概也转过头来。

"这里河汉密如蛛网，又似一张布阵图。我们现在是登高远望，请裴将军细看，方能看到徐国的生门和死门。"

裴基登高眺望，恍然大悟。

"徐国防守依靠河汉，可是也会毁于河水啊。孙将军真是神算。"

接下来的事情就很容易了。一千吴国兵士放下戈戟，搬动石块，砍伐树木，在徐国都城以南将淮水、泗水截断。五百兵士动用镐耒开渠挖沟，将其他支流改道入淮水和泗水。

裴基这才注意到，孙武亲点的兵士里，有一多半是力大无穷的"熊"队兵士，不禁暗暗佩服孙武的知己知彼。

不出半日，河水陡涨，城外一片汪洋，城内大水漫灌，水深三尺，百姓叫苦连天。

国君章羽急令徐国兵士一手戈戟、一手镐耒，出城挖渠排水。

别忘了，孙武一共带出两千人，还有五百兵士没出现。在哪里呢？

徐国兵士刚刚出城就知道了，那五百人是吴军“隼”队的兵士。五百劲弩齐发，一批批的利箭呼啸而至，徐国兵士手中的戈戟和镐耒显然无法抵挡。兵士们丢下数十具尸首狼狈逃回城中。

徐国都城一日前还是座“城池”，现在更恰当的称呼应该是“池塘”。

第二日，城门已被淹没半截，楚国的援军遥遥无期。河水一寸一寸上涨，兵士的士气一寸一寸下滑。

章羽眼见自己的徐国要成为“泽国”，自己这位“章羽”也要成为“章鱼”，只得收拾细软，在亲信的拼死保护下，伙同掩余和烛庸缒城划船而逃。

城内一片大乱，只得登上城墙，频摇降旗。

孙武下令掘开堤坝，蓄积的河水奔涌而泄。城内积水慢慢退去。守军举城而降。

钟吾和徐国归顺吴国，楚国的两只耳目现在成了吴国的前哨。

孙武下令回师，夫概赶忙止住。

“我们的任务是捉住烛庸和掩余，现在两人逃跑，为何不乘胜追击？如今班师回朝，岂不是纵虎归山？”

“夫概将军，要想捉住两人易如反掌，二人如今自身难保无暇他顾。我既未围城也未追击，就是有意放走他们，他们别无去处，只能和章羽逃亡楚国。我们可以用他们做试探楚国的诱饵。”

夫概似懂非懂，但也暗自开始信服孙武的用兵之道。

回到吴都，孙武详细地向阖闾上奏了伐楚大计。

讨伐二国是孙武有意打草惊蛇，是孙武伐楚的第一步：扰楚。楚国防卫多在西部，有重兵把守，而东部多依赖诸如钟吾和徐国等附属之国。孙武移师攻打钟吾和徐国，实际并非捉拿掩余

和烛庸，而是试探楚国虚实，他早就料到章羽会领着掩余和烛庸逃往楚国。

他现在需要知道的是楚国的反应。

不出孙武所料，章羽三人确实匆忙逃往楚国。

楚昭王见掩余和烛庸前来投奔，想起二人曾和楚军的潜邑之战，询问左尹子西和囊瓦如何处置二人，囊瓦建议楚昭王收留二人，于是，楚昭王“不计前嫌”收留下掩余和烛庸。

吴、楚的形势发生了戏剧性变化：楚国大将伍子胥和伯嚭投奔吴国，吴国的国亲逃往楚国。

不过伍子胥和伯嚭在吴国受到重用，身居要职，而掩余和烛庸就没那么幸运了，虽然二人也是将帅之才。楚昭王听信左尹子西的建议，将二人安置于边境的养邑，如果吴军来犯，二人必拼死而战，即使败亡也是吴国王室兄弟自相残杀。

二人成了楚国抵抗吴国的盾牌，不过二人还是感激楚国给了他们保命的盾牌，能暂时苟延残喘。得知是囊瓦建议楚昭王收留自己，二人更是对囊瓦感恩戴德。

第九章

贪横骄奢　唐蔡进贡种祸根

其实不是囊瓦如何的宽宏大量，而是他当时心情颇佳。

他心情好是因为得到了盼望了三年的三件宝贝。

一件是狐裘，另一件是玉佩，还有一件是良驹“骕骦”。

狐裘是集千只银狐腋下之绒而成，轻若鸿羽，穿之夜卧雪中仍温暖如春；玉佩夜含荧光，色如凝脂，冬日温润，夏日凉爽。

囊瓦对玉佩爱不释手，而最朝思暮想的是骕骦，鹤颈龙首，鹿蹄虎目，疾驰如电，马蹄之声刚刚入耳，骕骦已如影掠过。

这三件宝贝可是来之不易。

三年前，楚国的附属小国唐、蔡两国前来进贡。唐成公和蔡昭侯都备下了最珍爱的宝物。唐成公骑着一匹骕骦而来，给楚昭王献上另一匹骕骦。而蔡昭侯身披狐裘、腰悬玉佩而来，给楚昭王献上另一件狐裘和另一只玉佩。

真不知二人如此进贡是为表明诚意还是为了招摇卖弄。

得到宝物后，楚昭王自然龙颜大悦，特设酒宴款待二人。

当然少不了囊瓦作陪。

酒宴还未开始，蔡昭侯就觉得莫名其妙的不舒服，但怎么也找不出原因。到了席间才发现，原来有一双贪婪的眼睛一直没离开自己身上的狐裘和玉佩。他环顾了一下，正好看到那双眼睛，赤裸裸地透出贪婪和阴鸷，如无底的黑洞和无尽的漩涡要将自己吞噬。

那双眼睛便是囊瓦的。

蔡昭侯打了一个冷战，后悔自己如此招摇地赴宴，他感觉到自己的灾难开始了。

蔡昭侯心生悔意，一时疏忽忘了楚昭王的宠臣囊瓦也是个贪婪之人，临行之时应该给他备一份礼物。但是蔡昭侯舍不得将狐裘和玉佩送给囊瓦，他一边应对酒令，一边思忖明年来时该为囊瓦备何种礼物。

酒酣耳热之时，囊瓦眼中的贪婪化作攫取的凶光，蔡昭侯顿觉眼前的美食味如嚼蜡，他开始考虑将送礼之事提前，明日即刻派人回国取来礼物。

囊瓦索性端着酒爵踉踉跄跄地走向蔡昭侯。面对囊瓦的“敬酒”，蔡昭侯匆忙站起举爵反敬。囊瓦敬酒之意不在酒，一手端着酒爵，另一只手抚摸着蔡昭侯身上的狐裘。

蔡昭侯身着狐裘此时却浑身发冷，恨不得马上结束酒宴回国

取来礼物敬上。

“蔡侯，我酒后发冷，能否借用一下暖和片刻啊?”

这就是赤裸裸的强要了。

蔡昭侯无奈，只得脱下狐裘“借”给囊瓦，囊瓦披上后哈哈大笑，又盯着蔡昭侯腰间的玉佩。

无奈，蔡昭侯把玉佩“借”给他把玩片刻。

囊瓦举起酒爵，蔡昭侯只得苦笑着喝下这杯比“罚酒”还难喝的“敬酒”。

囊瓦心满意足回到自己座位，开怀畅饮。

片刻之后又片刻。蔡昭侯苦着脸看看楚昭王，期望楚昭王能帮他要回狐裘和玉佩。

楚昭王兀自和周围的大臣谈笑风生，根本没注意到蔡昭侯的尴尬。其实注意到又怎样？在他心里，囊瓦和蔡昭侯孰轻孰重?

蔡昭侯备受屈辱，强撑到酒席将散，赔着笑脸向囊瓦要回狐裘。

“令尹大人，我要回驿馆休息，外面天冷，令尹能否可怜一下小人，让我披上裘衣暂避风寒?”

囊瓦见蔡昭侯当众索要，顿时恼怒，扭头不理。蔡昭侯再次低声恳求，囊瓦兀自转身往外就走。

门外蔡国将军鉴见主公受辱，按捺不住，挺身拦在囊瓦面前。

囊瓦大怒，拔剑指向将军鉴，将军鉴也将手按在腰间的剑柄之上。

这时楚昭王喝住二人，让囊瓦还回狐裘。

囊瓦愤愤地脱下狐裘扔在地上，扬长而去。

将军鉴帮蔡昭侯弯腰捡起狐裘，抬头看到蔡昭侯强忍悲愤的眼泪。

回到驿馆，蔡昭侯又想起囊瓦的忌恨和楚昭王的面露不悦，盼望天亮后赶紧回国补一份厚礼送来。

可惜，他没机会了。

翌日天还未亮，囊瓦已派人包围了驿馆，连蔡昭侯和唐成公一并囚禁起来，理由很简单：有谋反之相。

倒霉的唐成公是因为那匹骕骦。

积压在心中的怒火让二人也强硬起来，虽然国小兵弱，但二人终究是一国之君，一心臣服于楚国，年年进贡，税赋分文不少，可在楚国身同草芥，任人屈辱。

羁押了一整天，太阳偏西之时，囊瓦派人传过话来，交出狐裘和骕骦，即可由他向楚昭王求情免去罪名。

二人坚决不从，囊瓦坚决不放。双方开始僵持，这一僵持就是三年。

三年的磨难，三年的屈辱。

三年内，唐、蔡两国国君被囚，群龙无首，国内大乱。唐国大夫公孙哲冒死前去探望，规劝唐成公暂时退让，献出骕骦回国理政。唐成公仍然坚决不从。公孙哲无奈，假传唐成公的口谕，命随从牵出骕骦，亲自牵马前去拜见囊瓦，以唐成公的名义献于囊瓦。囊瓦见宝物到手又见唐成公屈服，心情大悦。

“这个老匹夫又倔又硬，白白吃三年苦头。若是早如此明智，何苦被囚禁三年，我也能早日骑上宝马。”

囊瓦下令释放唐成公。

公孙哲回到驿馆，跪在阶下负荆请罪。唐成公知道真相后，念及公孙哲为国事着想，长叹一声作罢。

此时的蔡昭侯听说此事，也顾虑国内政事，在将军鉴的规劝下，半推半就献出狐裘。因为酒宴上与囊瓦的冲突，他被囊瓦再一次羞辱讥诮之后，才得以离开楚国。

蔡昭侯在将军鉴的护卫下离开楚国抵达汉水。望着滔滔江水，想起三年的屈辱，蔡昭侯拔出鉴腰间的宝剑，在江边断指盟誓：“楚国君昏臣佞，从此与楚国一刀两断。举兵伐楚，不诛囊瓦，誓不为人！”

然而蔡国充其量是楚国的羽翼，与楚国抗衡无异于以卵击石。蔡昭侯想到了楚国的对头晋国，于是亲自去晋国借兵。

很不幸，他首先遇到的是晋国大夫荀寅。原楚国太子建和伍子胥逃亡之时向晋国借兵，太子建遇到荀寅后一时受到蛊惑，叛离收留自己的郑国，结果被郑定公杀死。而这次蔡昭侯也险些丧命。

第十章

扰楚疲楚　舒鸠为吴引楚军

荀寅是个贪婪之辈，张口就向蔡昭侯索要出兵的酬劳，其贪婪程度不亚于囊瓦，蔡昭侯只得回国搜罗宝物进献荀寅，但荀寅欲壑难平，连连索要。蔡昭侯与荀寅的谈判僵持了半年之久，最后蔡昭侯懊恼而归。

虽借兵未果，但毕竟回到故土，蔡昭侯重理朝政，整日郁郁寡欢。

不过现在郁郁寡欢的还有一人，那就是楚昭王。他的郁郁寡欢是因为吴、楚边境频频混乱不堪。

近一年来，吴国总是袭扰楚国东部边境，迫使楚国西部大军长途驰援东部疆界，等大军赶到，吴军迅速撤退。大军出行，日耗千金，楚军只得驻扎下来。但东部为楚国藩篱之国，多是沼泽密林，国小民穷，给养不足，不宜驻扎。楚军刚要开拔，吴军又至；楚军刚要出击，吴军后撤。

这是孙武献出的伐楚第二步：疲楚。

“疲楚”的计谋来源于考察古战场时的一次经历。

孙武那次考察时，天色已晚，忽听到林中虎啸声声。孙武赶紧抽出宝剑，隐身于古树之后。暮色中一头斑斓猛虎追逐一只豺狗，豺狗身小体弱，但机巧灵活。正在前扑之时，猛虎身侧林中窜出另一只豺狗，猛虎一怔，前面的豺狗趁机逃脱，身侧的豺狗趁猛虎回身不及之际，猛地跳到虎的身后狠咬一口，猛虎大怒，转身追赶。原先的豺狗回身在虎的身后偷袭，这时林中又窜出三只豺狗，从侧面袭击。五只豺狗在虎的周围四面袭扰，猛虎此时首尾难顾，疲于应对。猛虎捕食依赖猛力而不擅长久，不到一炷香时分，纷扬的尘土中猛虎已筋疲力尽，吼声嘶哑，身上多处咬伤鲜血淋漓。最终，猛虎体力不支，伏地不起，豺狗一拥而上，撕扯皮毛的声音、噬咬骨肉的声音和虎的悲吼哀鸣喧嚣回荡，惊得飞鸟久久不敢入林。

孙武看得惊心动魄，一头庞大的猛虎被几只小豺狗轮番袭扰，很快就哀哀毙命。

此时的戍边吴军也正如灵巧的豺狗，分成多股虚与周旋，轮番在边境处袭扰楚军，楚军疲于应对，不得片刻安宁。

时间一久，兵士们怨声载道，厌战之声日高。藩篱之国既要征兵参战，又要供应楚军给养，久而久之国力空虚，引得民怨沸腾，渐起离异之心。

此时伍子胥不失时机地派出被离到处游说，暗中策反楚国的藩篱国。

桐国不堪楚国的欺辱而生出投吴之意，被离前去游说时，惊奇地发现桐国大夫竟是谷乙。吴王阖闾还是公子光的时候。谷乙是他的追随者，也因此得罪了新登基的吴王僚。谷乙逃亡数月来到了桐国，而他的家眷险些遭受灭门之灾。多亏了行歌和小鱼儿，大部分家眷都逃了出来。如今阖闾准备伐楚，谷乙自然支持。桐国首先叛楚投吴。桐国的邻居是舒鸠国。

舒鸠国，一段非常久远的回忆，但是在孙武的记忆中，这个名字从未湮灭，反而如大浪淘沙，愈发清晰起来。

孙武亲自去了一趟舒鸠国，见到了老朋友舒鸠国国君，缅怀了永远停留在十六岁的舒鸠国公主。孙武对国君说：“大王，还记得我发誓为公主报仇吗？”

“孙将军，我当然记得。当时你是齐国的孙先生，现在是吴国的孙将军了。”

“现在为公主报仇的时机到了。”

依照孙武的安排，舒鸠国国君来到了郢都，面见楚昭王举报桐国反叛，并“献计”引路迂回讨伐桐国。

囊瓦一听桐国叛乱，想即刻出兵剿灭桐国。这时沈尹戌上奏：“久战之后必有厌战之心，实属正常。吴国袭扰我军已久，意图以逸待劳，我方应静观其变，不宜贸然出兵。”

左尹子西也进谏：“楚、晋之战时，晋国曾多次袭扰我军，趁我军疲乏出战。吴国的孙武和伍子胥诡计多端，还请大王三思而后行，以免重蹈覆辙。”

舒鸠国国君见此，按照孙武所教的话上奏：“桐国背信弃义，大伤楚国国威，如若不除，难令其他藩篱之国信服。桐国虽小，其叛离之害不可小看。蚁穴虽小，如不及时堵塞，也会引得千里长堤溃塌。若其他藩国步其后尘，东夷之地难免为吴国所用。”

楚昭王细一思虑，若东部藩篱小国皆叛楚投吴，楚国门户旋即洞开，郢都暴露在吴国的戈戟弓箭之下，想到此不禁心生寒意。

楚昭王即刻下令：囊瓦担任主将，子期担任副将，率两万水军沿江突袭吴军；公子繁率一万陆军，由舒鸠国国君引路，大举讨伐桐国，战后与囊瓦会合，一路挺进吴都。沈尹戌还要申辩，楚昭王说：“沈司马带兵驻守郢都，我们静候囊令尹的佳音。”

沈尹戌还要开口，楚昭王面露不悦拂袖退朝。

囊瓦率大军沿江东进，行至大别山以东江淮之间的豫章附近，忽闻前哨来报，前面发现吴国战舰。囊瓦心里一惊，此处怎有吴国舟师？难道突袭吴国的消息泄露了？

他猜对了——公子繁如果细心的话，会发现舒鸠国国君的随从少了两名，二人早已把楚国行军计划快马飞报给孙武。

囊瓦很快镇静下来。

“我方数百舟楫，两万将士，还惧怕区区几十艘战船？列船对阵！”

囊瓦和子期登上瞭望塔楼，只见五里之外的江面上樯桅林立，旌旗猎猎。战船之上吴军持戈列队而战，隐隐的战鼓声透过薄薄的江雾传来。

囊瓦正要下令攻击，子期止住。

“现在形势不明不可贸然攻击，吴军早有防范，我军长途跋涉立足未稳，先静观而后动。”

一个时辰过去，两个时辰过去。对面吴军似乎也在观望，鼓声咚咚但仍不发兵。

天色渐暗，囊瓦再也按捺不住，下令进攻。

楚军战船顺流疾驰，刹那间冲进吴军战船之间。楚军士兵呐喊着跳上吴军战船。

站在瞭望塔楼的子期突然大叫：“我们中计了！”

的的确确是中计了。

囊瓦率先跳上吴军战船，却发现吴军呆站着不动，原来都是身着军服的稻草人。帐幕后摆满战鼓，每只鼓上悬着一只山羊，拼命挣扎后腿乱蹬，羊蹄如鼓槌般击打鼓面，咚咚作响。

子期大喊：“囊将军，赶紧撤回！”

囊瓦慌忙指挥楚军兵士撤回楚军的战船。

晚了。

江边芦苇丛中暗藏数艘“狻猊”，专事纵火。一声呼哨，数百支裹着麻布饱蘸油料的火箭如飞蝗般射出，落在吴军战船的稻草人上，而船舱里也满载棉麻油料，一时间烈焰升腾。第二批火箭随之而来，悉数落在楚军战船之上。囊瓦急令楚军摇船驶离，但发现吴船和楚船的锚都在水下被系在一起。

原来“狻猊”上的渔人早早潜入水中，趁楚船靠近吴船之时在水下迅速系住双方的定锚，甚至将缆绳也系在一起。一批批火箭射来。船连船，船锁船，楚军动弹不得。“狻猊”发射了近万支火箭，然后点燃岸边的芦苇，迅速撤离。

浓烟滚滚，烈焰腾腾。在浓烟火光的映衬下，囊瓦两眼充血，面目狰狞，疯狂地挥舞长戟指挥扑火。数名兵士面容焦黑，在火舌的逼迫下连连后退，囊瓦恨恨地举戟砍杀。

船只木料烧焦的爆裂声，烧伤兵士凄厉的喊叫声，嘈杂的怒骂声交织在一起。

浓烟混杂着血肉烧焦的气味在低空聚集盘旋，像层层的阴云笼罩了数十里的江面，正午的天空顿时暗淡下来。

眼见“狻猊”扬长而去，囊瓦无计可施，两眼暴突大叫一声，一口鲜血喷涌而出，一头栽倒。

正在指挥救火的子期见大势已去，命令兵士弃船逃生。

兵士们从江中逃到岸边，如落汤鸡一样狼狈不堪。江中仍然火势未消。楚军只有不足十艘战船强行挣脱，幸免于难，载着满船的残兵败将，艰难地逆流向楚国驶去。

一路上不时遭到吴军岸边“隼”兵的伏击，楚军也无可奈何，只能仓皇奔命。

临近郢都，清醒过来的囊瓦羞愧难当，无颜面见楚昭王。子期突然醒悟。

“吴军以空舟诱我，公子繁必定也中埋伏。我们得速去救公子！”

的确。

舒鸠国国君带领公子繁迂回“伐桐”，路越走越窄，公子繁心中起疑，舒鸠国国君说:“我们不宜与吴军正面遭遇，迂回伐桐需走此路。”

走至一片峡谷之中，两边危岩耸立，立壁如切。公子繁忽觉异常，急令楚军走出山谷，但此时楚军已疲惫不堪，打算就地休息，顺便寻找几眼山泉解渴。

正当公子繁进退两难之际，忽然发觉舒鸠国国君不见了踪影。公子繁心头一惊，猛喊“撤出山谷!”

如同听到他的发令一样，天空隆隆声顿起，猛抬头，悬崖上巨石和粗木滚落，将山谷两端出口堵塞。巨石继续砸下，楚军争相逃命，相互践踏，吴兵趁机掩杀。

这次战斗的将领是年轻的专毅——专诸的儿子。

专毅将公子繁俘虏，押解至军中。

远在五十里之遥的巢邑是公子繁带兵驻守的楚国重镇。

日落时分，一队人马来到巢邑关前，守卫的楚军早已发现，高声询问。人马在城外远远停住，一个小校前来应答:“是公子伐桐凯旋，速开城门迎接公子。”

楚军守卫亮起火把细看，远远的战车上公子繁昂首站立，两边两名将士护卫，后面大军也是楚军旗号。

吊桥吱吱呀呀放下，城外兵士迅即入城，突然向城内楚军大举冲杀。

守兵这才发现公子繁是被捆在战车之上，被两边的将士劫持，口中塞着麻布团，乔装的吴军挟持公子繁强令楚军投降。

巢邑不战自破。

以同样方式，专毅率吴军挟持公子繁又连下四座城池，直到子期和囊瓦率楚军前来救援。

楚国短短十天就损兵折将万余人，连失五座要塞，最令楚昭王恼火的是公子繁做了吴国的俘虏。

阖闾大喜，眼见楚国连遭重击，意图乘胜追击一举攻到郢都。伍子胥更是急于攻进郢都一雪父兄大仇。孙武见态势扩大，赶紧止住伍子胥。

“出师大利依赖长期扰楚之功，以及藩国的鼎力相助和楚国的轻敌骄奢，此种战术近期再用无效。目前楚国仍有大军二十万、战车千乘、舟楫千艘，实力远在我军之上。况且现在囊瓦残部犹有困兽之斗，与之硬拼胜负难料。即使勉强获胜，结局也是焦地千里、民不聊生。当前楚国遭受重击暂时不敢主动挑战，我们趁此机会养精蓄锐以备再战。”

伍子胥虽报仇心切但识大体，细细思虑之后点头赞同，反过来和孙武一起规劝阖闾。

阖闾点头应允，加紧国内民生的武备。

豫章之战后，吴、楚之间相互虎视眈眈，但皆不主动出击，虽杀气激荡但表面如湖水般平静。

这种酝酿杀机的平静持续了将近两年。

两年后一个夏日的凌晨，这种平静被一声孩童的啼哭打破了。

第四卷

第一章

蔡侯求吴　吴楚大战揭帷幕

天刚蒙蒙亮。吴宫外。

一位战将身着血染的战袍，骑着满身是血的战马，怀抱一个孩童冲到吴宫门前。战马跃蹄悲鸣，栽倒在地，力竭而亡。马上之人摔落马下，一时神志恍惚，怀中五岁的孩童哇哇大哭。

马上之人正是蔡国将军鉴，怀里的孩子是蔡昭侯的亲生儿子太子乾。

一年前，蔡昭侯前往晋国借兵，遇到大夫荀寅无休止地索要贿赂，蔡昭侯借兵不成，无奈之下返回蔡国。不料，荀寅因蔡昭侯进贡不多而记恨在心，四处传扬蔡昭侯蓄意谋反。

事情传到囊瓦耳中。囊瓦因兵败大失颜面，骄横之气有所收敛，近来回想往事懊恼不已，忽然风闻蔡昭侯借兵伐楚，矛头直指向自己，不由勃然大怒，不顾子西和子期的劝阻，亲自率兵围攻蔡国都城。

蔡昭侯眼见蔡国即将倾覆，细数诸国，只有吴国国力日盛，

堪与楚国抗衡，决定投吴借兵，遂命将军鉴深夜杀出重围，飞马入吴，为表诚意，将太子乾作为人质交于吴国。

阖闾将太子乾安顿在后宫，召见将军鉴。将军鉴元气尚未恢复，跪倒在宫外，泣不成声。

“我随国君在楚地饱受凌辱三年，如今蔡侯归国不足三年，不幸招致兵乱，眼见生灵涂炭，求大王发兵救蔡，拯救黎民百姓于水火之中。”

阖闾安慰将军鉴，将他安置在驿馆调养，随后召集群臣商议救蔡一事。

孙武说：“楚国东部防卫依赖藩篱，现已有八个小国叛楚投吴。久闻楚国视藩篱之国如草芥，今若能挽救蔡国黎民免遭涂炭，定能动摇其他藩国附楚之心。”

“孙将军打算遣派多少将士救蔡？”

“三万精兵。”

“囊瓦只带一万人马围攻蔡国，我们为何倾尽如此多的兵力？”

众人惊异，以多胜少、驱羊攻虎不是孙武的战术。

“这三万精兵并非解救蔡国。”

“孙将军不解救蔡国？”

“囊瓦只是泄私愤发兵，并无长久之计。我们出兵挺进楚地，他自然从蔡国撤兵回防，蔡国之围不战自解。”

“那这三万精锐派往何地？”

“郢都。”

一语惊四座。

孙武胸有成竹。

“大王，近两年微臣一直派人游说楚国附属国，十之八九皆已暗地叛楚。楚国现在羽翼俱失，藩篱顿开，此等良机千载难逢，我们可一举直捣郢都。”

旁边伍子胥的心突然狂跳起来。

“莫非……莫非孙将军准备大举伐楚?”

“对，时机已经成熟。”

多年来，孙武一直观望、一直力谏休养生息，这次突然主动力谏出兵，连阖闾和伍子胥也未想到。如果豫章之战展示了孙武的“诡”，这次出兵展示的是他的“奇”,“奇”得连吴国人在出兵前的一刹那才知道。

更“奇”的在后面，孙武从袖中抽出一张路线图展在阖闾面前，从吴国各个关口抵达郢都的水、旱路线一目了然。

三条主路，五条辅路，犬牙交错就有了数十种选择。

阖闾将线路图挂于殿堂屏风之上，众臣激动地围拢过来，各抒己见。

虽早已过了退朝时分，但众人舌战正酣。

当宫女换上第三批蜡烛时，确定了三条进攻路线。

阖闾宣布退朝。伍子胥深夜来到驿馆，见将军鉴元气恢复，命随从牵来一匹快马，将军鉴策马直奔唐国。

唐成公早就得知蔡国陷入楚国包围，正在担心下一个目标就是自己。突然接到吴王阖闾的亲笔书信，得知吴国兴兵伐楚救蔡，唐成公分外高兴，连夜回信，表示愿出动全国两万精兵助吴伐楚。

唐军与吴军在淮水西岸会师。吴军主帅孙武，上将军伍子胥，大将伯嚭、夫概，副将夫差、裴基和专毅。

堂堂三万舟师，五百艘战舰摆满江面，樯桅林立。离吴军尚有数里，已觉得杀气森森。

阖闾亲自在江边供奉牺牲，祭拜江神，祈求伐楚成功，以图霸业。二十几代的兴国之梦成为现实还是一场噩梦?中原逐鹿，胜败在此一举。吴军将士高举牛角长号，对天而鸣。岸边一排牛皮巨鼓，阖闾亲自歃血衅鼓，高举鼓槌，重重击下，十名鼓手随即击鼓催战。号声低沉悠长，鼓声震撼心魄，连桅杆都在瑟瑟抖动，帆影处的飞鸟惊得胆破肝裂，哀鸣坠落。

孙武抽出虞堪剑，挥剑砍断第一艘战舰的缆绳。

“出发！”

吴、楚生死决战正式开始。

吴、唐大军沿淮水溯流而上，舟楫绵延数里，浩浩西行。

孙武选择淮水而没有选择大江是经过深思熟虑的。大江是楚国防守重地，吴、唐大军如果沿大江逆流而上，肯定会遭遇楚军的强力阻击。而淮水偏远，由楚国藩篱之国设防，如今他们早已谋划叛楚投吴，对吴、唐大军过境视而不见，吴、唐大军西行如入无人之境，进军神速。

孙武站在船头迎风而立，这支承载着吴国先辈数百年梦想的舰队已接近吴、楚边境。

大军行至淮汭，孙武突然下令，命大军弃舟登岸，众人惊异。

孙武道：“我军逆水行舟，将士虽尽全力但抵达郢都尚需四日，楚军必有警觉，若沿途截击，我军立足未稳将会丧失地利；若布好阵势，我方以三万之众对阵二十万楚军无异于羊入虎口。兵贵神速，趁郢都未有防范，我军沿岸乘轻车突袭，可毕其功于一役。”

“吴兵步行前往，何谈神速？”

孙武微微一笑，令吴军打开辎重船“赑屃”的船舱，八百乘革质轻型战车和二百乘重型青铜木质战车赫然而出。

这是出发前三条路线之外的第四条，孙武再次展示了战术之“奇”。

八百辆轻车迅速上岸，辚辚西行，三千“鹿”部兵士快速跟随，二百辆重车隆隆跟进。

孙武猜得没错，吴军入境不久，楚军得到情报，飞马报告给囊瓦和郢都的楚昭王。

囊瓦的反应孙武猜得也没错，忽闻吴军从自己的身边趁虚而入，深感防卫失职，加之前两次惨败，唯恐楚昭王怪罪，赶紧丢下辎重，率领围城的楚军急急回防，解救郢都之急。

蔡国之围不解自消。

留守在唐国的将军鉴眼见蔡国解围，策马飞奔入城，将孙武的密信交给蔡昭侯。蔡昭侯看完，不禁佩服孙武的神机妙算，依计亲率两万陆军沿淮水南岸向西挺进。

蔡军成为伐楚大军的后翼部队。

吴军入境的消息传到郢都之时，吴军离郢都仅百里之遥。朝中一片哗然，楚昭王赶紧召集群臣商讨救国之策，惊慌得声音发颤——虽说是一国之君，但他毕竟只有十五岁。

大将子期和左尹子西都安慰这位年少国君，他们都是楚昭王的王室兄长。楚昭王渐渐平静下来。

细细一想，楚国尚有将士将近二十万，而吴军只有三万，加之唐、蔡军士三万，不足楚军三之一。楚国文臣武将也有百员，王室内文有子西，武有子期，更有大夫申包胥、大将薳射、左司马沈尹戌等世代忠良。

沈尹戌虽多次受囊瓦的排挤，很少受到楚昭王的重用，这次国难当头，临危请缨。

沈尹戌应对吴军突袭的办法是“率然”之法。

率然是山中之蛇，居于树上，如遇突袭，落地可断为数节，瞬时可以复原。击打蛇头而蛇尾突袭敌人，击打蛇尾则蛇头攻击，击打身体则蛇头、蛇尾全部出动，令敌人防不胜防。

沈尹戌将十万楚军精兵分成蛇头、蛇身和蛇尾三队，分别由自己、薳射和子期率领，选定飞马谍报穿插联络。沈尹戌不愧是将帅之才，他的“率然”战术后来被孙武补充在《兵法十三篇》的第九篇里。

沈尹戌率军顺小路疾驰直抵汉水。

孙武第一次遇到了如此强劲的对手。这个对手以前不是不强大，而是因为令尹囊瓦的存在。孙武在“疲楚”、“扰楚”的同时还一直“误楚”，将吴军中消息“外泄”，说吴国惧怕囊瓦而不怕子期和沈尹戌，以致年幼的楚昭王更加宠信囊瓦，无视沈尹戌的才能，囊瓦愈加蛮横骄奢。这次囊瓦不在楚昭王身边，沈尹戌才有机会崭露头角——这个机会来得多少有些荒唐。

荒唐归荒唐，吴军突袭郢都的计划被打破了。沈尹戌率两万精兵将吴军阻截于汉水北岸，据守汉水天堑，保卫郢都。

孙武倒吸一口凉气，隐隐感到了对手的心机和强悍。

孙武站在北岸遥望，见楚军就地扎营，动作神速，营盘背山面水，营房井然交错，不禁暗暗赞叹。正巧沈尹戌也在高处观望地形，见吴军帅旗之上的“孙”字，也不禁倒吸一口凉气。囊瓦的豫章之败让沈尹戌暗自佩服孙武。

没想到今日会面了，相距仅一江之隔。

伍子胥现在颇为焦虑。吴军大部队弃舟于淮汭，目前战车和“鹿”卒据守北岸，无船渡河。

远远地，沈尹戌见吴军战车云集而无舟楫，军校回复:“吴军为求速进，弃舟于淮汭，乘车而来。”沈尹戌面露微笑，一个绝妙的计划迅速闪现。

在沈尹戌笑容浮现的时候，对岸的孙武忽然脸色阴沉，因为他猜到了对手要做什么。

第二章

争抢首功　囊瓦贪心遭痛击

孙武担心的事发生了。

沈尹戌敏锐地意识到吴军的一个小小的纰漏，吴军的舟楫在淮汭留守，既是吴军先锋大军的后继，也是吴军的退路。目前吴军主力在汉水东岸驻扎，后防必然空虚。

兵贵神速。

沈尹戌派出谍报告知“蛇身”子期驰援汉水西岸，紧接着命楚军赶紧埋锅造饭整装待命。

沈尹戌站在帐中焦躁地踱来踱去，走出营帐登高眺望，远远的一队人马迤逦而来，一面火红色的旌旗迎风招展。

是囊瓦。

楚人崇尚红色，以火为图腾，祖先是火神祝融。囊瓦更是崇尚，身披绛红战袍，旌旗也是火红色的。

沈尹戌见是囊瓦，微微皱了皱眉头。

沈尹戌叮嘱囊瓦在西岸驻扎。“现在吴军舟楫皆无，无法渡江，令尹只需在此坚守即可，不可贸然出击。我带一队人马顺小路绕到淮汭，烧毁淮汭的吴船，再据守大隧、直辕、冥厄三处关隘，彻底切断吴军后路。等我成功之后，令尹即刻率大军强行渡江，我们前后夹击，全歼吴军。”

沈尹戌命自己所带楚军留下辎重，急速赶往淮汭。

吴军在淮汭处只留守一千兵士，确实无力抵挡数万楚军的突袭。

沈尹戌的战术缜密有效，但不幸的是，他的对手是孙武。

孙武早有预料，一看形势已变，连派三位谍报持虎符从三条路线飞马入蔡。

沈尹戌临行之时反复嘱咐囊瓦静待消息，绝不可贸然出击，并且将囊瓦的旌旗收起，仍然在营中悬挂自己的“沈”字大旗。

囊瓦紧皱眉头答应下来。

沈尹戌走后，囊瓦在营中巡视，盯着高高在上的“沈”字旌旗，左看右看。“难道我堂堂令尹吃一次败仗就要受你欺辱？在此静守也罢，竖子之旗还在此招摇！”抽出宝剑愤愤砍去，旗杆立断，大旗坠地。

囊瓦命人升起火红的“囊”字旗。

对岸的孙武看到将旗已换，得知是囊瓦驻扎，与伍子胥对视一笑。

囊瓦在帐中闷闷不乐，忽然有兵士来报。

“吴军后撤！”

囊瓦哈哈大笑：“看来吴军确实不怕沈尹戌而怕我囊瓦，大旗一升，吴军立退！”

不知是怕囊瓦，还是怕沈尹戌偷袭淮汭，吴军匆匆而退，后撤十里。

囊瓦按捺不住，想趁势渡河追赶，但想起沈尹戌临行之前的反复嘱托，又无奈地回到帐中。

后撤的孙武毫不着急。

“囊瓦不仅贪心，而且贪功，骄奢之人身边肯定有一批阿谀之人，我们静观即可。”

果然，囊瓦的副将武城黑见囊瓦焦灼不安，进入帐中劝慰。

“大人不必理会，那沈尹戌反复劝诫只是虚张声势罢了。如今朝中沈尹戌的风头正劲，现在又趁大人不在朝中试图揽权。他不让我们出击是怕我们抢得头功，若切断吴军后路就是首功，再和我们前后夹击又能抢得战功。我们只能作为他的陪衬，破吴之功则让他一人占尽。”

“我看他也是卑劣小人。”

“大人近来出师接连失利，若这次再抢不到头功，在朝中的地位恐怕……”

“对，”先锋史皇按捺不住，也在一旁撺掇，“吴军孤军突进，必然首尾难顾，现在已经仓皇后退，我们可以趁势一举击溃。等沈尹戌烧完吴船，我们胜局已定，那么头功自然是我们的了。”

其实武城黑和史皇也是抢功心切，不过也说得囊瓦热血沸腾。

“好，渡江出兵！”

武城黑率领五千楚兵渡河，沿吴军退路杀奔而去。

吴军退到小别山的山麓，扎下营盘，整装待命。

孙武早已安排妥当，得知五千楚军冲杀而来，微微一笑，转向夫概。

“夫概将军，该你出手了。”

夫概领兵本来雄心勃勃，不料一路总是迂回，无仗可打，驻扎汉水又后退十里，正憋闷不堪。夫概听到孙武下令，虽然心里不情愿被孙武指挥，但一听可以出击，不由得摩拳擦掌。

孙武继续嘱咐。

“此战是为打掉楚军锐气，宜速战速决，切勿拖延。”

话未说完，夫概已经自己拿起令箭，急匆匆点兵而去。

夫概亲点自己率领的三千名“熊”卒。这些兵士个个力大无穷，手持栎木大棒，身背砍刀，凶狠威猛，嗜战成性。

楚军本以为追击的是溃逃的残兵败将，不料山后杀出一队凶神恶煞般的吴兵，个个如黑铁塔般漫山遍野风卷而来，一时间脚下的地皮都微微颤抖。“熊”卒不由分说，抡起檩条般的栎木劈头盖脸一通乱砸。楚军措手不及，手中的戈戟相比栎木大棒仿佛成了孩童手中的玩具。一时间楚军鬼哭狼嚎，骨断肢折，不得不仓皇而逃。

史皇连连大喊鼓气，喊到声音嘶哑了，也止不住溃逃之势。这时忽听脑后一阵风声，吴军的大棒迎头砸来，史皇赶紧横举战戟用力外磕,“喤啷”一声巨响，战戟被砸弯、脱手震飞。史皇惊出一身冷汗，拍马狼狈逃命。

史皇领着残存的先头部队大败而归，这时囊瓦率军已经渡过汉水在东岸扎营。

史皇羞愧复命。

囊瓦又遭迎头痛击，只得暂时在汉水东岸待命。

孙武主动示弱，诱楚出击，一举成功。

吴军也不追赶，仍然驻守小别山。史皇心有不甘，深夜派人刺探吴军军情。

吴军对楚军的暗探早有察觉，但视而不见。孙武将夫概请进大帐，当场在功劳簿上记下首功，然后微笑着说：“夫概将军，还有一事需要你去做。”

“又要攻打哪里？孙将军直言便是。”

孙武摇摇头，从帷幕后拿出一个包裹，恭恭敬敬地置于案几之上。

“请夫概将军打开一看。”

“什么东西啊，这么啰嗦。”夫概有些不耐烦，打开一看，不禁大惊。

是阖闾的王袍，雍容华贵。

“请夫概将军穿上一试。”

“什么？”夫概不禁后退一步。“孙将军，你开什么玩笑！这是谋反之罪！”

“夫概将军不要动怒，这是临行之时我禀告大王特意带来为你准备的。”

夫概莫名其妙，惊异地瞪着孙武。孙武笑了。

“如若楚军看到大王随军巡视，他们能抵抗得住出兵擒拿的诱惑吗？大王坐镇吴都，可夫概将军您和大王是同胞兄弟啊。”

夫概恍然大悟。

穿上王袍之后，夫概寻到一面铜镜细细打量。镜中夫概同样仪表堂堂，一副君临天下的威仪。夫概看着镜中熟悉而又陌生的自己——夫概？阖闾？将军？君王？突然觉得这王袍是为自己裁剪的。

也许明天就要脱下来重新换上战袍，而这身王袍将被再一次敬奉起来。

突然一个念头从纷乱的思绪中跳了出来，如此清晰，如此焦灼，好像蛰伏多年的什么东西突然复苏。

夫概猛地颤抖了一下，他从镜中自己的眼睛里看到了一丝邪恶。

他赶紧收回思绪。

当日傍晚，楚军看到“阖闾”在众多将官的陪同下在吴军营中巡视。

囊瓦激动得有些发抖。“擒贼擒王，如我们今晚偷袭吴营，活捉阖闾，吴军不攻自破，灭吴只在今夕！”

夜色渐暗，一弯残月在厚厚的云层中时隐时现，凉风吹过，抖落了几颗寒星。

吴营中灯火依旧，数名巡逻的游哨影影幢幢。

史皇和武城黑各率一路人马从左、右两翼包抄而至，囊瓦则从正面悄悄逼近吴营。火把亮光一闪，喊杀声四起，楚军狂潮般杀进吴营。

空无一人。

囊瓦大惊。

“中计了，撤！”

又晚了。

第三章

囊瓦逃亡　尹戌舍身挡吴军

号角齐鸣。孙武、夫概、裴基和专毅各领一队人马对楚军来了个反包抄。楚军一见中计早已心慌意乱，又见被吴军包围，更是队形大变。吴军大营搭建得纵横交错，如迷宫一般，楚军在营盘中左突右奔，处处有吴兵的身影出现，时时有兵刃从黑暗中刺出。黑暗中，武城黑的坐骑被吴兵从侧面砍断马腿，重重跌落马下。夫概上前一戟，刺穿武城黑前胸，力透甲胄，戟尖从背后穿出。

正在此时，江边火光四起，囊瓦大惊——楚营起火。原来伍子

胥率人马对楚营反偷袭。楚营只有三千人留守，很快被歼灭一半，其他的四处逃窜。伍子胥在楚营收拢辎重和粮草，将空空的营房点火焚烧。大火一起，小别山下的楚军更是混乱，四处溃逃。

史皇和囊瓦拼死杀出一条血路，率残部逃亡。

吴军士气大振，紧追不舍，又有不少受伤的楚军落伍被俘。囊瓦转至夕越山麓，突然一队伏兵杀出。

火把照耀下，囊瓦辨认出来人，不由大吃一惊。

来人正是蔡昭侯，旁边马上之人是将军鉴。见到仇人囊瓦，蔡昭侯暴怒。

"囊瓦奸贼，还我宝贝！"

将军鉴纵马杀出。囊瓦强打起精神，抵挡将军鉴的猛烈砍杀。凭膂力和武艺，囊瓦远在将军鉴之上，但现在心慌意乱，只能虚晃招架。史皇见势不妙，赶往囊瓦身边拼力保护。

囊瓦眼见楚军四散溃逃，自己又被困夕越山，暗暗叫苦。正在胶着之时，远处一队战车飞奔而来。

来人是楚国"蛇身"子期。子期率领两万楚军飞驰赶来，来势正盛，断然截住蔡国军队。子期杀到将军鉴面前，囊瓦和史皇趁机逃走。

夕越山麓一场血战。杀至晨星消落，吴军后续部队赶到，吴、蔡攻势愈加凌厉。子期率兵退至柏举，与囊瓦会合。

此时另一支队伍也渡过汉水赶往柏举，这正是"蛇尾"薳射的两万大军。

囊瓦的残部渐渐归拢，楚军在柏举合兵六万驻扎。

良将子期、薳射加上所带精兵摆开阵势，意欲和吴、蔡之军决战柏举。

不幸的是，对手是孙武，而搭档是囊瓦。

当夜囊瓦和薳射就发生了激烈的争吵。

子期和薳射得到沈尹戌的调遣命令后急急赶来，同时也接到了沈尹戌的叮嘱：务必阻止囊瓦擅自渡过汉水。可惜囊瓦贪功心切，致

柏举之战

使楚军大败，死伤逃亡加上被俘共计两万有余。薳射责怪囊瓦不听调遣，囊瓦本已怨气郁积，见比自己地位低两级的薳射竟然指责自己，不由勃然大怒，带领自己的残兵败将离开本营，在离薳射和子期十里之外扎营。

子期虽然也不满囊瓦的意气用事，但为顾全大局而苦苦相劝。囊瓦一意孤行，子期见囊瓦势单力孤，遂把自己的残部交给囊瓦带领。

孙武接到谍报，来到阵前查看敌情，见楚军分两处集结扎营，看似相互倚靠，其实貌合神离，知道楚军将帅不合，内讧纷起。

翌日正午时分，囊瓦的大军正忙于安营扎寨，突然一队吴军冲杀而来。吴军突至，楚军仓促应战。前夜偷袭小别山，楚军大败，囊瓦旧部早已如惊弓之鸟；而子期旧部早知囊瓦昏庸，不愿为其卖命。

结果可想而知。

史皇左冲右突，奋力拼杀，身上多处负伤。囊瓦仓皇之下被夫概一戟挑落马下，史皇拼死拦住夫概。

“令尹快撤！”

囊瓦见大势已去，又想到自己的骄奢导致损兵折将数万人，自知难逃罪责，悲叹一声，纵身跳上骕骦，一抖丝缰，骕骦仰天长嘶，绝尘而去。

史皇本已身负重伤，体力不支，被夫概一戟扫落马下。

主将已失，楚军斗志全无。

溃败的楚军如退潮般涌向薳射的营地。子期和薳射顿足悲叹。这时探马纷纷来报：伍子胥率一万吴军自西包抄，孙武率一万吴军自东包抄，蔡昭侯自东南而来，唐国军队自西北而来，夫概尾追囊瓦残兵而来……

薳射大惊。

“吴军趁势而来，如高山坠石，势不可挡。退兵清发水，据江河天堑阻击吴军。”

子期遂下令退军。

吴军聚集正待乘胜追击，孙武止住，命就地安营休整。

“穷寇勿追，此时楚军要想活命势必拼死抵抗，比平日凶悍数倍。待楚军逃至清发水看到渡河之舟，势必争抢舟楫，斗志不战自消。”

果然，子期和薳射率兵退至清发水，搜罗附近村镇的渔船和渡船。时至傍晚，集齐二百余艘渡船。子期命楚军就地埋锅造饭，饭后扔掉所有辎重，轻装渡河。

饭菜的香味刚刚飘出，饥肠辘辘的楚军兴奋起来，纷纷围到军灶旁，眼巴巴地等着开饭。突然，瞭望的哨兵大喊：“有吴军！有吴军！”

楚军慌乱起来，翘首相望，远远的地平线处露出一杆帅旗，随即数杆将旗依次出现，“伍”、“唐”、“蔡”、“专”……

在楚军看来，不啻见到杆杆招魂幡。

夕阳坠山，满地染血。吴军在空旷的田野中铺天盖地冲杀而来，正如孙武所料，楚军闻风丧胆，无心抵挡，纷纷争抢渡船，不时有人落水，不时有船倾覆。薳射和子期喝令不住，只得坐上战车急奔突围。

慌乱中，薳射被一支劲弩射中后背，栽落车下，伍子胥赶到，将其一戟刺死。

子期率残部急急逃命，这时前方路上又出现一支队伍，子期心里一沉。

“难道我子期就这样命丧清发水！”

再细一看，子期振奋起来，原来是沈尹戌。

沈尹戌还未到淮汭就得知囊瓦擅自出征，兵败数次，悲怆交加。“楚国大计毁于贪功奸贼手中！”即刻命兵士回防，匆匆赶回之时路遇子期被追击。

沈尹戌急令楚军列队迎敌。

不幸的是，沈尹戌所率的楚军这几日始终急行军，奔走于郢都

与淮汭之间，早已精疲力竭，又见子期的残部狼狈逃窜，未等开战已胆怯三分。而吴军势头正猛，排山倒海般包抄而至。沈尹戌自知此战难胜，趁着战前片刻的宁静，将子期叫至车前，下车深揖。

“子期将军，郢都危在旦夕，此战胜负难料。非我等无救国良策，也非我等不拼死卫国，实乃奸臣当道。子期将军趁现在西南处吴兵未到，即刻突围速回郢都，告知大王早做防备。沈尹戌在此拼死防御。”

子期刚要张口，沈尹戌扭头不理，在子期马后猛刺一剑，战马负痛狂奔而去。沈尹戌又将家臣吴句卑叫至跟前。

“你忠心耿耿跟随我多年，今日我有一事相求。”

吴句卑吓得赶紧跪倒。

“大人吩咐便是。”

“今日一战，我拼死抵抗，如若获胜实乃社稷之福，如若战败，请你将我的头颅割下带回郢都，我要在郢都看到楚国光复！”

说完，沈尹戌跳上战车，面对楚军大喊：“楚军将士，今日一战，事关楚国存亡，数十万黎民百姓全仗我们保护，大楚郢都安危全靠我们拼杀。报国忠心，苍天为鉴；为民赤胆，江水作证。”说完，挥剑冲向吴军。

一场吴、楚决杀开始了。

第四章

昭王弃城　阖闾灭楚入郢都

清发水边，吴、楚两军绞杀在一起。沈尹戌抱着必死的决心冲进阵中，楚兵也如绝境困兽，心中只有一个念头——杀。吴军一时抵挡不住。孙武赶紧命令后撤，将包围圈让出一个缺口，这时有楚兵发现逃生的路口，斗志开始松懈，开始溃散，攻势不再凌厉。

沈尹戌发现之后，纵马跃至缺口处亲自督战，楚军见逃生无望，只得再次拼死。

"杀，杀……"

不知过了多长时间，沈尹戌只觉得天越来越黑，身边的人越来越少，对方的喊杀声越来越高。沈尹戌加紧攻势，对手裴基败下阵来，杀得起劲的夫概上前迎战。数个回合下来，沈尹戌被夫概一戟刺中腹部，摔落马下。夫概正要上前刺杀，几个浑身是血的楚军过来拼死拦在夫概马前，另一名楚兵把沈尹戌背到战车之上。

沈尹戌只觉得热血汩汩流出，大喊："吴句卑，吴句卑……"混乱中沈尹戌一把拉住旁边楚军的衣袖。"快，快找吴句卑前来！"

吴句卑满含热泪抱住沈尹戌。

"大人，我背也要把你背回去！"

"败局已定，我时日不多，带着我难以走脱，将我的头割下速速赶回郢都。"

"不……"

沈尹戌猛地拿起吴句卑放在身边的长剑，自刎而亡。吴句卑伏尸大恸。仅剩的数名楚兵见沈尹戌自刎殉国，纷纷高喊着，拼杀至死，无一人逃亡。

喧嚣的清发水畔突然静了下来。

吴句卑举剑割下沈尹戌的头颅，用剑在河边挖坑。这时有吴兵举戈要砍杀吴句卑，被孙武大声喝住。

暮色低垂，尸横遍野，血染清发水。吴句卑跪在河畔，一剑一剑挖着墓穴，周围两万余名吴军放下兵器默默看着。吴句卑将沈尹戌的身躯埋好之后，脱下战袍裹好沈尹戌的头颅，抱在怀中

起身沿河岸西行。

孙武摆摆手，吴军肃然让出一条长长的道路。

吴句卑一步一步走进苍茫暮色。

河水低吟，夜风垂泪。

吴军搜罗到楚军在汉水的船只，连夜渡过汉水，直逼郢都。

吴句卑怀抱着沈尹戌的人头，在路上截了一匹无主之马，一路狂奔，直抵郢都。吴句卑把沈尹戌的人头呈上，楚昭王一层层打开包裹，赫然一颗血淋淋的人头，怒发冲冠，双目圆睁。楚昭王惊得差点摔倒在地，四座一片哗然，这颗人头比任何情报都更直白——吴军已经逼近郢都。朝中再次议论纷纷，江汉失守，天堑俱失。有的胆小之人建议弃城而逃。子西猛然站起驳斥：“郢都是楚国命脉，数百年的社稷陵庙都在此地，怎能贪生弃祖？大王若是弃城不知何时回归！贪生怕死者现在就可逃生，忠心爱国者留下与楚国共存亡！”

子西临危受命，将剩余楚国兵力重新整合，据守鲁洑江作为东部屏障，凭借麦城和纪南城作为郢都两翼。麦城、纪南城和郢都三城鼎立，互为依托。

吴军在孙武指挥下绕道鲁洑江转至北部，分两路攻打麦城和纪南。

伍子胥率兵向麦城挺进，距麦城三十里时，已影影绰绰看到麦城，城高墙厚，如一头伏地的巨兽，扼住进攻郢都的要道。

探马飞奔来报：“麦城太守斗巢收纳败退的楚军。现已关闭城门，城内军民备好粮草和滚木，准备死守麦城。”

伍子胥率兵来到麦城城下。果然麦城城门紧闭，吊桥高悬。护城河早已深挖拓宽，水面宽达数丈，士兵用一丈有余的竹竿插入水中，竟然未触及河底。城墙高大，远远望去，城墙顶端足可供两辆驷车并行。斗巢站在城墙敌楼处，亲自率兵守卫。城头上卫兵林立，手中戈戟寒光凛凛。

伍子胥命人加长了云梯，砍伐竹木制作竹筏，准备停当后派出先锋队攻城。

先锋队携云梯乘竹筏强渡护城河，竹筏行至河中央，城头上一声令下，一支支雕翎箭似飞蝗射来，有吴军兵丁中箭落水，其余兵丁用盾护身强行过河。来至城墙下，众人架起云梯攀爬城墙。巨大的石块带着风声从天而降，粗大的滚木也随之砸落。吴军只得纷纷躲避，搭在城头的云梯也被守城楚军推倒。

伍子胥赶紧下令，吴军弓箭手万箭齐发，封住了城头守军的箭势。无奈云梯在巨石重击下早已折断，伍子胥命攻城吴军后撤，未曾想到斗巢命人投掷出数百个蘸满油料的火把，准确地落在吴军的竹筏上。攻城吴军的退路被切断。而站在城下的吴军无疑成了守军的活靶子，大批巨石再次呼啸而至，伤亡惨重的吴军纷纷跳河逃生，无奈又成了守军弓箭手的目标。很快，护城河里血花翻滚。

先锋队铩羽而归，几乎全军覆灭。

伍子胥心痛如锥。

再攻，再败。

麦城固若金汤，楚军固守不出，吴军围城两日，伤亡数百也未有进展。

期间不时有探马来报，四周游散的楚军逐渐集结，大有反扑之势。伍子胥深知，如若再拖延几日，自己这一支吴军很可能被集结的楚军反包抄，不仅如此，若守城的斗巢和集结的楚军里应外合，片刻之间自己的队伍会被掩杀。

伍子胥愁眉不展，下令暂停攻城。他带领专毅和几名副将再次勘验地形。当转至一座村庄之时，见村头有一老汉在驱驴磨麦，石磨隆隆，麦粒碾为齑粉，纷纷扬扬落下。伍子胥正在心中默念“麦城，麦城”，忽见此景，灵机一动，继而抚掌微笑。伍子胥回到帐中，暗传号令：“每辆战车需装载石块，每名兵士需寻来泥土一袋。明日五更前聚齐，违令者斩！”

翌日凌晨，伍子胥亲自督导，在麦城东西两侧建起两座小型

城池，东城狭长，貌似驴骡，名为“驴城”；西城圆形，名为“磨城”。

伍子胥命军中的楚军降卒扮作村民在麦城四周游走呼喊：“神驴拉磨，麦城必破！神驴拉磨，麦城必破！”

同时在两座城上搭建祭台，由兵卒扮做神巫，祭拜作法。

麦城城内很快人心惶惶，垂髫小儿也走街串巷学舌：“神驴拉磨，麦城必破！”

麦城太守斗巢气愤不已。“伍子胥妖言惑众，看我出城杀掉破驴，砸烂破磨！”

斗巢率军来至驴城，专毅率军迎战。斗巢对他不屑一顾：“黄口小儿！快叫伍子胥这个叛贼出来见我！”

专毅也不说话，挺枪刺来。两人战至几十个回合，专毅用枪一指笑道：“你要找的伍大夫在那里！”

斗巢猛回头，见伍子胥率军杀向麦城，赶紧虚晃几招急急回防。

斗巢将伍子胥拦在城门前。

“伍子胥，你的仇人是费无忌，他已经被令尹囊瓦杀死。现在的楚王与你并无冤仇。你叛国投敌，岂不有负楚国对你三世之恩？”

伍子胥眼冒怒火。“三世之恩？呸！你个无知小儿，我伍家世代忠良，忠心为国，赤胆为民，竟遭灭门之灾，现在我的父兄不知抛尸何处。你还追随这样的君王何用？”

两人战在一起，数个回合之后，伍子胥体力不支，拖戟败走。斗巢哈哈大笑，率军进城紧闭城门。

半夜时分，城内火光四起，城门洞开，有人在大声呼喊：“神驴拉磨，麦城已破！”

原来，伍子胥佯装败退，斗巢带兵入城，有数名乔扮楚军的吴军混进楚军队伍趁乱入城。半夜时分，混入麦城的吴军趁夜色杀死守卫城门的兵士，城门洞开，吴国大军潮水般涌入。

斗巢连续数日衣不解带，和士兵一起吃住在城头，连日苦熬疲惫不堪，加之今天和伍子胥的一番苦战，早已身心俱疲。眼见伍子胥再次败走，斗巢心里稍稍释然，嘱咐副将们继续严防死守，自己悄悄回到府邸，痛痛快快沐浴一番，顿觉周身舒泰，来到多日未进的锦帐，搂着数日未见的夫人，美美地睡去。

斗巢正在温柔乡中徜徉，外面喊杀声四起。他猛地惊醒，窗户外透进点点红光，慌忙下床开窗，见外面已是火光冲天。斗巢不禁顿足。

“不好，中计了！”

麦城已被攻破，守城的楚军四散溃逃。外面喊杀声渐近，府邸的家丁和卫兵忙着寻找石块和木头，死死抵住院门，准备抵抗已经杀到数条街巷之外的吴军。斗巢苦笑一声：“偌大的麦城都已失守，小小的院墙能抵抗几时？还是各自逃命去吧！”他扶起瑟瑟发抖的夫人，换上家奴的衣服，由几名忠心的卫兵拼死保护，趁乱逃出麦城。

麦城失守。

纪南城的失守似乎更容易一些。孙武带兵南下绕道虎牙山在纪山后扎营。孙武登上纪山勘察地形。

攻占纪南城非常容易，简单到直接复制徐国战役即可。

楚国一直自恃国力强盛，都城又深在楚国腹地，所以将都城建在低洼之处，而且城墙低矮——楚国无论如何也想不到有一天都城被围。

但这一天确确实实来临了。

纪南城地势低洼，北有漳江，波涛滚滚，西有赤湖，汪洋数里，湖水穿过纪南城直至郢都城下。

孙武命一队兵士深挖沟渠，沟渠从漳江堤坝直通赤湖；另一队兵士在城南筑堤堵塞水道。

历史惊人的相似。纪南城的太守也知吴军来势凶猛，一路势如破竹，正面交锋必败无疑。他命守城楚军死守纪南，等待子西

率军救援。

夜半时分，城南的水道已经死死堵住，漳江堤坝至赤湖的深渠已经挖好。漳江的堤坝和深渠仅数尺之遥。孙武一声令下，众人将堤坝掘开，奔涌的漳江水突然找到出口，如一条白龙翻腾着顺沟渠飞奔入湖。赤湖水位瞬间暴涨，狂涌的湖水似千万头猛兽，嗥叫着四散狂奔。城南的水道被堵死，洪水又折身回返。

已近深夜，纪南城头的守军开始瞌睡，忽然被阵阵啸叫惊醒。众人赶紧起身向城外望去，朦胧的夜色下，只看到远处一片白茫茫，还未定睛细看，大水已疾速而至。洪水冲撞到纪南城墙，城墙微微撼动，一盏灯被震落在地，啪的一声，油尽灯碎。

众人大惊，有一个兵丁大喊顺马道跑下城墙，他本想唤人们起来守城。

可是，晚了。他刚到城门，洪水已从城门缝隙处喷涌而进，几束水柱如利剑疾刺而来，击打在他身上，把他撞出一丈之遥，重重摔在地上。

随后，洪峰把一扇城门撞裂，似数条蟒蛇在街巷中游走冲撞。

一夜之间，水淹纪南。

纪南城守卫弃城而逃。

孙武命人堵住沟渠，疏通城南河道。洪水渐渐退去，吴军进入纪南城，安抚来不及逃走的百姓。

大水漫灌至郢都。郢都成了汪洋中的一座岌岌可危的孤岛。吴军三路大军向郢都集结，楚国眼见气数已尽。

楚昭王无奈，趁吴军尚未围城，准备弃城避难。

楚昭王急急来到后宫面见母后伯嬴，准备与她一起逃走。

伯嬴凛然应道："孩儿可先行避难，以图复起。楚国暂遭此难，但不会倾覆。我身为国母怎能舍弃社稷？"

昭王还在僵持，伯嬴喝道："你身为一国之君，当以国事为重，优柔寡断必落入敌手！"

伯嬴将昭王的妹妹季芈领至昭王身边。“季芈年幼，我无力保护，快快与你妹妹出城。”

昭王还要开口，伯嬴将一条白绫扔至昭王面前，如若不走以死相逼。

昭王无奈，在护卫钟建的保护下准备离城。

但是已经晚了，吴、唐、蔡联军已将郢都围得如铁桶一般，楚昭王连弃城的机会都要丧失了。

钟建灵机一动，跑到后宫的象苑，里面豢养着百余头越国进贡的大象。钟建命驯象人在象尾绑上绫罗绸缎，浇上油料，然后将大象赶至城门处。

城门吱吱呀呀大开，吴军大喜以为楚军献城，忽见城门里黑压压集结了百余头庞然大物。正在惊讶之时，钟建命驯象人点燃象尾的绸缎，大象忽然受疼，象鼻高高扬起，闷声吼叫。百余头三千多斤的大象惊慌狂奔，地面剧烈颤抖。它们此时眼中只有剧痛和复仇，眼前的吴军尚未及躲闪，纷纷被踩在庞大的象蹄之下。那些侥幸逃脱的也被愤怒的大象追逐，数尺长的象鼻凌空抽下，尖利的象牙也如同戟戈挥舞穿刺。吴国兵士有的被大象卷起，抛到空中，又重重落下，有的被象牙穿透立时毙命。

围城的兵士如见鬼魅阎罗，惊恐万状，扔戈抛盾，纷纷溃逃。

钟建保护昭王和季芈跟在象群后趁乱逃跑。

国君已逃，朝中剩余的将卿斗志全无。子西顿足悲叹，也只得舍弃社稷宗庙，带领家眷逃亡。

郢都失守。

吴军占领楚国的都城，孙武命人挖开高筑的堤坝，疏通水道。伍子胥率吴国大军进驻郢都，安抚城中的楚国百姓，然后恭迎阖闾入驻郢都。

阖闾站在郢都城头，眺望广袤的楚国大地，回忆起从一名默默无闻的公子到刺僚登基，再到招贤纳士力除内忧外患，一场场

政治风波，一场场疆场苦战，到现在将宿敌楚国一举攻下。二十年的隐忍，二十年的励精图治，二十年的风霜雪雨，一幕一幕历历闪现。阖闾手抚城垛，仰天长笑。

微风吹过，一行清泪滑落。

这一天是公元前五〇六年十一月二十九日。

第五章

真棺疑棺　子胥鞭尸终复仇

吴、唐、蔡联军占领郢都之后，阖闾感觉大功告成，下令举国庆祝。

有一人虽然高兴，但还是心事重重，这人就是伍子胥。郁积十五年的仇恨在入城的那一刻更加强烈，终于可以让父兄的冤情昭雪，终于可以让仇恨得以宣泄。但是，楚平王已死，费无忌已死，这把复仇之剑要砍向何处？

他仿佛听到积聚的仇恨在嘶嘶地膨胀，似乎轻轻一触就要爆裂。

他派出十多队兵士前去寻找费无忌和楚平王的坟墓。费无忌被囊瓦杀死之后，曝尸三日，尸首早已不知何处。而楚平王的坟墓竟也苦苦搜寻不到。兵士陆续返回，竟然发现了多处楚平王的墓葬之所，带人前去挖掘，均是衣冠冢。伍子胥明白，这是狡诈的楚平王为防盗墓所设的“疑冢”。

那真正的楚平王之墓在何处呢？

十五年前伍子胥为过昭关一夜之间愁白鬓发，现在为寻楚平王之墓愁苦得鬓发枯槁，根根直立。

一天，伍子胥正带人在荒野中漫无目的地搜寻着，突然见荒野深处兀地现出一个矮小的身影，伍子胥起先并未在意，却发现那身影蹒跚地走来。走近一看，是一个面容憔悴的老人。老人颤巍巍地问道:“大人可是逃亡吴国的伍大夫吗?”随从这几天屡屡被伍子胥斥骂，也心情烦躁，大声呵斥驱赶老人。老人摇摇头转身要走，伍子胥心里一动。“竟还有人记得我的冤屈?”赶紧上前将老人拦住。

细细一问，伍子胥大喜。此人是当初为楚平王建造真正墓园的唯一幸存者。当初为楚平王建造墓园之时，召集了三百名工匠，另有一百名兵士守卫。老人就是当时的石匠。墓园即将建成的当夜，老石匠因为内急躲到深草丛中，无意中偷看到楚宫秘密来人，商议明日将工匠和守卫全部杀死殉葬。老石匠趁夜色侥幸逃脱，现在成了知道楚平王真墓所在地的唯一幸存者。

伍子胥在老石匠的带领下来到郢都城外，城南五里处有一烟波浩渺的大湖，湖畔有座高台名叫“寥台”。老石匠领着伍子胥登上寥台，指着湖心说:“将湖水排干，楚平王之墓就在湖心。”

湖水排干后，果然露出一座庞大的石室，浑然天成，毫无缝隙，仿佛一块巨石雕刻而成。伍子胥看看老石匠，老石匠在众人搀扶下来到湖心，弯腰按动泥中的一处按钮，石室隆隆自动打开，果然露出一座石棺，伍子胥的心兀自怦怦急跳。

石棺打开，竟然仍是衣冠冢。

伍子胥失望了。

老人微微一笑。“伍大人搬开这个石棺即可。”

众人移开石棺，下面是块汉白玉石板，老石匠按动按钮，石板移开，下面又是一座石棺。

这正是楚平王的狡诈之处——即使盗墓者找到墓地，打开墓园，也只能看到疑棺，无论如何也想不到下面才是真棺，见只是衣冠冢也就失望而归，这样，真棺就安然保全。

打开真棺，一股氤氲腾空而起。雾气散去，伍子胥猛吃一

惊，楚平王安然躺在棺中，竟然全然保存，与生前无异。

伍子胥的仇恨到达极点，一把将尸首揪出摔在地上，抽出铜鞭。

“你个无道昏君，不辨是非，残害忠良，想我伍家忠心事楚，竟落得满门抄斩，现在尚不知我父兄被抛尸何处！”

伍子胥举起铜鞭狠狠打下。

三百鞭过后，楚平王早已皮开骨折，面目全非。

伍子胥只有一个念头——报仇！

不知多长时间过去了，楚平王的尸体早已成了一堆肉泥。

这时，老石匠突然浑身颤抖。

“弟兄们，我终于为你们报仇了，你们地下有知也该瞑目了。”突然转而黯然垂泪，“我身为楚国之民，备受楚王恩泽，如今为人指引，开棺戮尸，此乃不忠不义之事，我有何颜面苟活于世?”说完，一头撞向石棺，众人惊呼前去阻拦，为时已晚，老石匠已气绝身亡。

伍子胥深为老石匠的气节所动，上前深施一礼。“多谢指引，我会厚葬老人家的。老人家的这条命也记在楚平王账上吧。”

因为忙于寻楚平王之墓，伍子胥未出席阖闾的庆功宴，而缺席的还有一人——孙武。

孙武并未像阖闾那样志得意满，他深虑的是楚昭王逃亡在外，楚国大臣也暂隐他国，随时会回来复兴楚国的。

更令他担心的是，吴、唐、蔡从将帅到兵士都以为大功告成，从而斗志松懈，在阖闾的纵容下纵情享乐，甚至肆意蹂躏楚国百姓。

接下来的事让孙武对阖闾大失所望。

阖闾趁着酒意在伯嚭的怂恿下要干一件荒唐事：将楚昭王的母亲伯嬴占为己有。

阖闾的占有欲在入城之后突然膨胀，称霸中原的雄心在这一刻得到满足，他的斗志也在这一刻松懈下来。指引自己的目标已经实现，但新的目标尚未出现，他陷入盲目的喜悦之中。

这种毫无目的的占有欲是可怕的——他竟然在伯嚭的怂恿下要去后宫看看——郢都现在都是自己的了，后宫当然也该是自己的，他占有了郢都，他还要占有楚国国母伯嬴。

阖闾早就风闻楚平王垂涎伯嬴美貌，将原本是儿媳的伯嬴纳为王妃，太子建为争得伯嬴与父王反目为仇，不惜放弃即将得到的江山。楚平王与伯嬴生下太子芈轸，楚平王驾崩之后芈轸即位，伯嬴被尊为国母。这位国母亡国之后还固守家园，阖闾企图到后宫占有这位国母，他的占有欲在这一刻膨胀得如此畸形。

第六章

放纵逸乐　吴军将士丧斗志

当然他碰了钉子——阖闾派人前去召见伯嬴。宫女慌慌张张跑进后宫。

"王后，大王召见。"

伯嬴淡然道："大王不是出城了吗？"

"是吴国大王。"

"是阖闾吗？阖闾也敢在郢都称王？擅闯他地不是强盗就是虎狼！认贼作王，杀！"

可怜的宫女被杀，前去召见的小吏回来禀报。阖闾大怒。

"亡国之妇，竟以王后自居！"

亲自深入后宫，当侍从撞开宫门后，伯嬴安然坐在凤椅之上，华韵犹存，雍容中透出高洁。阖闾正待上前，忽见伯嬴身边放着一把凤尾剑。

“如此美貌之人为何持剑啊？”

“如是君子，献剑敬之；如是虎狼，必诛杀之！”

“我请美人去我处一叙如何？”

“身为君王，应知周礼。礼仪三千，一言蔽之，毋不敬。郢都可以攻占，但国母岂容侮辱？你身为一国之君理当做国人楷模，贪色亡礼，何颜为君？”

伯嬴义正词严，阖闾遭到痛斥但也不便发作，只得讪讪地说：“我久仰王后风仪，今日前来一睹风采，并无他意。是小吏假传口谕，来人，将小吏拖下斩首！”

可怜的小吏成了阖闾的遮羞布。

阖闾怏怏而归，路经囊瓦府邸，听到里面人声鼎沸。原来是弟弟夫概和儿子姬波两人为争夺囊瓦的住宅和美妾而大打出手。阖闾心中烦乱，将二人呵斥一番，夫概愤愤而走。

阖闾回到宫中闷闷不乐，伯嚭谄笑着走了进来，他领来一队楚昭王的侍妾。楚昭王刚刚十五岁，侍妾也都年轻娇媚。阖闾心情随即大为好转，不料让他扫兴的事又来了。

孙武沉着脸走进殿内，直言进谏。

“主公，现在虽然攻占郢都，楚国国君和众臣逃亡，但楚国社稷还在，魂魄未散。楚国与越国素来暗结联盟，与秦国也有联姻。楚国君臣复楚之心未亡，他们定会暂栖附属小国处，积蓄力量，召集残军，随时可能反扑。”

阖闾哈哈狂笑。

“孙将军过虑了，现在楚国仅剩残兵败将，国君也如丧家之犬，惶惶不可终日，能苟延残喘就是万幸，郢都是他们的噩梦之地，哪敢再想靠近半步？”

孙武心凉如冰，继续进言：“楚国虽舍弃大部，但同时无所羁绊，无所顾忌；虽丧失过多，但同时会孤注一掷，拼死一搏。”

头脑已热的阖闾哪里听得进去。

孙武大失所望，转身离去，不料在路上的所见更令他气愤。

数名吴国兵士抢劫民宅，还调戏一位楚国少女，一位老者苦苦相拦却被推倒在地。几天前还在奋勇杀敌的将士如今宛如土匪强盗，甲胄不整，手里拎满劫来的钱财，还争抢民女。孙武既愤怒又痛心，命随从抓来这伙兵士的头领，原来是左路先锋金铎。金铎浑身酒气，还满不在乎地说："将军，如今大胜，我们该及时行乐了，将军若是看中这名女子，末将愿拱手奉上。"

孙武大怒，令人将金铎斩首，让几个参与抢劫的兵士拎着金铎血淋淋的头颅，敲着一面警锣游街示众，一面鸣锣一面高喊："各位兵士，立即回营，整顿军纪。若再有抢劫骚扰，力斩不赦！"

孙武急匆匆入宫，然而，阖闾兴致正在那些美貌侍妾上。

"孙将军不必多虑，现在楚国已灭，君侯闻风而逃，怎敢靠近我大吴半步？孙将军劳苦功高，伐楚之功孙将军独占一半，寡人当然记在心里。这些美貌娇娘我与孙将军分而用之如何？哈哈……"

孙武之前得到情报，获知楚国令尹子西尚在楚境，正代替楚昭王整顿人马。孙武本来想一并禀报阖闾，而阖闾充耳不闻，自行走入内室。孙武暗叹一声，转身离去，身后传来娇呼媚笑。

孙武出宫门去找伍子胥，但此时伍子胥已经不在楚国了。

伍子胥鞭打楚平王尸首之后，寻找费无忌的坟墓未果，带人铲平了费无忌的旧宅，然后带兵去找囊瓦。

第七章

船桨救城　子胥撤兵为还愿

如果说阖闾的占有欲在膨胀的话，伍子胥的复仇欲望也在漫

无边际地膨胀。囊瓦与伍家之灾并无直接关系，但伍子胥想到了和他同病相怜的伯嚭，是费无忌伙同囊瓦造成的伯家之难。

伍子胥带领着五千人马一路杀向郑国——囊瓦逃亡后为郑国所收留。

郑国早闻吴国灭楚，收留囊瓦已是战战兢兢，如今伍子胥前来讨伐，早已举国恐慌。郑定公只得派人秘密召见囊瓦，囊瓦蜗居在郑国苟延残喘，如今伍子胥穷追不舍，眼见要连累郑国，这位前朝令尹还算刚烈，长叹一声拔剑自刎。郑定公大喜，将囊瓦尸首和骕骦一并献出。

哪知伍子胥收下之后仍不退兵，因为他还有一件十五年的心事未了。

伍子胥记起十五年前和太子建逃亡郑国，郑定公因太子建勾结晋国大夫荀寅而将太子建诛杀于闹市。虽然太子建叛郑在先，但伍子胥念其是自己的患难知己，要求郑定公交出太子建的尸首重新安葬。时隔十五年，太子建的尸骨早已不知抛到何处。郑定公迫于压力，亲自出城向伍子胥谢罪，但伍子胥严词拒绝，扬言屠城为太子建申冤。

年迈的郑定公只得回到都城，自知吴、唐、蔡联盟，连强楚都连连败退，何况小小的郑国？眼见国都陷入血雨腥风之中，郑国大将纷纷要求决一死战。郑定公摇头，发兵抗吴无异于自寻死路，会引发更大规模的屠杀。

“哪位爱卿有退敌之策啊？哪怕是贩夫走卒只要能退敌，即刻赐地百里、官至大夫。”

皇榜贴出三日毫无动静，城外的吴军已经开始搭建云梯。郑定公正在绝望之际，有人禀报：“有一渔人求见，说有退敌之策。”

来人身披蓑衣，头戴竹笠，手持半支破旧船桨。郑定公疑惑地问：“先生何许人也？”

“草民乃鄂渚渡口的摆渡人。”

“先生有何退敌良策？需要多少兵马？”

“草民只需我这手中的半支船桨，不需一兵一卒。”

郑定公半信半疑接过船桨，看后不由大喜，即刻命人将摆渡人送到城墙边，摆渡人缒城而下。

围困郑国都城的吴军将摆渡人捉住，作为奸细押至军中大帐。摆渡人毫无惧色，高声唱道：“芦中人，芦中人，腰间宝剑七星文，不记渡江时，麦饭鲍鱼羹？”

伍子胥心中大惊，赶忙出帐，见到摆渡人。

“你是何人？”

“伍大夫并不认识我，可否认得这半支船桨？”

这半支船桨让伍子胥回到十五年前，前有大河拦路，后有楚军追击，自己躲在芦苇丛中，走投无路之时一位老渔人冒死相救，为消疑虑老渔人毅然自沉江底。“子胥无颜，若有他日，以命相还。”自己亲手刻下的字迹仍然清晰。

“芦中人”、“老渔人”的字眼穿越时空，萦绕思绪，伍子胥潸然泪下。

摆渡人是老渔人的儿子。

伍子胥恭恭敬敬地接过船桨，深深拜下去。

“我伍子胥并非忘恩负义之人，老渔人救我一命又为我舍命江中，我今日还回一城百姓之命。请先生回城禀报，子胥即刻退兵。请郑定公为老渔人和太子建修建陵墓以了子胥夙愿。”

摆渡人回城，伍子胥眼望船桨，再一次想起了老渔人的深明大义，伍家忠良赢得老渔人舍命相救，赢得东皋公冒死相助过昭关。而如今自己为报私仇对楚平王开棺戮尸，拆毁楚国宗庙，还将郑国百姓视为草芥，不禁喟叹自己心窍已迷。

伍子胥幡然醒悟，令吴军即刻回到郢都。他的疯狂复仇和阖闾的尽情行乐都太过分了，必将导致内忧外患，这一点他是很清楚的。

可惜，有些晚了。

因为他还未动身之时，有一个人已经开始行动了。

这个人从郢都出发，一路疾走，饿了在农舍讨口饭吃，渴了

在河边捧口水喝，累了在树下靠着休息片刻。在他眼里，没有饥渴，没有劳累，只有一个念头——“借兵复楚”。

巧的是，十五年前，伍子胥从郢都出逃，他的唯一念头是“借兵灭楚”。

而更巧的是，在伍子胥出逃途中，曾巧遇到这个人——申包胥。伍子胥带着公子胜匆匆逃离的路上，突然见前方大批人马出现，他仔细一看，竟是楚国的车队，他赶紧领着公子胜准备去路边的丛林中躲避。不料车队停下，最前面的骈车上下来一人，拦住了他。原来是出使郑国回来的申包胥。申包胥见他落难的样子，拉住他的手惊奇地询问缘由。伍子胥和申包胥虽往来不多，但知道申包胥是忠良之人，伍子胥长喟一声，诉说了自己的冤屈。申包胥紧皱双眉，痛心地说：“楚国的梁柱上有这等硕鼠巨蠹，我素有耳闻，可未曾想到竟如此猖獗。我定当面直谏主公，追根溯源，为你的父兄报仇。”

伍子胥深揖到地，说：“多谢大夫明辨，多谢大夫助我。”

申包胥又说：“现在主公可能被佞臣蒙蔽了双眼，时事对你不利，你去他国躲避一时也好。等主公辨明善恶，你再行归楚。我身边有些盘缠，你先行拿去救急。”

伍子胥恨恨地说：“我再也不回这绝情之地，我要借兵灭楚。回楚之日，必是灭楚之时。”

申包胥听完，正色道：“你灭楚是为家仇，此为孝义，我不阻拦也不告密。但我作为楚国朝臣，力保楚国，此为忠义。他日你若灭楚，我必复楚。”两人凝视良久，分头离去。

不幸一语成谶。

申包胥这次求助的是秦国。其他诸侯虽有实力，但或者和吴国有契约之盟，或者畏吴国为虎狼，只有秦国可解楚国之危。秦国实力尚算强大，更重要的是，秦国与楚国有姻亲之好——伯嬴是秦哀公的妹妹，楚昭王即秦哀公的外甥。

申包胥疾走数日，鞋底磨破就撕扯下衣服包在脚上，临近雍州之时，早已衣衫褴褛，脚上血迹斑斑，一步一个血印。

秦哀公急忙召见申包胥，未等哀公问话，申包胥已泣不成声。

“吴国兴不义之师，大举伐楚，郢都陷落，昭王无奈流亡随国。请大王念及甥舅之情尽快出兵。”

秦哀公心生酸楚，但细细一想长叹一声。

“唉，秦国地处偏远，国贫民弱，在强吴面前尚不能自保，哪有余力出兵?”

“大王，虽说今日出兵为救楚国，实则力保秦国安危。”

“现在是楚国危亡，吴、秦素无往来，这与秦国有何关系?”

“阖闾贪若豺狼，对于诸侯之封地早已垂涎，未殃及秦国实乃楚国屏障之功。楚兴则秦安，楚灭则秦危。现在楚国沦陷，秦国已门户大开。如大王求一时之安，坐视不救，后祸瞬息即至。”

秦哀公听后于情于理皆有感触，但顾忌吴国新胜之师，气势正旺，秦军不敢撄其锋锐。

“先生先去馆舍歇息，出兵之事寡人与众卿商议之后告知先生。”

第二日，秦哀公刚刚起床还未上朝，突然有人来报。

“宫墙外有一黑乎乎的怪物，叫声凄厉一夜未停。”

那当然不是怪物，是不回馆舍倚墙而泣的申包胥。

秦哀公命人将申包胥送回馆舍，申包胥依然不从。

“国君逃亡草莽，安身无所，下臣怎敢安居馆舍?”

秦哀公无奈，转身回朝，申包胥依然身倚宫墙泪流不止。

求秦出兵是挽救楚国的唯一出路，如若秦国不肯发兵，楚国复兴渺茫，如若发兵贻误，宗庙坍塌社稷焚毁，再救也是徒劳。

申包胥自知别无他法，唯有一颗为国为民的忠心和誓死不归的决心。

秦哀公也很无奈，他绝非无情无义之人，只是顾忌自身安危，想用缓兵之计推托了事。

但他偏偏遇到的是有着非凡忠心和决心的申包胥。

申包胥依然倚墙待命。身为楚臣肩负使命，说不服秦君搬不到救兵，有何颜面对楚国父老？

第八章

包胥泣庭　七天七夜为复楚

七天七夜。

整整七天七夜，申包胥水米未进，形销骨立，哭声不绝，这哭声，是为逃亡在外的楚昭王，是为数百年的楚国基业，是为数十万成为亡国奴的楚国苍生。

秦哀公最终为之深深折服，出宫亲手扶起申包胥。

“如此忠贞贤良之臣，楚国怎会倾覆？秦国坐视不管，岂非无情无义之人？”

随即郑重吟诵：“岂曰无衣？与子同袍。王于兴师，修我戈矛。与子同仇！岂曰无衣？与子同泽。王于兴师，修我矛戟。与子偕作！岂曰无衣？与子同裳。王于兴师，修我甲兵。与子偕行！”

秦哀公三赋《无衣》，毅然出兵。申包胥泪如泉涌，连连深拜。

秦哀公派出大将子蒲和子虎，两人率兵车五百乘随申包胥救楚。

申包胥来不及洗浴进食，嘱托子蒲和子虎从商谷向东至襄阳，自己先行一步到随国报告楚昭王，然后率军在石梁山与子蒲、子虎会师。

楚昭王得知秦国出兵相救大喜过望，急令子西率军随同申包胥前往石梁山。子西早在楚国边境以楚昭王的名义树起王旗，流离失散的将士纷纷前来投奔，集结了兵士五万之众、车马三百余乘。

两军会师，进入楚境直逼郢都。

秦、楚联军刚入楚境就遇到夫概的军队，不过这时夫概的军队早已从精锐之师蜕变成一支劫掠之军。初战胜利后的夫概大军正在楚境大肆骚扰劫掠，意外遇到楚军不由大惊。

夫概也未想到楚军反扑，惊异之下很快就镇静下来，指挥吴军进攻。

不幸的是，这场战事的结果早就让孙武言中了。

此时的楚军满怀亡国之恨，加之一路见到家园被毁，恨不得立刻化身利矛飞镝，呼啸着刺入吴军胸膛。申包胥让子满和子虎分别率领秦军左右迂回至吴军背后，自己站在楚军阵前，登车高呼："楚军将士，吴军占我郢都，掘我王陵，凌我民众，掠我财物，罪恶滔天。现在仇敌就在眼前，全军将士，即刻杀敌！"

鼓声震天，楚军怒吼着像滔天巨浪席卷而来。

两个月前还是威武之师的吴军，如今耽于享乐，士气早已低迷，如今仓促迎敌，有的甲胄未穿，有的手无寸铁。

转瞬间已有数百名兵士丧命。

这时吴军两侧突然又起杀声，子满和子虎的战车杀到，夫概看到竟是秦国的旌旗，手中长戟险些落地。

三路大军将吴军团团包围。

这场战役成了秦、楚联军的大包抄和大屠杀。

夫概见大势已去，左突右冲，杀出一条血路落荒而逃。

他只身逃回了郢都，身后五千吴军全军覆没。

阖闾大惊，怒斥夫概的无能。夫概在和姬波争夺王府之时就被阖闾呵斥，现在又遭当堂羞辱，他不由怒火中烧，和阖闾拍案对骂，不欢而散。

阖闾无暇顾及和夫概的不快，赶忙命伍子胥和伯嚭率军拦截秦、楚联军。

依旧是伐楚的大将，依旧是伐楚的兵士，但不幸的是，三军上下耽于逸乐，吴军早已丧失了初入楚境时锐不可当的虎气。而楚军同仇敌忾、力抗外侮，又有秦国大军增援，吴、楚之战形势发生了大逆转。

桐柏之战，吴军三战三败，吴军的防守战线被撕开一个大豁口。

汉水一战，吴军败退，汉水天堑丧失，郢都暴露在秦、楚联军的刀锋之下。

孙武自入郢以来首先进谏整肃军纪以防楚军回攻，后来又进谏吴国主政楚国自治，吴军回国以防他国趁虚袭击。但阖闾一直沉溺称霸的喜悦，不是虚言搪塞就是置若罔闻。孙武失望之下决心用冷酷的事实让阖闾冷静下来。

阖闾目前确实冷静下来，从温柔之乡跌到了战火之中。

孙武临危请命，带一万精兵驰援汉水力挽颓势。

这时，沉默很久的夫概随后请战。危难之中夫概不计前嫌，阖闾大为高兴，拨给夫概一万精兵。

孙武率兵走后，阖闾每日都能收到孙武在汉水的战报，秦、楚的攻势已经止住。

但是，阖闾的喜悦没持续多久，很快就转成了疑惑和担心，因为夫概的部队神秘地失踪了。

夫概并没有失踪。十天之后阖闾接到来自姑苏城的急报，这封急报惊得阖闾跌倒在地。

“夫概叛乱了！”

夫概确实叛乱了。伍子胥、伯嚭、专毅和孙武相继带兵截击秦楚、联军，陷入胶着状态，无暇他顾。夫概假意请兵出击实则带领一万吴军秘密潜回姑苏城。驻守姑苏城的夫差毫无防范，被夫概囚禁起来。夫概又秘密勾结越国，达成一项邪恶的联盟，越国陈兵吴境，一旦吴国大军回撤，越国大军即刻与秦、楚联军前后夹击，灭掉吴军主力后，夫概登基称王，吴国疆土三分之一划归越国。

夫概争夺王位的念头早已萌动，在小别山吸引楚军偷袭之时他穿上王服假扮阖闾，在那一刻，夺位的念头变得尤为清晰。他屡次征战战功赫赫，还幻想有一天阖闾能按照兄弟循制将王位传给他。但阖闾早早就立夫差为太子，他连最后这点幻想也破灭了。因兵败与阖闾争吵之后，他就下定决心夺位。既然公子光能刺杀吴王僚而成为吴王阖闾，那么他也可以夺位成为吴王夫概。

夫差被囚禁之后，大夫被离秘密派人星夜给远在郢都的阖闾送信。阖闾无论如何也想不到会有如此结局，他急急派人报于孙武和伍子胥。

孙武倒很镇静，吴军的颓败之势和姑苏城的风雨飘摇早在预料之中。

孙武命伍子胥和伯嚭趁夜色率军潜回郢都，他率军在汉水继续抵挡。吴国大军退至郢都，留下几百名兵士周旋抵挡，主力迂回绕道西北，秘密回防。因为孙武深知夫概带领区区一万人是断不敢兴风作浪的，他的背后必有靠山，肯定是兵力充沛又对吴国垂涎已久的越国。

四万大军仿佛从天而降，在黎明之前包围了姑苏城。城内叛军一片混乱，夫概自恃手中有夫差为筹码，还寄希望于越军的反扑，指挥城中军民守城。

一封封书信绑在雕翎箭上射入城中，这是阖闾的攻心之策。城内、城外都是自家弟兄，而且城内的吴军虽然叛乱，却是在夫概胁迫之下的无奈之举，加之姑苏城内原有的兵士拥戴夫差已久，所以夫概陷入了孤立无援之中。

孙武不失时机带兵撤走，楚军见吴军全部撤走，也知孙武用兵如神，恐怕退兵有诈不再追赶，将楚昭王迎回郢都。见助楚复兴任务完成，秦军凯旋而归。

越国眼见与秦、楚夹击时机丧失，灭吴无望，也回师归越。

夫概最后一丝幻想也破灭了，正想挟持夫差逼迫阖闾退兵，这时却发现夫差早已被大夫被离释放了，而且守城的兵士临阵倒戈打开城门，城外吴军涌入城中。

夫概自知作茧自缚，喟叹良久，趁乱乔装改扮逃离姑苏，从此不知所终。

吴、楚之战历时一年，终于结束。

楚昭王逃亡半年重回郢都，感恩申包胥冒死搬救兵，封申包胥为左尹。申包胥决然拒绝。

“我去秦国求救是为大王非为自己，如今大王已经返回郢都，我的心愿已了，别无他求。”

楚昭王更加敬佩其高节忠勇，强行加封左尹之位。申包胥带领全家躲进山林，给楚昭王留下书信：“我初为朋友之义，不泄子胥灭楚之谋。子胥借兵破楚实乃我之深罪。不领罪反而受功，是为天大耻辱。”

楚昭王遍寻不遇，失望之余，心存感激和敬仰，加封申包胥的宅门为“忠臣之门”。

阖闾也重回姑苏，伐楚之战，先是大胜后有小挫，大伤楚国元气，威震四野。吴国虽未最终占领郢都，但楚国附属小国大部分归顺吴国，北进中原的道路打通。

第九章

论功行赏　孙武首功引事端

阖闾心情大悦，吩咐在宫中大摆筵宴，论功行赏。

很快，姑苏城内张灯结彩，歌舞升平。从寒风苦雨、尸骨遍野的战场归来，将士们愈发感到皇宫盛宴的热闹与温暖。

阖闾更是感慨，夺位登基之后，他也曾在宫殿里设宴。可那时追随自己的贤臣良将不过伍子胥、被离以及吴王僚的几个旧臣，寥寥数人；并且还面临着逃亡在外时刻准备反扑的吴王僚旧部，内忧外患冲淡了初为吴王的喜悦。而现在，一眼望去，两旁就座的将士已绵延至宫门口，就是他们带领吴军一路拼杀，势如破竹，攻破强楚，助他称霸中原。阖闾不禁感叹，场面何其壮哉！他高举酒爵，众人也随之举杯祝贺伐楚大胜，称颂阖闾功绩。阖闾心中愈发欣喜，和大家连饮数杯。这时，他在一片称颂声中注意到了不和谐。孙武端坐在一旁，脸上更多的是凝重。耳边充斥着赞颂，阖闾不禁飘飘然。

"孙将军，为何不畅饮?"

孙武还在沉思中，伍子胥在旁边放下酒爵，向孙武示意。

阖闾举杯。

"此次伐楚，孙将军兵法玄妙，用兵如神，功不可没。寡人敬你一杯。"

孙武回应，连称不敢当。阖闾再次举杯。

"携六万之师横扫二十万之众，破楚首功，非孙将军莫属。"

这时，酒宴的喧闹中突然有了一刹那的沉寂，仿佛酷热盛夏中的一丝寒霜。孙武敏锐地感觉到身边有一个冰冷的眼神向他飞来，他不禁打了一个冷颤。这种眼神太熟悉了，早在二十年多前，远在千里之外的齐国，齐景公封田穰苴为将军时，就有这种来自国、栾、高家族的嫉恨的眼神。太相似了。

这个眼神来自伯嚭。

这个难以觉察，甚至可以忽略不计的沉寂之后，酒宴又升腾起喧哗。

只有孙武自己知道，这个沉寂和眼神来自阖闾的那句"首功非孙将军莫属"。

一夜狂欢。

翌日。日上三竿，阖闾才从宿醉中昏昏醒来，歇息良久准备上朝，每天负责递送随身宝剑的侍卫却迟迟没来。阖闾恼火不已之时，侍卫慌慌张张跑来禀报：“大王，莫邪剑不见了。”宫中的人都慌了，都知道这是阖闾最心爱之物，几十人几乎将寝宫和库房彻底翻查一遍，仍然没有任何蛛丝马迹。保存莫邪剑的库房没有任何外人进入的迹象，看管人也自称没有任何的疏漏。但莫邪剑确确实实不翼而飞了。

阖闾震怒，严厉责罚了看管人，但仍愤懑不已，难以释怀。他遣人快马飞奔天目山，寻找干将、莫邪，但遍寻天目山，不见两人踪迹。

原来二人在天目山兢兢业业为吴王铸造兵器，但历经吴、楚战火，亲眼见到无数的将士在戈戟的舞动中，或者夺他人之命，或者命丧他人之手。夕阳下，洪炉火旁，干将放下手中的大锤，默默凝视着洗剑池旁的莫邪，清冽的池水逐渐浑浊。

“莫邪，”莫邪转身走到他身边。“莫邪，还记得学艺之初师傅的教诲吗？”

莫邪看到干将眼中的神情，明白了许多。

“没有忘记。剑为百兵之君，有君子之德。不为欺凌和杀戮，唯为高洁与操守。”

莫邪也深知他们所铸之戈戟嗜饮血腥，愧对恩师教诲。两人对望良久，干将把大锤抛进洗剑池，又取水浇灭火炉；莫邪遣散了工匠，收拾好行李。下山之际，两人不约而同驻足回望，别了，天目山。他们深情跪拜这座生活了十年，融入了回忆、温情，甚至体温和呼吸的天目山，携带干将剑悄然归隐山林。干将剑已走，莫邪剑自然追寻，深夜时分，冲破剑函，乘空而去。

阖闾失落之余，亲自去密室要找出湛卢剑代替莫邪剑。他打开剑函，惊奇地发现湛卢剑也神秘消失了。

湛卢剑乃仁道之剑，通体黑色浑然无迹，弥散着温厚和慈祥，就像上苍的眼睛，目光深邃、明察秋毫，注视着王侯的一举一动。

阖闾顿觉无力，望着手中空空如也的剑函，不禁想起相剑师风胡子的话：“湛卢剑乃五金之英，太阳之精，出之有神，服之则威。君有道，剑在侧，国兴旺；君无道，剑飞弃，国破败。”

阖闾继而记起在郢都的所作所为，记起了孙武在耳边的告诫，记起了他还是公子光的时候，是如何在灵猫的引导下在库房里与鱼肠剑结缘的。上天既然可以赐他鱼肠剑，也可以收回湛卢剑。

阖闾一想到此，不禁冷汗涔涔。

第五卷

第一章

伯嚭受惑　助越伐吴做内奸

深秋。越国。王宫。

宫殿内只剩下了三个人，越王允常、谋臣文仲和范蠡。已近更深灯枯。允常和两位近臣在谋划“灭吴”大计。越国从一个边陲小国默默发展兴旺，历经三十余代，王位传至允常。允常志向远大，素有称霸雄心。吴、楚大战之时，文仲和范蠡敏锐地感知到机会到了。两人进谏允常，越国与夫概密谋，出兵协助夫概，帮助夫概取代吴王阖闾，这样，越国即可分到广袤的吴国领土的三分之一。但不料孙武带兵回防，挫败了夫概的篡位之举，越王允常与夫概的私下结盟也随之瓦解。但是越国并未偃旗息鼓，允常看到了与吴国抗衡的可能性。他决计和谋臣文仲、范蠡商讨长期“伐吴”大计。

范蠡经过了一番精密的权衡。

“大王，历代先王励精图治，越国已逐渐强大。但吴国实力不弱，伐强楚，入郢都，势头正劲。贸然开战必是一场恶斗，胜负难以预料，百姓流离失所，集聚数代的财富也近乎殆尽。实在不为明智之举。”

文仲接着说：“吴国名将孙武的兵法运用入神，他曾说，以正合，以奇胜。伐树的樵夫深知，一把斧头再锋利，面对合抱的大树，尽管可以重伤大树，但自己最终落得刃崩柄断的结局。但一只小小的蛀虫，不动声色钻入树干之中，悄悄啃噬，一年之后大树的枝干貌似与往常无异，但早已中空腐朽，风过之后，轰然倒地。与吴国正面交锋难免两败俱伤，我们可以安插蛀虫。”

允常点头。

“可是谁做蛀虫呢?”

范蠡顿悟，他也想到了理想人选。文仲回复说：“吴国的伯嚭。”

“为何?”

范蠡又说道:“当初我和伯嚭两人因在楚国饱受不公，分别奔越和入吴，但我们私交尚好。他的父亲伯郄宛因受费无忌和鄢将师陷害，几乎遭灭门之灾。伯嚭因为未在家中而逃过一劫，后来逃亡吴国。其父伯郄宛忠勇耿直，但伯嚭为人贪婪，心机颇重。为感谢阖闾收留和为家人复仇，在伐楚中作战也算骁勇。但孙武和伍子胥战功显赫，伯嚭锋芒被遮掩。以他的脾性，在如此压制之下，他的嫉妒之心肯定日增月长，利用他对于孙武的嫉恨，对于阖闾的不满，让他成为我们在吴国的耳目和毁木的蛀虫。”

目标选定，三人又详细商讨至东方泛白。三人步出大殿，红日正欲喷薄而出。虽然一夜未睡，但三人并未感到疲惫，反而精神倍增。允常深吸一口气，顿觉清爽。

“阖闾，你的吴国快要入我越国的囊中了。”

范蠡和文仲分析得没错，孙武在庆功宴上感知到的也没错，伯嚭的嫉恨之心像乱草一样疯长。同是从楚国流亡至此避难，伍子胥帮助阖闾登基，成了阖闾的心腹重臣，而他未受到阖闾的重视。连孙武也从客卿到将军，阖闾称“伐楚首功，非孙将军莫属”。孙武、伍子胥等人功名利禄全占，而他得到的只是和其他偏将一样的待遇。

这一日，伯嚭在府中甚是烦闷，案几上摆着琳琅满目的美酒佳肴，但尝了几口感觉味如嚼蜡，挥手让侍从撤下。眼前的歌舞吟唱也引不起他的兴致。他正想烦闷地睡下之时，下人汇报。

"有人求见。"

伯嚭更是心烦。

"这都什么时辰了，还来烦我，滚!"

下人战战兢兢地说："来人说是您的老友，非要面见您不可。"

"老友？让他进来。"

来人穿着一身黑衣，戴着一顶箬笠，遮住了大半个面庞。伯嚭疑惑地看看，没有辨认出来，等来人摘下箬笠也只是看着面熟。来人哈哈大笑。

"伯兄，还没认出吗？我是范蠡。"

伯嚭恍然大悟，赶紧让座。伯嚭心存疑虑，范蠡虽然和自己原在楚国时相识，但现在自己在吴国，范蠡在越国，越国对吴国的觊觎之心日见其增，两国素来视彼此为潜在敌人，互相防范，互相试探。范蠡深夜来访又有什么私密之事？

范蠡似乎看出了他的疑惑。

"伯兄是不是不欢迎老友啊？"

伯嚭回过神来。

"不，不，多年未见，想起旧事，一时恍惚而已。"

范蠡起身命门外车上的随从搬进自带的酒坛。还未开坛，酒香已经溢出，满屋飘香。

伯嚭赶紧吩咐侍从摆上佳肴。范蠡说："老友，恕我今晚贸然拜访，今晚只叙友情，不言其他。"

伯嚭一开始还在试探，但范蠡确实没有食言，谈论起在楚国的旧事，不由勾起两人数年前的如烟往事，不禁喟叹连连，酒很快喝光一坛。开启第二坛之时，二人已经酒酣耳热，伯嚭看到范蠡和文仲在越国已经是越王允常的重臣，不由愈加不平衡，拉住

范蠡的衣袖，将心中的块垒一吐为快。范蠡不以为然。

“伯兄，这些都是琐碎小事，升迁之事我会全力相助。今晚只谈享乐。我为伯兄准备了比美酒佳肴更好的东西。”

伯嚭正迷惑间，范蠡的随从由府外的马车上搀下一人。伯嚭醉眼朦胧中，眼见一位披着白纱的美女婀娜地轻移莲步，分明是一位绝色越女。越女走近伯嚭，灯光透过白纱，曼妙的曲线若隐若现，一阵淡淡的奇香扑鼻而来，伯嚭在酒香和体香中沉醉了。范蠡挥手示意，下人们知趣地退下。越女妩媚地一笑，温柔地挨着伯嚭坐下，端起了酒杯。

伯嚭被这妩媚的笑摄取了魂魄，把越女揽入怀中，把脸贴到越女粉嫩的脸上共饮美酒。不觉间又有数杯下肚，伯嚭不由淫兴大发，也不顾忌范蠡尚在旁边，嘴里含混地说：“范兄，自便。”搂着越女踉踉跄跄地走进内室。

一夜巫山云雨，伯嚭只记得一次次冲上巅峰，一次次跌落谷底，又一次次跃上云端。

第二天伯嚭醒来，怀里是柔滑的身子和妩媚的脸。伯嚭忆起昨晚范蠡的拜访和越女的陪伴，越女将脸娇羞地伏在他怀里，伯嚭顾不得想范蠡，揽过越女跨了上去。

已近中午，伯嚭慵懒地起床，唤过侍从询问，才知道范蠡昨晚已经离去，还留下两只大藤条箱。打开一看，满满的珠宝，晃了伯嚭的眼睛。珠宝上面放着范蠡留下的一封书信，告知伯嚭他一月后再次来访。

美酒、美人、美玉，伯嚭乐得日日笙歌，夜夜温柔乡。美酒泡软了他对越国的敌意，美女在耳边吹软了他的耳根，美玉蒙蔽了他的双眼。

一月之后，范蠡如约而至。

范蠡这次是和文仲深夜来访的。看到两位老友在越国已是重臣，而自己还在孙武等人的遮掩和压制之下，看不到出头之日，伯嚭这次萌生了弃吴奔越的念头。文仲为他分析。

“伯兄顺应天时，弃暗投明，但如果贸然前往越国，寸功未立难以服众，越王无法委以重任。”

“远在千里之外，如何立功?”

范蠡答话:“越王深知你我三人的关系，对你也极为信任。你我三人一起辅佐越王，大王希望你能暂时留在吴国，协助大王攻伐吴国，事成之后，越王自然给伯兄记下首功一件，高官厚禄自不在话下，美女、宝玉也任你挑选。名利双收，名垂青史，岂不快哉?”

伯嚭再次动心。摇曳的烛光下，三人密谈“助越伐吴”大计。范蠡和文仲返回越国，又给伯嚭留下了美女、珠宝和一个天大的希望。

为了实现这个天大的希望，伯嚭参与了一个天大的阴谋。

他目前的首要政敌是孙武，吴王阖闾把伐楚的首功记在孙武身上，伯嚭想灭掉孙武，让越王允常把伐吴的首功记在自己身上。阖闾对孙武极为器重，但阖闾和孙武之间并非没有缝隙可钻，那个缝隙就是孙武斩杀过阖闾的两名宠妃——姜妃和皿妃。孙武吴宫教战，斩杀姜妃和皿妃之前，阖闾急命伯嚭劝阻孙武，但孙武驳回了伯嚭转达的阖闾口谕，毅然斩杀宠妃以整军纪。伯嚭依然记得斩杀之前阖闾的焦灼和斩杀之后阖闾的恼怒，虽然阖闾封孙武为将军，但阖闾接连数天的心痛和懊恼伯嚭还是能清楚地感知到的。

七年前的这个小小罅隙，成了伯嚭离间阖闾和孙武的口实。

第二章

二妃穿越　现身吴国扰朝野

夕阳西坠。宫殿内，议事结束，众人退朝之后，伯嚭特意留

了下来，跟在阖闾的身后。

“主公，微臣刚购得几坛美酒，不敢独自享用，恳请主公到臣下寒舍一尝。”

阖闾正好有些饥饿，听说美酒佳肴，不觉来了兴致，点头应允。阖闾上了驷车，伯嚭谦卑地陪在车后。阖闾在侍卫的簇拥下到了伯嚭府上。

为迎接阖闾的到来，伯嚭为宴客厅的装修颇费了一番苦心，掩映在竹林之中，微风轻拂，飒飒之声颇有丝竹之音，烈日下洒下片片阴凉，黑夜中露出点点疏星。厅堂舒适但不张扬，简约而又不失精致，连案几的式样和颜色也颇为符合阖闾口味。果然，阖闾巡视一遭，大为高兴。

“爱卿，没想到竹林深处别有洞天。难得，难得。”

伯嚭更是高兴，请阖闾落座。侍从们呈上早已精心备好的美酒珍馔。酒香清冽，似泉香浮动，令阖闾胃口大开。数杯过后，阖闾兴致勃发，大加称赞伯嚭。伯嚭俯首。

“谢过主公。今夜微臣不仅准备了酒馔，还准备了乐曲。”

“赶紧让寡人观赏。”

伯嚭击掌示意，管弦乐声从竹幕屏风后面缓缓响起，阖闾闭目倾听，突然手中酒杯停了下来，乐曲如此熟悉又如此遥远，似泣如诉，仿佛有人置身雾中，大雾渐渐隐去，面容渐渐清晰。阖闾猛地睁开眼睛，眼前情景令他心颤手抖，酒杯落地。竹幕拉开，两名绝色女子端坐弹奏，面容如此熟悉——姜妃！皿妃！似盛夏的一道利闪击中了阖闾，阖闾完全惊呆了。

两名女子起身向阖闾走来，一左一右伏在阖闾的身边。阖闾这时才清醒过来，抓起两人的玉臂，仔细端详，两人和以前的姜妃和皿妃一模一样。阴阳两隔的爱妃回到了人间，还是自己进了梦境？阖闾疑惑地看着伯嚭，伯嚭俯身跪倒。

“恭喜主公和王妃重新聚首，此乃天降祥瑞，天佑我主。”

“姜妃”伸出纤纤玉指，斟了小半杯，端到阖闾嘴边。

二妃惑王

“大王，我带领宫女习战走得匆忙，我亲手给大王斟满的酒大王尚剩下一半，请继续畅饮，圆满这杯。”

阖闾大惊失色。孙武教战之时，姜妃在观战台上给阖闾斟满酒杯，随即带领宫女到了演兵场。孙武诛杀姜妃时阖闾手中尚剩下小半杯，姜妃亲手斟满的酒阖闾来不及饮完，就和姜妃阴阳两隔了。

这是七年前那个午后的残酒？阖闾望着眼前这张俊俏熟悉的脸，突然感到了巨大的疑惑和恐惧，她是谁？姜妃，人，神，妖？

这时另一身侧突然拂过一阵微风，转身一看，竟是“皿妃”手持一把团扇为他扇风，而这把团扇也令他恍如隔世，那是观战台上皿妃临去演兵场时随手放在案几上的。

阖闾晃晃近乎眩晕的头。

“伯嚭，这是怎么回事？”

伏在地上的伯嚭连连叩头。

“主公，七年前孙武心存私心，为显自己兵书之效，为逞一时之气，违抗主公之令，滥杀无辜，两位王妃无端受罚，含恨升天，人神共怒。如今上天重断此案，为两位王妃昭雪，将她们送还主公身边。”

阖闾半信半疑，但“姜妃”和“皿妃”确确实实在身边侍立，音容笑貌宛若演兵之时。他转身问起两位王妃，两人跪下诉说：“当时刀光在脖颈之上闪过，我们的魂魄随刀光升到半空，日夜思念大王，但口不能言，冤屈无处诉说，思念无处言表，只能历经凄风冷雨，随风游荡。孙武害得我们和大王七年未见，后有天神明察孙武的骄横凶残、大王的仁厚宽容、我姊妹二人蒙冤受屈，天神在月圆风清之夜，用姑苏台之黄土，天目山之翠竹，太湖之莲藕，赤堇山之清泉，为我姊妹二人重塑原身，注入魂魄，遣送我们回到大王身边。”

伯嚭随后再次叩头。

“主公，今晚就是月圆之夜，不如微臣恭送主公和王妃回宫，享受良辰美景。”

虽然疑虑未消，阖闾心中也甚是高兴，在“姜妃”和“皿妃”的陪伴下欣然回宫，缠绵至天色大亮。

翌日，朝堂之上，阖闾看到孙武，自然想起诛杀两位宠妃的事，不由得皱起了眉头。伯嚭偷眼看阖闾的脸色和眼神，心里暗自高兴，他知道，他已经成功地在阖闾心里播下了对孙武嫉恨的种子。

第三章

绝地反击　孙武联手查真凶

这颗种子是范蠡、文仲和伯嚭一起种下的。三人密谋时，伯嚭告知他们，阖闾和孙武的罅隙就是孙武诛杀阖闾宠妃。范蠡和文仲详细问清姜妃和皿妃的身材、容貌、习性，费尽周折找到两位酷似两妃的女子，威逼利诱之下，把两人扮成两位宠妃的模样，暗中送入伯嚭府中，由伯嚭亲自教授她们模仿二位宠妃。阖闾对二位宠妃非常喜爱，时常带在身边，所以伯嚭对宠妃甚是熟悉，而且二位宠妃被诛杀前后伯嚭一直跟随。一个多月的训练，两位女子模仿姜妃和皿妃已是惟妙惟肖。于是，伯嚭编排了一场“二妃复活”的大戏。孙武已经深陷危险中了。

两个“爱妃”的出现，不但让阖闾在温柔乡里缠绵沉溺，而且一扫他七年前痛失“爱妃”的心头阴霾。逐渐地，他也消除了对“爱妃”复活的疑虑，对伯嚭甚是欣赏。两位“爱妃”在床第极尽缠绵，吴侬软语让阖闾大为高兴。

不日，阖闾下令将伯嚭提升为太宰。朝野一片哗然。

孙武也感觉到了丝丝异样。

孙武进言，吴军应尽早从伐楚之战中恢复，广开兵源，补充兵力，整饬军制，早日正规操练。越国和晋国实力逐步强大，楚国也已复国，虽暂无反扑迹象，但吴国入其郢都，毁其社稷，楚国以此视为国耻，大仇深埋心底不能不报。

阖闾听完后不以为然。

“你过虑了吧？楚国现在苟延残喘，蜷缩一隅保命，还敢反扑？当年强盛之时还被我大吴灭掉，现在只能自保，何谈报仇？现在郢都如我囊中之物，我大吴随时可取。”

孙武听出，以前阖闾对他的尊称“孙将军”已直接变为“你”，而且口气如此狂妄自负，完全不是之前忧国忧民、励精图治的阖闾了。

孙武不顾被当面驳斥，仍想进谏，转而一想，阖闾如此闭目塞听肯定发生了什么变故。他略一沉吟，躬身退下。

天色已暗，孙武的房内没有亮灯，他在黑暗中踱步沉思。他清楚地知道，阖闾的变脸主要是针对他，而他和阖闾之间的纠结之处只有一点，那就是他痛斩阖闾的宠妃。但这事已有数年之久，阖闾的痛心也应被时光冲淡。夜里孙武也常常惊醒，阖闾命孙武吴宫教战，除了消除大家的疑虑之外，更多的是在考验孙武是否值得托付江山。而孙武痛斩宠姬，除了树立军威之外，更多的是考验阖闾是否值得他托付兵法。两名宠姬在这场考验中无端丢了性命，阖闾痛心，孙武除了痛心，更是愧疚，有时梦中也是刀光血影，每每惊醒，夜不能寐。他也知道愧疚于事无补，也曾焚香祷告，希望亡魂安息。阖闾对自己的变化指向只有一个：两位“宠妃”借尸还魂。

伯嚭的迅速升职的指向也只有一个：伯嚭参与了此事。

想到此，孙武迈步出门，准备拜望伍子胥。巧的是，侍从来报，伍子胥和被离来到府上。

三人都对吴国的未来倍感忧虑。被离自始至终对阖闾忠心耿耿。朝堂之上他也看到了阖闾的变脸。他从阖闾是公子时就忠心侍奉，在引荐伍子胥、专诸刺王僚、阖闾登基、刺杀庆忌、伐楚之战中一直鼎力相助。如今看到阖闾的昏庸迹象显现，被离颇为痛心。

一夜长谈，三人决议找出阖闾身边的妖魅。

从最初为公子光寻找能人异士，被离就走遍了整个吴国，周边国家也很熟悉，不仅自己熟悉而且他的人脉丰富，有大批的线人遍布朝野。很快，线人从阖闾身边的贴身侍卫处获知了两位“宠妃”的神奇现身，迅速禀报给被离。

被离前往孙府。

“孙将军，真是料事如神。果真是主公身边出现了冒充王妃的人。”

孙武脸上并未出现喜色，摇摇头。

“假王妃不会无端出现，若是普通女子，断无此类厉害手段。二人只是傀儡，更大的幕后黑手才是最可怕的。”

“没想到主公身边竟然暗藏着毒蛇，明日上朝我会当场揭穿的，我有证人，我会继续差人探查的。”

孙武忙伸手止住。

“万万不可，主公现在还被蒙蔽，真相还未完全明了，主公也很难纳谏，反而会打草惊蛇，幕后黑手更难追查。”

“我继续差人暗中察访，让暗藏的黑手彻底现形。”

被离走了之后，孙武再次思忖，他陷入两难境地。继续追查，顺藤摸瓜，斩草除根，当然是大家最希望的结局。但是，一旦真相大白，无论谁是暗藏最深的黑手，这两位“宠妃”必定首先被推到斧钺之前。演兵场的一幕又鲜活地浮现在孙武眼前。可以断定，这两位假王妃的出现与自己诛杀真王妃必有联系，假王妃是幕后黑手要谋害自己的工具而已，也许是受诱惑的，也许是受强迫的。真王妃已死，难道要假王妃也去赴死？难道要在自己

心中再加一层愧疚？

在大是大非面前，孙武第一次动摇了。

孙武决计，如果幕后黑手仅仅为了谋害他，他就不再追查。阖闾对自己的呵斥，对自己的不公，甚至日后可能对自己的罢黜，他可以选择接受。为了弥补自己多年的愧疚，他就当假王妃是真王妃派来向自己索债的吧。

第四章

夫差受惑　父子反目酿荒唐

清晨。吴宫的偏殿。

殿外高大的树上鸟群不停地鸣叫，夫差在聒噪声中醒来，天色刚蒙蒙亮。他无法再入睡，心中烦闷，起身命人赶走鸟群，在院中舞剑。他总觉心中有事，无法静心，于是把剑入鞘，按例前来给父王阖闾请安。

今天夫差起得早，进到阖闾的寝殿时，阖闾刚刚起床，正由“姜妃”和“皿妃”侍候着洗漱。夫差见到“姜妃”和“皿妃”竟然出现在父王身边，不由得大吃一惊，往日他来得比这要晚，从未见过父王身边的“王妃”。他对姜妃是很熟悉的，两妃演兵之前，夫差还是十六岁的孩子，阖闾对他甚是喜爱，封为公子。他也常见到父王身边的两妃，尤其是姜妃对他很和善，经常陪他一起在后花园玩耍。他那时已有十六岁，而姜妃也不过十六而已，天长日久，他心中对姜妃暗生情愫，朦胧而美好。他知道自己的身份，只能将它暗藏在心底。两妃被诛杀后，他一面怨恨叔父夫概无端挑起是非，一面怨恨孙武心狠残酷，他为两妃尤其是姜妃的离去痛心很久尚不能平复。一见父王身边的“姜妃”，他不由得当场僵住，好久无法回神。

阖闾不想让更多人知道“两妃”的复生。今天夫差早早来到寝殿，正好撞见，阖闾心生不悦。见到夫差呆站在面前，阖闾不由恼怒。

“夫差，你来此处是何事?”

夫差这才醒过神来，慌乱中赶紧给父王请安。他抬头之际，看到了“姜妃”在阖闾背后对着自己抿嘴一笑。这一笑，像极了数年前的姜妃，妩媚至极，勾魂摄魄。沉埋在夫差心底的情愫瞬间翻江倒海。

夫差见阖闾脸色阴沉，只好无奈地退出，一路上失魂落魄。

这是范蠡和文仲设下的圈套之一。

夫差自此思绪纷乱。接连几日的折磨，他再也忍耐不住，趁阖闾上朝之时，假称身体不适，溜到了阖闾的寝宫。

他自然不能走正门，后院就是他很熟悉的后花园。墙根下他凝神屏息，花园里传来柔美的笑声。他的魂儿瞬时被勾走。他攀上花园的矮墙，花丛中正是“姜妃”和“皿妃”，身旁陪伴着几位侍女。“姜妃”手里正折了一朵艳红的花，一抬头看到了他，她和“皿妃”对视，冲着夫差掩嘴一笑。笑靥如花，映衬着手中的花朵，夫差心慌手抖，差点从墙上摔下来。

侍女赶紧从里面打开后门，夫差的心怦怦跳得厉害，脸红心慌地走进了花园。

自此，夫差常常以“身体不适”为由请假不上朝，偷偷沉溺在后花园乃至后宫。

一日，阖闾得到奏报，吴、楚边境的辛泽国有谋反之心。辛泽国原先是楚国附属国，后来归顺了吴国，连年向吴国缴纳税赋。近来辛泽国虽然向吴国缴纳了税赋，又暗中向楚国缴纳了赋税，而且让出一大片国土准许楚国屯兵。阖闾大怒，令偏将裴基率一万人马灭掉辛泽国。

孙武忙进言："主公，此事不可草率。在伐楚前，我和被离都去过辛泽国，说服他们归顺我吴国，也为楚国剪除了一侧的耳目。辛泽国地薄民寡，无力与吴、楚抗争。此次为楚国缴纳税赋也许是慑于楚国淫威，出让土地也是被迫无奈。如果贸然出兵，辛泽国无力抵抗，百姓必会流离失所，可怜子民无端受战乱所害。辛泽国地处两国边境，轻易讨伐也会引发吴、楚争端。"

"咄！"

阖闾止住孙武。

"想当年，大吴将楚国灭掉，郢都也为我所有，残兵败将何谈与我大吴起争端。你带兵伐楚的锐气呢？"

伍子胥也想起身劝诫，阖闾瞪了他一眼，接着冲孙武说："流离失所？不杀这些叛民就已是对他们天大的恩情。后宫的嫔妃都可以说杀就杀，何况这些有谋反之心、叛逆之举的乱臣贼子！"

伍子胥再次起身进谏。

"主公言重了。孙武之言有理有据，还未查明真相，不可称之为叛臣。对这些子民还是宽容些好。"

阖闾话锋一转。

"掘墓鞭尸的事情都可以做，何谈宽容？铲除叛臣为何不可？"

其他人面面相觑，不知为何阖闾如此大发雷霆，只有伯嚭暗自偷笑。被离暗暗观察伯嚭的异常。

阖闾怒气未消。

"裴基，即日出兵！"

说完，拂袖而去。

谁也没想到散朝如此之早，众人各怀心思散去。

更没想到散朝如此早的是夫差。

被离见阖闾愤愤离去，忙紧随其后。当阖闾怒气冲冲离开正殿时，夫差正在后宫搂着"姜妃"温存。从最初的腼腆牵手，到"姜妃"的半推半就，再到二人的酣畅淋漓，才短短半月时间。

夫差的贴身侍卫隐在后宫门后，见阖闾早早归来，赶紧急急向后宫跑去报信。不料，被离发现情况异常，大呼一声，阖闾的侍卫飞身追赶，将夫差的侍卫按倒在地。阖闾也感觉异样，逼问夫差的侍卫，侍卫支支吾吾不敢说。阖闾大踏步冲进后宫，他的侍卫紧紧跟在后面，沿途的仆从吓得纷纷回避。

阖闾猛地将房门撞开，床帷之中传来娇笑嬉闹之声，随即是一声惊叫。阖闾大步上前，撕下床幔，锦被下是赤裸的夫差和“姜妃”。“姜妃”露出大半个雪白的身子，蜷缩着瑟瑟发抖。夫差下意识地用身体挡住“姜妃”。结果适得其反。在阖闾眼中，夫差又扑到姜妃身上。他如晴天霹雳，无论如何也想不到自己最器重的儿子和自己最爱的宠妃做出这种令人不齿之事！

阖闾大怒，拔剑欲砍，被离赶紧抓住他的手腕拦住，连连摆手让随后赶来的侍卫出去。夫差胡乱抓住衣服，趁机逃离。“姜妃”则躲在角落，可怜地大喊冤枉。

阖闾转而审讯夫差的侍卫。侍卫也知道横竖是死，不愿背叛夫差，转身狠狠撞向石柱，当场气绝。阖闾亲自审讯了后宫的侍女。恐惧的侍女们也左右为难，一面是吴王阖闾，一面是太子夫差和吴王的宠妃，得罪谁都不行。

里面有一位聪明的侍女，是“姜妃”的贴身侍女，平时也受了姜妃不少恩惠。她知道如果保住了“姜妃”,“姜妃”会感恩她，夫差也能接受，毕竟夫差是爱“姜妃”的，阖闾虽说颜面尽失，但他也舍不得姜妃。于是她先开口说，夫差一时色迷心窍，留恋“姜妃”的美色，三番五次来找“姜妃”。“姜妃”挣扎不过，只能就范。听她这么一说，其他侍女也纷纷按此口径招认。

被离本想趁此机会查明“姜妃”的真正身份，顺藤摸瓜查出幕后黑手。但他需要看阖闾的态度。阖闾心存疑惑，但如果自己的爱妃和自己同床异梦，引诱太子殿下，那自己会在朝野中尽失颜面；如果是自己的儿子年少无知，一时糊涂还是可以接受的。

他以防范不力为名，恨恨地命人斩杀了几个下等侍女，算是出了一口恶气。

此事草草了断，被离只好暂时作罢。

第五章

妖魅显形　子胥孙武难抉择

夫差确确实实病了，心中虽然还思念“姜妃”，但更怕暴跳如雷的父王。夫差在自己的偏宫心怀忐忑地躺了三天后，不见异常动静，也就慢慢放下心来。

阖闾不是不想严惩夫差,“姜妃”虽然不是夫差亲生母亲，但是一个是太子一个是王妃，颠倒伦常之事还是不要闹得满城风雨的好。所以阖闾也就暗暗咽下这口恶气，不过对夫差还是心存芥蒂。

至于“姜妃”，本来按照范蠡的安排，新的任务就是诱惑夫差，让阖闾和夫差父子反目，他们一个是当任的吴王一个是未来的吴王，挑起二人的争斗，无论是一伤还是两败俱伤，都会让吴国大伤元气的。可惜事情刚刚开始，就被阖闾撞见，自己也险些丧命。在阖闾的万千宠爱下，她感觉到靠山强大无比，但是事情被撞见之后，阖闾的震怒，夫差的奔逃，侍卫的自杀，侍女的被斩，让她感觉到她只不过是惊涛骇浪中的一叶扁舟，不，是一片枯叶。她不能失去阖闾的宠爱，她怯生生地向阖闾请罪，模样令人万般怜惜，哀怨至极，娇媚至极，用尽周身解数，以似水的柔情浇灭了阖闾的怒火。

风波渐渐平息。

目睹此事，被离告知了孙武和伍子胥。

孙武意识到了事情的严重性。如果是报复或嫉恨，而且单纯地针对他，他可以忍让，可以退让。但现在“两妃”的袭扰目标已经扩大到要让吴王父子反目成仇，如若再坐视不管，吴国离灭亡之日不远了。

必须要除掉“二妃”。

被离和伍子胥都感觉此事很棘手。平日阖闾对“二妃”宠爱有加，无法说服阖闾辨明事理。阖闾的寝宫戒备森严，外人无法进入。

孙武叹道：“仁慈之心已无法感化二妃，她们已如吴国的蛀虫。除掉她们也容易，我在齐国之时，齐相晏婴曾经二桃杀三士，我们可以借此手法。两妃同在身侧，难免厚此薄彼，天长日久两人必起攀比之意、不平之心。如果主公手中有一件上佳的女人喜爱之物，正好又被二妃看到，吴王无论给谁，另外一人必心生不平。从此二人必事事计较，离心离德，互相诋毁，渐起叛离之心。”

被离的人脉网又发挥了作用。十天之后，随从进献了一件宝物——百鸟朝凤簪。将这枚宝簪面呈阖闾，并且能让二妃看到的人也只有被离。当阖闾还是公子的时候，被离就是他的心腹之人。被离目睹了“姜妃”和夫差的丑事。阖闾自从有了二妃之后，一直忌讳将她们示人，既然被离已经了解，就不必在被离面前避讳。

一日，朝堂议事之后阖闾回宫，被离不消一刻随即拜望。

“主公，今日我从民间寻得一件旷世之宝，不敢独享，特来献给主公。”

“哦，拿来看看。”

阖闾来了兴趣，接过来看了一眼，是一枚簪子，上面镌刻着一只飞凤，雕刻手工倒也精致。阖闾有些失望。他见惯了奇珍异宝，都比这要精美，而且这又是女人之物。他淡淡地说：“难得你一片苦心。”随手将簪子递给了站得离他最近的“姜妃”。“姜妃”的兴致也不高，随手戴在头上。被离接着说：“主公，这枚簪子看起来没有出色之处，容我带主公去花园一试。”

阖闾带着二妃和被离来到后花园。微风吹过，飞凤似展翅欲飞，口中竟发出“锵锵”之声，花丛中的小鸟儿聚拢过来，树林中的鸟儿也齐声鸣叫。五颜六色的小鸟儿在“姜妃”头顶上空盘旋飞舞，像一道色彩斑斓的霓虹。众人惊喜不已之时，被离向阖闾道喜：“凤凰于飞，和鸣锵锵。主公，此为吉兆，上上签。”

阖闾大喜。这时，“皿妃”心生醋意。

“大王，我也一试。”

“好，好。”

阖闾边说边从“姜妃”头上取下簪子，戴在“皿妃”头上。鸟儿随即飞到了“皿妃”上空。

“大王，快看，又来了几只，这几只真漂亮，比刚才更好。”

“姜妃”本来沉浸在喜悦中，这时感到无限失落。“皿妃”接着雀跃。

“大王，你看来了一只绿雀，大王，这簪子更适合我，赏给我吧！”

阖闾为难了，到底该给谁？这两人他都喜欢，但自从“姜妃”和夫差事发后，他虽然接受了“姜妃”的解释，但仍然心存芥蒂。不过，当着“皿妃”的面，他又不能太冷落“姜妃”。

“皿妃”也看出了阖闾的犹豫，扑在阖闾的怀里，晃着阖闾的胳膊撒娇。阖闾应允，“皿妃”欢快地在园中跑来跑去，鸟儿在空中随着她头上的百鸟朝凤簪飞舞。

“姜妃”心里极度失落。本来簪子是给她的，现在阖闾亲手拿走让“皿妃”试，又亲口答应给了“皿妃”。难道她真的失宠了吗？她听从范蠡的安排献身给夫差，竟然落得这般下场？“皿妃”未费丝毫力气，阖闾反而对她宠爱有加。她心有怨气，又不能在脸上表现出来。

被离将一切看在眼里，现在他需要做的就是安心等待，等待“姜妃”心里的积怨酿成嫉恨。

其实，即使阖闾把簪子赐给“姜妃”,“皿妃”也将心生嫉恨。她会觉得,“姜妃”诱惑夫差，已经身心不洁，阖闾原谅她也是大慈大爱，哪里配得上这枚圣洁的凤簪?

不出孙武所料，这枚凤簪挑起了二妃的明争暗斗。二人从暗自心生怨气到侧目而视，纷争逐步升级。在范蠡和文仲的精心安排和授意之下，二人齐心协力实施离间计，让阖闾君臣叛离，父子反目。但是一旦两人之间个人利益触动了，必有争执，而且会无休无止。为了争宠，二人开始避开对方，偷偷在阖闾面前互相诋毁。阖闾皱起眉头，面露不悦。但二妃的背后诋毁毫不停息，最后发展到了当着阖闾的面争吵。

此二妃的形象与彼二妃的形象大相径庭，阖闾大失所望，心生厌恶。

阖闾去二妃那里的次数减少。二妃不觉失宠原因，还在怨恨对方。阖闾数日不来，二人在后宫争吵，难免一时气急，有些涉及范蠡计谋的话也脱口而出。二人吵完后倦了各自休息，不料有随身的侍女将她们的话如实禀报给了阖闾。

阖闾对二人心生失望之余渐起疑心，他暗中安排了侍女密切关注二人的举动。渐渐地，二人的假冒身份也逐步浮出水面。

阖闾带人到后宫将睡梦中的二妃抓走。

二妃抵赖不过，只得承认是越国的范蠡和文仲遣派而来。阖闾大惊，万没想到百般宠爱的二妃竟是暗藏在自己卧榻上的大敌，他心中突然闪过自己登基前专诸刺杀王僚，要是二妃趁自己熟睡刺杀？要是二妃在自己饭食内投毒？一想到此，不由冷汗涔涔。

他一刻也不想见到二妃，回想起对孙武和伍子胥的误解和呵斥，想起太子夫差的受蛊惑，他恨不得手刃二妃。

但是二妃毕竟是服侍自己的宠妃，样子像极了日夜思念的姜

妃和皿妃。

他不忍心亲自下手，将二妃交由孙武和伍子胥处置，他知道二妃对于他们的诋毁和离间足以让二妃丧命。

孙武更觉棘手。真二妃命丧他手，假二妃难道也命丧他手吗？本以为忍让假二妃的诋毁以此来还真二妃之债，没想到阖闾将诛杀假二妃的任务推给了他。难道旧债未还又添新债吗？

他命人将假二妃暂时关押，前去找伍子胥商讨。

伍子胥叹气："你我都背负一生的债，我的债是为报父兄之仇，掘墓鞭尸；你的债是为显兵法，试主公，演兵斩二妃。你我都是良知之人，心病一生难除。"

孙武点头。

"假二妃也是受蛊惑之人，虽然心怀歹意离间君臣，但诡计已破，对你我，对主公已经无害。滥杀无益。"

孙武和伍子胥连夜审讯假二妃。假二妃为求一线生的希望，供认了越国的范蠡和文仲对她们的安排，供认了伯嚭的暗中操作。

孙武和伍子胥对视一眼，两人感到了范蠡和文仲的可怕，对吴国形势估计得如此精准，计划设计得如此巧妙。两人不禁暗自佩服。

审讯完毕，两人连夜写好奏折，准备第二天一早上奏。看看天亮还早，伍子胥准备回府再休息片刻。刚到府门口，突然一个身影从黑暗中出现，跪倒在伍子胥车前。

"伍大夫救我！"

原来是伯嚭。他感觉风声不对，假二妃被识破，势必会供出身后的黑手。一旦暴露在光天化日下，叛国投敌的罪名是洗脱不了的。不但自身难保，满门抄斩亦有可能。听说阖闾将此案交由孙武和伍子胥审理，他看到了一丝生还的希望，把伍子胥当作最后一根救命稻草，毕竟，伍子胥和他都是楚国旧臣，同为佞臣迫害，流亡吴国。

他不顾自己太宰的身份，跪在车前痛哭流涕。伍子胥也暗自叹息，十几年前，楚国忠臣伯郄宛被费无忌陷害，险些被囊瓦灭杀满门，伯嚭不在家中侥幸逃脱，奔逃数百里投奔同被迫害的伍子胥。没想到，十几年后，伯嚭竟如费无忌、囊瓦之流，竟对收留自己的大王和老友做出不忠不义之事。

伍子胥一面唾弃老友的堕落，一面怜惜同病相怜的老友。有随从在身边，鉴于这件案子中他和伯嚭的身份，他让人搀起伯嚭。伯嚭一面痛骂自己财迷心窍受了蛊惑，一面和伍子胥攀扯旧交，希望伍子胥能网开一面。伍子胥对于案情不便多说，催促伯嚭回去。

“太宰，不必过虑，子虚乌有之事自然经不住勘验，包藏祸心之事也无法掩盖，终究要大白于天下。太宰，我秉公办事，公道自在天道。”

说完，拍拍伯嚭的肩膀，转身进了府中，随从关了大门。

伯嚭一看无望，使出最后一招，跑到阖闾寝宫门外，跪伏在地，等阖闾出门时请罪。

其实伍子胥心中五味杂陈，思忖再三，命人备车返回了审讯之处。

孙武并没有离开，还在灯下思虑。孙武抬头看伍子胥进来，用询问的目光看了看伍子胥。伍子胥也沉默不语，翻看着桌上的奏折。良久之后，伍子胥开口了。

“孙将军……刚才我回去时见到了……”

他用手指了指奏折上伯嚭的名字。孙武点点头，似乎早就料到了。伍子胥接着说：“我们毕竟是老友……”

孙武沉思片刻。

“伍大人，他终究不是一时糊涂，而是思谋数年之久。我恐怕养虎遗患。”

房内沉静下来。良久，孙武开口。

“伍大人，我借你的马车一用。”

“何事？”

“送……两个人。”

伍子胥蓦地明白。

“车在院外，孙将军自用就是。”

孙武谢过，向门外走去，在门口突然停住了，没有转身。

“伍大人，要慎重，我返回后便上奏折。”

狱卒将假二妃押上马车，孙武独自驾车向姑苏城外驶去。

姑苏城外。离城已有六七里之遥。天还未亮。孙武勒住马缰，下车搀下假二妃。二人以为要在城外杀死她们，吓得瑟瑟发抖，跪在地上告饶。孙武止住她们。

“无论真二妃，假二妃，一切孽缘到此为止。”

二人迷惑不解，抬头看他。孙武接着说：“在吴国所见所闻，埋在心中，方能保住性命。趁着夜色，忘记这里，远处自有你们的安身之所。”

说完，拔剑斩断二人的绳索，将一包银钱放在她们面前，转身驾车飞驰而去。

太阳从厚重的云层中喷薄而出，清晨的微风如此清爽，孙武感觉胸口的一块巨石搬走了。

伯嚭伏在宫门前痛哭不止，阖闾皱着眉头烦闷不已。他既不忘伯嚭送她二妃带来的快乐，也不忘伯嚭与越国的勾结。伯嚭涕泪滂沱，阖闾的心也软了下来。他上朝召见孙武和伍子胥。

伍子胥在孙武释放二妃之时，已经将奏折更改了，对伯嚭通敌的事一笔而过，只讲他一时受越人蛊惑，然后详细禀报了越王允常和谋臣范蠡、文仲对吴国的觊觎和举动。阖闾这才清醒地意识到吴国身处的险境，周围大小诸侯国，不知多少双眼睛盯着这个新起的大吴。

阖闾问孙武：“她们呢？”

“我已经处理了。”孙武脸色平静。

阖闾听了伍子胥对伯嚭的评判，加之伯嚭的自首忏悔，罚伯罄两年俸禄，降两级任用。

风波暂息。但阖闾现在夜不能寐，他思虑的是越国对吴国的虎视眈眈。一想到越国背后的手脚，想到用假二妃对自己的欺骗和歹心，他难以咽下这口恶气。

他决计抢在越国伐吴之前，出兵灭掉越国。

孙武阻拦。

“主公，怒而兴师，实为大忌。我吴国暂无伐越大计，攻伐诸侯大国的战备少则一二年，多则五六年之久。民心、军心、兵马、粮草、情报皆为胜败关键。仓促讨伐，必然被动，如黑夜之中涉深水、入密林，断无胜算。”

阖闾考虑再三，听从了孙武的进谏。

第六章

阖闾兴师　吴越争雄序幕启

越国。王宫。一声凄厉的哭声破空而出，宫殿外大树上的鸟雀惊得腾空飞起。

老越王允常躺在病榻上，溘然长逝。公子勾践伏在允常的身上痛苦不止。范蠡和文仲一直守在身边。在允常重病期间，文仲已经主持朝中事务一月有余。允常弥留之际，念念不忘如何使越国强大。

“勾践，越国偏居东南一隅，数次几近灭国，历经三十余代传至我手中，但我操劳一生也无建树，越国强大的重任就交到你手中。越国与吴国交界，无异于伴虎而眠。吴国实力强大，伐楚入郢，当心日后伐越。十五年前吴、越交手，我们兵败槜李。我

盼望越国强大，一雪前耻，伐吴灭楚，称霸中原。”

勾践继位，新的越国时代开始了。

勾践虽为新任越王但尚且年少，父王的突然离世让他一时难以转变角色，朝中多位大臣对他不甚服气。

越国国内纷乱，阖闾的心又蠢蠢欲动起来，他看到了伐越的机会。

孙武再次进谏。

“主公，越王新丧，朝野痛心，此时讨伐，出师无名。越国势必同仇敌忾，由悲生怨，由怨生怒，哀兵锋锐，胜算最大。”

阖闾不以为然。

“我大吴破强楚都势如破竹，何惧一个小小越国？越国思谋我大吴也不是一朝一夕，寡人对此忍让已久，若不趁此机会讨伐越国，我大吴颜面何在？”

孙武苦谏无效，阖闾亲率大军一万五千人讨伐越国。而勾践还未从父王去世的悲痛中解脱出来，朝中纷乱事务更是让他心绪烦乱。作为允常临终的托孤重臣，范蠡和文仲鼎力辅佐。

勾践也亲率大军一万迎战阖闾。

两军一南一北，相向而来。越国大军经过一片树林，勾践问道：“前方何处？”

兵士答道：“主公，前方已到槜李境内。”

“槜李？”这个地名唤醒了勾践的思绪，父王允常离世之前提起十五年前吴越交战，越国兵败槜李。父王让他雪耻的遗言犹在耳边回响。

为父王，为越国一雪前耻的时候到了！勾践大呼：“停止前行！在此列阵迎敌！”

十五年后，吴、越两军再次相遇在槜李。

两军远远地对阵停下。

阖闾望着百步之外的越军，心里的怒气和傲气一起翻滚：灭掉他们！重复十五年前的胜利！让新越王追随老越王而去！

勾践眼中充满了怒火。

“将士们，十五年前槜李兵败，今天是雪耻之日！父王离世，举国哀痛，而吴国用心险恶，大兴不义之师。今日一战，一雪前耻！”

吴军正要发动进攻，突然越军的队伍中冲出一百名兵士，满面黑灰，手握短剑，并排奔至两军之间，大呼：“越军将士，十五年前我们跟随老越王在此交战，临阵脱逃致使兵败，十五年寝食不安，无颜见父母兄弟。今日阵前自杀，追随老越王，为大战祭旗！”说完，挥舞短剑砍向脖颈，鲜血喷溅而出，迎着烈日飞舞起道道血色彩虹。尸首轰然倒地。吴军大惊之下，又见一百名兵士列队冲出，挥剑自刎。随后又是一百名兵士！

两军之间的空地尸首累累，堆起一道血肉堤坝，鲜血还在汩汩流动，像一条条小蛇在地面蜿蜒。

阖闾大骇，身后的吴军也惊恐不已。

勾践起身站在战车之上，高举长剑。

“全军将士，后退者我越国之大耻，难逃罪责！杀敌者我越国之英雄，万人敬仰！”

越军万人齐呼，戈戟映出凛冽的寒光。越军踏着阵前的鲜血，跨过尸首，如暴风般向吴军冲来。阖闾似乎感到了一阵血腥之气迎面扑来，战车的马也仰首长嘶，连连后退。

吴军阵脚大乱，前排被越军瞬间砍倒二三十人。人喊马嘶的声音，战车相撞的声音，戈戟啃噬骨头的声音，脚下土地吸吮鲜血的声音，惊得吴军连连后退。

车轮、马蹄、人脚，搅起的浮尘遮天蔽日。

阖闾的战车只得调头逃窜。阖闾的战车华丽高大，很快引起了越军的注意，大批的越军迅速追赶包抄。战车上的吴军拼死抵挡。

越军中一匹战马如疾风般冲出，急急追赶，战马上一人高举利戈。此人是越国大司马灵姑浮。战马很快追上阖闾的战车，灵姑浮挥戈斩杀吴军，一连挑落三名护卫。战车上除了车夫，只剩

下阖闾一人。阖闾挥舞着手中的长剑抵挡。灵姑浮的长戈呼啸而至，戈剑相撞，火星四溅，阖闾手中的长剑被震飞。灵姑浮大喜，长戈再次挥舞而至，这时突然从斜刺冲出一匹战马，马上之人挥舞大槊接住了灵姑浮的长戈。

马上之人是夫差。自从后宫事件之后夫差一直不敢直面阖闾，这次出战越国，他主动请缨带兵，一是希望将功赎罪弥补过失，二是他感觉到阖闾有废黜他而立公子波的迹象，自己必须要在阖闾面前立大功才能自保。这次见阖闾遇险，他及时杀到，挡住了灵姑浮的致命一击。

阖闾拼命疾速逃离。

灵姑浮眼见到手的首功要溜走，狠狠挥戈打在夫差的战马头上，战马凄厉嘶叫，伏地而亡。

灵姑浮继续追赶，眼看就要追上，正要挥戈再看之时，突然耳边“嗖嗖”的一声，背部的铠甲被两支利箭刺穿，扎入后背一寸有余。灵姑浮险些落马，他奋力将长戈向阖闾掷去，随即堕马。越兵赶紧围拢过来，拼死将灵姑浮护住，撤离战场。

原来是落马的夫差抢过兵士的弓箭，连发两箭，救了阖闾一命。

吴军连连后退，越军越战越勇一路掩杀。夫差聚拢了一部分精兵，拼死抵挡住越军凌厉的攻势，掩护阖闾带着残部撤退。及至吴、越边境，留守国内的孙武和被离带着一队人马，截杀了越军的追赶。

阖闾命人在安全地带安下营寨，慌乱过后才发现灵姑浮的长戈砍中了他的左脚，深可见骨，血流不止。郎中赶紧来处理伤口，敷药裹好之后，阖闾感觉到疼痛减轻，于是在大帐里睡下。

半夜里，阖闾发现自己蹚水过一条河，河这边是吴国，河那边是越国。他觉得河水越来越热，河面开始冒泡沸腾。他突然感觉左脚剧痛，低头一看，有两条鱼咬住他的脚，牙齿锋利像锯齿，无论怎么猛蹬猛踢，就是甩不掉。突然发现两条鱼的头竟然是老越王允常和新越王勾践的脸。阖闾惊吓过度，挣扎着大喊，猛地从梦中惊醒。侍卫赶紧围拢过来，阖闾赶紧看自己的脚，不由“啊”地惊叫起来。左脚已是乌黑，腿也变得肿胀。阖闾赶紧脱衣细看，左侧半个身子都渐紫渐黑，一条黑线直直通向胸口。

众人大惊，有的跑去找郎中，有的跑去通知夫差、孙武和被离。阖闾突然感觉自己呼吸也困难起来，他知道自己时日不多了。

郎中急急赶到查验伤情，不由绝望地摇摇头。夫差急得抓住郎中的衣领。

“快给我父王医治，不然我砍了你!”又冲着侍卫大喊：“快!赶紧到姑苏请御医！赶紧备马!”

阖闾将他止住。

“不必了。我恐怕时间不多了，刚才我做了个噩梦。”

阖闾积攒着力气，挣扎着讲完刚才那个噩梦，忽然目视帐篷的穹顶。

“他来了，他来叫我了。”

众人仰望，穹顶空空如也。夫差问道：“父王，你看到什么了？谁叫你?”

“允常。我的老对手允常。”

众人闻听，如见鬼魅。

“老对手接我去阴间继续争斗，新对手在阳间就由你与他争斗了。”阖闾艰难地将头转向孙武和被离。“二位也算是老臣，跟随我十数年，为我大吴披肝沥胆，我都铭记心里。夫差少不更事，难控大局，还望二位如同帮助我一样帮扶夫差。”

说完，竟要挣扎着坐起来。

“孙将军，悔不该不听你的劝诫，才导致……望孙将军不计前嫌，辅佐夫差。”

孙武赶紧扶住阖闾。

“主公安心养伤，我对吴国之心始终如一。”

阖闾猛地咳嗽，突然一口鲜血喷出。

"夫差，你敢忘记越王杀你父亲吗?"

夫差跪倒。

"不敢!"

阖闾连呼三声，夫差连答三声。阖闾轰然倒在床榻，气绝而去。

一代大吴国君死于征途，可惜征途是溃败途中，一世英武的阖闾极不甘心。

第七章

兵败夫椒　屈辱求和保社稷

老越王允常病逝，新越王勾践继位；老吴王阖闾战死，新吴王夫差继位。吴、越争雄势必不会停止。

夫差自知王位极不容易，更不忘父王离世时的终身遗憾。孙武和被离更是牢记阖闾的嘱托，与伍子胥联手尽心辅佐新继位的夫差。

清晨，夫差刚刚走出寝宫大门，突然听到一声断喝："夫差，你敢忘记越王杀你父亲吗?"

夫差大惊，抬头发现孙武凛然站在门外，神态肃然，像极了老吴王阖闾。夫差浑身热血奔涌，大声喊道："不敢!"连呼三遍，连答三遍，二人对视，热泪滚滚。

天天如此，夫差不敢有半丝懈怠，众大臣也兢兢业业，恪尽职守。吴国上下一扫战败的阴霾，士农工商每日辛勤劳作，兵丁将士日夜操练。

一晃三年过去，吴国又呈现蒸蒸日上的新气象，而在越王勾践看来，却是咄咄逼人，杀气升腾。

勾践再也坐不住了，夫差犹如一只在山中练习捕食的幼虎，在岩石上磨砺虎爪，在猎物的骨肉上磨尖獠牙，吸吮着鲜血强壮了身躯，不定何时会张开血盆大口向他扑来。一想到此，勾践就冷汗涔涔，寝食不安。

他不能坐等，他要主动出击，趁这只幼虎爪牙尚弱，一举将其彻底击溃。

范蠡苦谏勾践。

“此次出兵师出无名，斗志不高。况且吴国势头正盛，杀气正锐，不宜主动触怒。还需从长计议，避其锋芒，迂回取胜。”

心浮气躁的勾践自然听不进去。他目前犹如笼中的困兽，充血的眼睛中看到的只有血色的敌手和血腥的杀戮。

勾践领四万水师由水路大举讨伐吴国。

夫差闻报，召集朝臣商议。孙武道：“此次越国贸然进攻，准备仓促。而我方备战三年，士气正盛，可以一战。”

夫差亲率大军六万，以伍子胥和孙武为将，伯嚭这次主动请缨担任副将。吴军积聚了千日的复仇怒火终于爆发，两千艘战舰浩浩荡荡行至夫椒，坐等越军来犯。

时近薄暮。两军遥遥相望，各自安营扎寨。

夜幕降临，突然吴军阵营亮起无数火把，烧红了半天夜空。杀声四起，舟楫如离弦之箭冲向越军的水师。负责警戒的越军大呼，越军匆忙迎敌。只见对面的吴军火把高举，如茂密的森林，足有十万人之多。越军渐生怯意，开始心慌手抖，迎击的步子迟疑起来。

吴军战船上鼓声大作，夫差站在指挥舰的船楼上亲自击鼓助威，吴军军心大振，攻势更加凌厉。北风骤起，吴军驾船顺风而攻，手中的强弓劲弩借助风势更显威力，五排弓箭手轮番发射，数百支利箭如飞蝗成批成批射向越军水师，不断有人中箭倒下，堕入水中。吴军战船靠近越国水师，伸出长长的“钩拒”勾住越军战船，越军战船进攻就推抵住，越军战船后逃就钩挂住。越军

的战船被吴军牢牢控制住，动弹不得。吴军趁势跳上越军战船，挥舞戈戟奋力砍杀。不断有越国的船只被纵火点燃，不断有被追杀的越国兵士被砍倒，不断有伤者越过船舷栽入水中。灼灼的火光中，水面早已被染红，大片大片的血迹在水中洇开荡漾。

勾践无奈地看着自己的兵士节节败退，有的拼命抵挡被戈戟刺死，有的跳进水里弃船而逃。勾践无奈地率残部掉头逃跑，一路奔至会稽山。

吴军这次迎敌是孙武精心安排的。借助夜幕，每名兵士点燃三支火把，远远望去六万兵士骤增至十多万，使得越军还未交战就心生怯意。孙武观天象算出傍晚时分北风骤起，越军自南至北处于下风处，吴军自北至南处于上风处。两国船只交战，首先对射弩箭，吴军箭矢顺风发射，力度大精度高。而越军逆风发射，箭矢大多未及吴军战船就落入水中，勉强到吴军阵中也早已是强弩之末。

吴军一路追击，将会稽山团团围困。勾践清点残部，仅剩不足五千人，能征战者不足三千。山下的吴军士气正盛，摩拳擦掌准备一举攻下会稽山。勾践悲叹:“难道上天要灭亡我?”

范蠡和文仲劝诫勾践求和保命，以图东山再起。文仲说:“主公，福祸相依，商汤被困在夏台，文王被囚羑里，晋国重耳流亡投奔翟，齐国桓公奔莒，最后都成就一番基业，成为一代霸主。由此来看，何尝不是福祉的开端?”勾践思谋再三，只得应允。文仲主动请缨，冒险亲自前往吴国营地。见到夫差，文仲叩拜。

“勾践愿意臣服大王，从即日起，愿亲自在吴国为奴，侍奉大王。勾践的妻室送给大王做妾，以示臣服。”

夫差哈哈大笑。

“如果我不同意呢?”

“那勾践求和无望，总归一死，只能孤注一掷，杀死妻儿，与大王决一死战。当然勾践会被轻易打败，但大王也得不到本该得到的。勾践甘愿跪降，甘做大王臣民，不是能让大王的威名更为显赫吗?”

夫差不说话了，紧锁双眉思索着。

伍子胥思忖之后，赶紧制止。

“主公，此是天赐的良机，灭越时机就在此时，一旦错过，给了对手喘息机会，越国必定疯狂反扑，制胜时机丧失，胜负难以预料。”

旁边的伯嚭站出来。

“主公，现在吴、越胜负已定，越国已经臣服，大业已成，如果再继续交战，势必太多将士伤亡，百姓生灵涂炭。”

伍子胥辩道：“一旦纵虎归山，日后势必反扑，那时狼烟再起，会有更多的将士伤亡，更多的百姓生灵涂炭。”

两人激辩起来。夫差看了看跪伏在地的文仲。

“让勾践前来为奴，让他的妻室前来为妾。献上越国奇珍异宝，连年缴纳税赋。我大吴就停止攻击越国。”

伍子胥还想争辩，夫差抬手止住他。

于是，越国求和，吴国撤军。

勾践深深悔恨自己的鲁莽，可是事已至此，不可挽回。“成者为王，败者为寇。”为了越国社稷的延续，为了越国百姓的生存，他必须打脱牙和血吞，必须要忍辱，给夫差做奴。

他带着妻子和范蠡到吴国为奴，而文仲则留在越国替勾践主政。

为了达到羞辱勾践的目的，考验勾践是否忠心，夫差让勾践夫妇在吴王宫里服劳役，把最苦最累最脏的活都交给勾践去做。

为了取得夫差的信任，勾践在夫差面前卑躬屈膝，百般逢迎。他为夫差喂马，打扫马厩。每当夫差出行，他便为其牵马。为了体现自己的忠诚，他甚至不惜跪伏在地，让夫差踩踏着他的脊背上马。有一次，夫差生病了，勾践甚至亲口去尝了尝夫差的粪便，以此来诊断病情。夫差看在眼里，自然喜在心上，觉得勾践真的已被他征服。

然而，勾践怎么能咽得下这口气？尤其是每到夜晚，勾践看着自己的王妃被送入夫差的寝宫，他头痛欲裂，他的血液在沸腾，他的心脏在爆炸。但是，他知道，越国的命运在他手中，他必须要背负哪怕再重的磐石。所以，他必须要隐忍，再隐忍。

他默默地把泪水和着鲜血咽了下去。

第八章

范蠡施计　西施入宫惑夫差

为了取悦夫差，麻痹其斗志，大夫文仲想出一计：高飞之鸟，死于美食；深泉之鱼，死于芳饵。要想复国雪耻，应投其所好，衰其斗志。夫差喜好美色，不妨献美女于吴王。

文仲派范蠡到民间物色两名美女献于吴王。

范蠡心想，假如挑选的美女替吴国考虑，则不利于越国；假如所选之人对吴国深恶痛绝，并伺机听取情报，传递于我，方有助于越国复国雪耻，东山再起。

于是，范蠡挑选了浣纱女西施和郑旦这两名绝代佳人，她们的背景十分相似，她们的父亲皆因吴、越之战而惨死在吴国士兵的刀戟之下。她们的母亲则都不堪家庭重负，改嫁他乡。她们都是寄居在亲友家里，她们都对吴国有着深深的怨恨。

而范蠡正是看中了这一点。他相信，国耻家仇可以让人奋不顾身，于是对二人悉心进行教习。西施和郑旦人美心慧，很快就精通琴棋书画，能歌善舞，并且善于谄媚。

三年的教习生涯，范蠡看到的，不只是西施的美丽，还有她的聪慧与奋进。他觉得她真的太完美了。但是，他不敢表达自己的内心，况且，他将要把她献给夫差，献给一个仇人，而她，又是他的希冀，是国家的希冀，他希望她能够不辱使命，可以帮到他，也帮到他们的国家。

而西施，这位美艳绝伦的女子，因范蠡的博学多才而心生敬意，因范蠡的悉心照顾而心生依恋。二八年华，本是一个女子最天真无邪的年龄，她却承受着家仇国耻的折磨，经历着家败国衰的凄凉。情窦初开的她，天天看着范蠡因思虑国事而失眠，为复兴国家而眉头紧蹙，她心里暗暗发誓：一定要帮帮他！

每当范蠡愁眉紧锁，西施便会找一个离他不远不近的地方，轻抚琴弦，从指间流淌出舒缓的音符，希望可以洗却他的忧伤烦闷，荡涤他的枯燥落寞。这时，范蠡会从思索着的繁杂琐事中回过神来，朝她望去，远远地抛给她一个赞赏的眼神。而这眼神，就足以让西施感到欣慰，范蠡渐渐舒展的眉梢便是西施心中的期盼。

范蠡不由得回想起与她初遇时的情景。那日，阳光明媚，范蠡正一个人行走在清清的浣纱江畔，思索着繁杂的国事。忽然，远远地望见一位衣着亮丽的女子在河边浣纱，身材娇小，但是姿态妖娆，情不自禁地走上前去，更觉惊叹，美哉，美哉！

他走到近前，施礼后，问道："姑娘生得好漂亮，敢问是哪里人？"

"我家住在古苎萝村西边。"她非常羞涩地回答道。"您是哪里人啊？"

"我是……姑娘怎么一个人在这里啊？家里有没有兄弟姐妹啊？"

话还没说完，小姑娘居然轻轻地抽泣起来。

经过询问，才得知，她的父亲已经在上次战役中阵亡，母亲已经改嫁他乡，而她寄居在姑姑家中，通过帮姑姑干活以养活自己。姑姑对她，不是打就是骂，嫌她给家里增添了负担。她非常憎恶战争，尤其是痛恨夺走了父亲性命的吴国。

范蠡有些怜悯地拍了拍她的肩膀，对她说："你愿意随我一起，为你的父亲报仇吗？"

西施点了点头。

范蠡说："可是，这是需要极大的勇气和毅力的，而且还要有耐心，甚至可能会付出牺牲。"

西施想了想，说："我愿意！哪怕是赴汤蹈火，我也愿意。"

没想到，如此柔弱的一个女子，竟然表现得如此坚定。范蠡被这位女子的坚定感动了，甚至又不忍心将她带回去，因为这是一次冒险，万一败露，随时都有生命危险，那时失去的，将不仅仅是一个女子，更是一颗向往胜利的心。

可是为了越国的未来，他狠了狠心，把她带回了府中。

而现在的他，心情却非常复杂……

看着现在的她，美丽得更加出众，各方面的技艺也更加精湛，做事也更加稳重，心思也更加缜密，也更加会讨人喜欢。他想，可以让她去了，可以把这个艰巨的任务交给她了。然而，他又有些不舍，毕竟自己教习了她三年，付出了不少心血，也付出了不少心思。他对她的照顾，无微不至。她对他，也有着说不清的依恋。

时间飞逝，范蠡依照计划将西施与郑旦献给了吴王夫差。

夫差见到这两个绝色女子，大为惊叹，连呼甚美！夫差非常高兴，对伍子胥和伯嚭说道："爱美之心，人皆有之。越国肯贡献如此绝美的女子给我，足以证明勾践尽忠我吴国！"

伍子胥不以为然，劝说道："夏因妺喜而亡，殷因妲己而亡，周因褒姒而亡。美女乃亡国之物，大王万万不可收下。勾践送美女，另有目的，大王接受，以后必有后患。"

夫差认为勾践早已臣服于他，哪里听得进去，执意留西施、郑旦于宫中。

因西施貌美与聪慧兼备，赢得了吴王的专宠。郑旦却因在宫中疲于争斗，又因年纪小而思家心切，郁郁寡欢，后来生病而死。

树立了在宫中的地位，西施对夫差更是极尽谄媚。吴王夫差也对能歌善舞、风华绝代的西施深爱不疑。

为了讨美人欢心，夫差专门为其搭建了一座“姑苏台”，作为西施的宫殿。为了呈现出更多的生机，西施便在台上养了一群白鸽，打算闲暇之时，同它们说话聊天，打发寂寞的时光。然而，她也从来没有过闲暇。在这座台子上，西施可以独自拥有一代国王的宠幸，吴王集万千宠爱于一身，西施也投其所好，夜夜安排歌舞宴会，使夫差沉浸在声色犬马之中。夫差贪恋女色，愈来愈甚，根本不想过问政事，把朝中之事托于孙武、伍子胥和伯嚭。

孙武和伍子胥看到夫差不理政事，心里着急，多次劝谏吴王，如果沉迷于娱乐，不理政事，必将会给越国以可乘之机，到时候，吴国就危险了。

可是，醉意朦胧的夫差怎么能听得进他们的忠言？他生气地说：“我不信，你看越王把越国最美的女子都献给我了，还对我百依百顺，并年年向我进献珍奇珠宝，这足可以表明其忠心。你们不要再说了。”他们最终都被夫差骂了回来。

夫差打发走了孙武和伍子胥，便去向西施诉说心中的不快。

“孙武和伍子胥太不识趣，他们总说越国不安好心，真是无中生有。我看勾践臣服于我，是忠心不二的。否则，他怎么舍得把你这个大美人献给我呢?”

西施不置可否，替夫差端了一杯酒，夫差一饮而尽，搂着西施摇摇晃晃地去了内殿。身材娇弱的西施，扶着喝醉的夫差，来到了寝室。

从夫差的语气中，西施听出了他对伍子胥的不满，心想，这方面可以做做文章。同时，在吴国待的时间久了，她也看出了伍子胥和伯嚭的面和心不和。她曾经听范蠡说过，伯嚭贪财好色，于是，她想，不妨从伯嚭身上下手，让伯嚭做自己的一枚棋子，但是此事，她还要与范蠡商议之后，再作决定。

她服侍夫差躺下，在夫差耳畔柔声细语：“伍大夫性情刚直，他对您的劝告也是源于对您的忠心，请大王不要太记恨于心。”

夫差却不以为然，说道：“他就是仗着自己是开国老臣，辅佐过父王，所以才这么嚣张的。你就不要替他说好话了。我又不是不明事理，你看看，现在的国家一片和平，他这不是杞人忧天嘛！以后，不许你再为他说好话。你是我的女人，女子无才便是德，我不希望你插手政事。”

西施说：“好的，大王。我是不会插手国家大事的。吴国强大，就连越国都来投靠，这不是国家强盛很好的证明吗？”

其实，说这句话时，西施的心在滴血，她忘不了生她养她的越国，忘不了杀父之仇，也忘不了那张时常忧愁烦闷的脸庞，忘不了他眉头紧蹙的模样，更忘不了他对她无微不至的照顾与悉心教育……此时的他又是在做什么呢？是不是又在悲伤忧虑，此时有谁能为他抚琴歌唱，为他排遣孤寂呢？

想到这里，西施不由得心头一颤，现在的她，已经长大了，成熟了，不再是那个天真烂漫、无忧无虑的孩子了，她现在是吴王宠爱的王妃，虽然吴王对她言听计从，可是她对这个地位并没有什么感情。她知道，她来到这里，不是来享乐的，不是来享受荣华富贵的。她是背负着使命来的，为自己，为父亲，为他，也为自己的国家，甚至不惜牺牲自己的性命。

她想，如果成功了，如果范蠡不嫌弃，便回去继续投奔他，生死相随。因为她回想起，曾经的点点滴滴，从他的眼神里，她似乎体会到了一种莫名的温暖。也许，他也是爱她的……

第九章

祸乱吴宫　美色财宝诱伯嚭

为了替他解除心中的忧郁，她决定，必须要开始行动了。

第二天，她来到鸽舍旁，从口袋中取出一个小哨子，轻声唤过一只雪白的鸽子，把一张字条绑在鸽子腿上，然后轻轻地抚了抚鸽子的羽毛，心里说道：就靠你了，一定要按时传给他。

过了不一会儿，范蠡就来到他们约好的地点。多日不见，她看到站在眼前的范蠡，头发中似乎增添了几缕白发，面容也不如往日，甚至有些憔悴。如果不是听出他的声音，她真的有点不敢相信自己的眼睛……想到这里，她的心里竟然有点心疼，她舍不得，舍不得他因在吴国为奴而备受屈辱，舍不得他因日夜操劳而备受煎熬。

两人相视，默默无语。范蠡向西施施礼道："夫人近来可好？叫我来有何吩咐？"

西施赶忙止住范蠡："先生，快请起，使不得啊，万万不可。我近来得到了吴王的万般宠爱，他对我已经是非常信任了。我今儿约您来，是想同您商讨复仇兴邦之计。"

范蠡说："莫怪我无情，我也是为了越国的江山社稷，为了黎民百姓，希望天下苍生能安居乐业。我以为，大可以利用一下伯嚭这个人，他生性喜好女色，又贪图功名，不像孙武与伍子胥，两人是武将，生性耿直，来不得半点含糊。只是……"

说到这里，范蠡欲言又止，抬眼望了望眼前的这位美人。她略施粉黛，媚而不俗，香艳动人，真是国色天香。岁月抹去了她少女的羞涩与稚嫩，她出脱得更加有魅力了，如一株盛开的牡丹，鲜艳欲滴。

"只是什么？"西施问道。

"只是需要你放下威严，去讨好伯嚭，同时，也要想办法让夫差以为你与伍子胥交好。这样，夫差必然非常愤怒，对伍子胥的恩宠必然减少，从此就会疏远伍子胥，这样，夫差就失去一个重要的大臣。到时候，我们越国再乘机攻打吴国，必然能够复仇雪耻，复兴越国，让越国的百姓过上富足的日子，不再受到吴国的压迫。"

"放心吧，我不怕，我现在身居仇人之室，还要看他夫差的脸色，天天想着怎么去讨好他，侍奉他，况且我也定要报这杀父之仇。为了越国的百姓能够过上安稳的日子，我死且不顾，何况如此。"西施抬了抬手，没有告别，便离去了。

她知道，如果道别，他会更加舍不得。

西施回到宫殿，对夫差更加极尽逢迎。她知道夫差喜好歌舞，便常常自己作词奏曲，让夫差品评鉴赏。她擅长舞蹈，经常穿长裙，又为自己特制了一双木屐，因为鞋子高了一截，她走路时左右摇摆，加之身材曼妙，长裙飘飘，更突显出了娉婷身材，翩翩风姿。

为了能够让夫差远离朝政，西施甚至命人将御花园一条长廊的地下挖空，然后放进大缸，上面再铺上优质好看的木板。她在长裙边缀满了小巧的铃铛，穿上木屐。每当她在地板上踱步时，脚下就会发出有节奏的"叮叮嗒嗒"的回声，裙边的小铃铛也会跟着响起"叮叮当当"的清脆悦耳声。她凭着美貌和优美的舞姿，彻底迷倒了吴王。

吴王拥着美人，众美女不停地向其敬酒，喜不自禁。

吴王饮酒正酣。在吴王身边的座位上的伍子胥无可奈何地看着手中的酒杯，无心饮酒，更无心欣赏这美妙绝伦的舞蹈，他的表情非常复杂，他担心吴国的前途，也担心吴王的未来，可是如果他此时劝谏夫差，夫差不但不听，反而要惩罚自己。他不是怕受到惩罚，为了吴国的兴旺发达，即使付出生命，他也在所不惜。可是，如果那样，吴国将会遭遇亡国的厄运。伍子胥非常清楚，现在的越国，正在休养生息，国力正在增强，他必须要想出更好的计谋，力图挽救夫差，挽救这危在旦夕的吴国。

在夫差另一侧的座位上，西施注意到伯嚭坐在那里，眼睛眨也不眨地盯着她，随着她的每一步移动，伴着每一个旋律，紧紧跟随，眼里放出异样的光。西施明白，这就是男人贪恋美色的表现，是男人欣赏异性的光彩。虽然，这不是伯嚭第一次看到她的舞蹈，但是，她敢肯定，这个男人被自己迷住了。趁着夫差和伍子胥举杯之际，她的嘴角微微上扬，朝伯嚭深深地望了一眼。就这轻轻望向伯嚭的一个眼神，便足以让他心神不定，心里荡漾起阵阵波澜，似乎这眼里含着万般柔情，可是他不敢肯定，更不敢奢望。他知道，她是王的女人，自始至终，都属于吴王一个人。

等一曲终了，西施走下台子，先替吴王端了一杯酒，又走向伍子胥，伍子胥故意装作没有看见，转过头，与身边的大臣聊了起来。西施又走到伯嚭面前，轻轻地举起酒杯。伯嚭看着眼前的尤物，胳膊像雪一样洁白，细长的手指犹如葱白一样细腻，宛如一个误入凡尘的精灵，婀娜地走近自己。他看得如痴如醉，如果不是吴王在场，恐怕他会情不自禁地摸一把，甚至将她揽在自己怀里。

怕被吴王看出端倪，他赶忙低下了头，只听西施气若幽兰，细语轻吐："太宰，您为吴国费心尽力，不辞劳苦，请饮了这杯酒。"

伯嚭心里愉悦，更加欣赏西施。可是，他又不敢放肆。

第二天，西施在伯嚭经常路过的一处小径，等待他的出现。果然不出所料，伯嚭从远处走了过来，西施故意装作抚弄花枝，并不抬眼望他，眼角的余光却发现伯嚭喜不自禁，情不自持。他看了看周围并无旁人，于是，大胆地向西施走去。

西施抬脚刚要转身，却又故意装作没有站稳，踉跄了一步。伯嚭见此，抢前一步，扶住了这位摇摇欲坠的国色天香的美人。西施顺势一倒，便躺到了伯嚭怀里。

伯嚭心里窃喜，毕竟有这么一位绝世美女得以拥抱一次，也不枉活这一世。

西施看伯嚭还不放手，故意嗔怒道："大胆！快放手，否则我喊人了！"

伯嚭赶紧跪倒在地，请求西施饶恕，希望格外开恩。

西施见他如此怯懦，便说道："若要我不告诉吴王，需要你给

我帮个忙。”

伯嚭为了保命，也为了获得更多与西施接触的机会，他答应了西施的条件。

西施莞尔一笑，从手上取下一个碧色的镯子，递到伯嚭手中，说道：“这个玉镯，是我的祖母传给我的，我不曾舍得给任何人，今日看你忠心耿耿，我将它赠予你，望请善待之。将来，等事成之后，连我本人，也将归属于你。”话刚说完，不等伯嚭反应过来，转身飘然离去。

呆站在原地的伯嚭简直不敢相信自己的耳朵，恍若梦境。他用手狠狠地掐了自己的大腿一下，感觉到疼痛，才确认此事并非玩笑。

西施回到宫中，开始筹谋报仇之事。

西施准备了一个精致的小箱子，让自己的贴身婢女给伯嚭送了过去。伯嚭收到这个箱子，满怀疑惑地打开，顿时惊呆了，里面全是金银珠宝。转而，他喜上心头，他觉得西施是真心希望与他合作。他收下箱子，走进书房，取了一幅字画，交给婢女。

“请代我谢过夫人。”

西施打开字画，映入眼帘的是一幅壮丽山河，河中一艘小船，船上两个人坐在一起，其中一个带着面纱，但是从形态可以看出她的影子，另一个则明显有伯嚭的影子。

西施看完之后，不免想起了范蠡，也许，画中的那个男子，该是他！想到这里，西施拿起字画，扔进了面前的取暖炉里。她走到窗前，望着漫天的繁星，心想，如果我是一颗星该有多好，虽然我不懂你的心，但是只要能在遥远的天边看着你，不也是一件幸事吗？

西施的温柔和善解人意感动了她身边的婢女，同时，她又用钱财买通了夫差身边的侍卫。

这天，伍子胥没有来宫中，他带着一队人马到边境巡视，彻夜不归。宫中的侍卫都被悄悄地换成了伯嚭的人，只有几个小喽啰，是伍子胥派来守护夫差的。虾兵蟹将，在老奸巨猾的伯嚭眼里，简直不足为惧。

西施，准备了一把锋利的匕首，藏于长长的衣裙里。

同往常一样，夜晚降临，西施陪同夫差出现在平时歌舞的殿堂中，夫差并未感到任何异样。美妙的乐声袅袅地回荡在大殿中，西施踱着步子，缓缓地滑到舞池中央，轻快地扭动水蛇一样的腰身，翩翩起舞。

只见西施随着音乐的流淌，似乎要把自己也融入进去，恨不得让自己化作一个音符。随着众多音符的跳动，她的心开始剧烈地跳动。

成败在此一举，杀父之仇必报。

一曲终了，西施依旧上前献酒，夫差非常享受地品尝着杯中的美酒，眼神迷离地望着眼前的尤物。他觉得她实在是太美了，美得让人都不敢相信自己的眼睛。他抓过她的手，捧在手心里，仔细地端详：多么柔软细嫩的一双手啊，如此白皙，手指修长。正是这双灵巧的手，为他弹奏了多少世间的绝唱。

他紧握着她的双手，不肯松开，似乎感觉到了一丝危机。此时的西施，也觉得手心冒汗，脊背上如同针扎，心里发虚，但是她故作镇定，把手从夫差手心里抽出，从桌子上端起一杯酒，满眼含情，柔声细气地向夫差敬酒道："大王，请！"夫差接过酒杯，一饮而尽，笑着对她说："去，给寡人弹奏一曲。"

西施乖巧地点了点头中，走到琴边。优雅的琴声流畅地从她修长白皙的指间缓缓滑出，醉人心脾。这首曲子，正是她以前在范蠡府中练得很熟练的一首曲子，听后，可以让人心神宁静，曲中的意境让人无比神往。

弹奏中，她的眼前浮现出无数在范蠡府中的画面，她想此刻之后，我就会抽出袖中的匕首，刺向让我们分离的吴王。我要用他的鲜血，去祭奠曾经的耻辱岁月。我要用行动，为父亲报仇，为越国雪耻。

吴王已经喝得烂醉如泥，几乎不省人事。这是一个非常难得的机会。

有人暗中向伯嚭打了个手势，意思是伍子胥手下的那几个小喽啰，已经被伯嚭的手下清理掉了。

得到此消息，伯嚭点了点头，暗暗向西施使了个眼色，可以动手了。

西施镇定地弹奏完一曲，踏着音乐，踱着舞步，摇摆着身子向夫差走去。

此刻的她，充满了信心，她即将成功了，马上就要成功了。

她走到了夫差近前，替夫差端起一杯酒，就在夫差仰首饮酒的那一瞬间，她迅速地将一只手伸进了衣袖，准备结果眼前这个让自己深恶痛绝的仇人。

就在她即将拔出匕首的那一刹那，“扑通”的一声，一个舞女竟然摔倒在地。舞女赶紧跪倒在地，祈求吴王的原谅。此时，众人的目光都投向吴王，西施的手只好拿了出来。吴王觉得大煞风景，下令将那个舞女拖出去斩首。

一向善良的西施，怎能袖手旁观？赶忙帮着舞女说好话。听到西施好言相劝，夫差才饶过那舞女一命，罚她做了婢女。

那舞女谢过西施，眼神复杂地朝西施望了一眼，惴惴不安地走出了宫殿。

时机往往就在那一瞬间，本来她可以手起刀落，她马上就要成功了。她已与范蠡说好，以鼓声为信号，如果成功刺杀夫差，文仲就会带越王的部下冲进城来救她，也救出在吴国做奴役的勾践和范蠡，他们里应外合，必然取胜。孙武和伍子胥此时又都不在城内，即使到时候班师救援，恐怕也为时已晚。

可谁曾想到，一个舞女，竟然破坏了这个他们等待了多年的机会。

刚才的一幕在西施脑中清晰地重现。对了，她当时注意到了，那个舞女复杂的眼神。不错，肯定是。

西施急忙派人出去追那个舞女，茫茫夜色，那个舞女，早已不知去向。

西施想起经常在一起练习舞曲的几位舞女，她就是其中最沉默寡言的那一个，她从来不多说话，只是静静地听着别人的言语，她似乎一点儿也没有主见，别人让她演配角她就演配角，不争不抢，非常忍让。西施觉得这个女子，真是心地宽阔。虽然她的容貌没有自己姣好，但是不得不承认，她的舞艺不比自己差。可是，她从来不去与自己争宠，哪怕表现出一点儿不平。

她的手上佩戴着一条普通的手链，并不值钱，可是，她却十分爱惜。她说，这是她的恩人送给她的，她要一直戴着。可是当问及她的恩人是谁时，她就垂下眼帘，默默无语。

西施觉得，她肯定有难言之隐，从此不再提及此事。

现在，在西施看来，此事必有蹊跷。

她暗中买通了几个经常出入的家奴，让他们调查此事。

他们发现，那个舞女，并没有在宫中再次出现。这使得西施内心非常不安。

几日过后，在后花园的一口枯井里，发现了那个舞女的已经微微腐烂的尸体。若不是她的衣服，她手上的那条手链，真的不敢确定，她就是那个曾经风姿绰约的舞女。

手链，是的。西施觉得，那条手链的样式在哪里还见到过。是的，是伍子胥的夫人，她也有类似样式的一条手链。

半个月前，吴王宴请宫中重臣及其家眷。西施奉命献舞，舞毕，几位大臣的夫人都向西施祝贺，并对她的舞蹈表示赞赏。只有伍子胥的夫人，欲言又止，只是随着众人，举起酒杯，轻啜一口，向她笑了笑。西施并不在乎，朝她点了点头，此事就过去了。

想到这里，西施猜测到，那个死去的舞女所谓的恩人，就是伍子胥吧！也许，那个舞女就是伍子胥安排在吴王宫中，随时准备救吴王的。也许，还有其他人，得到伍子胥的授意，默默地保护吴王。她觉得，自己亲手刺杀吴王的事情，不可行。

西施认为，必须要让吴王把勾践和范蠡放回越国，这样才能让越国更好地发展生产，才能让越国的国民更好地休养生息，才能使越国的军队更好地训练，国家治理好了，自然强盛，到时候，就算有伍子胥也救不了吴国。

对于国事，西施不好插手。她找到伯嚭，对他说道：“勾践和范蠡日日留在吴国，对你我的宏图大计十分不利，必须把他们赶出吴国，方可让我心中的石头落地。”西施对其陈述利害，伯嚭听后，欣然应允。

伯嚭将勾践和范蠡忠心侍奉夫差的种种表现，说给了夫差听。夫差听了，不由得心软了，欲将勾践和范蠡释放回越国。

伍子胥得知此事，立刻反对说：“放他们回国，必定如同放虎归山，后患无穷，请大王斩草除根，以绝后患。”夫差哪里听得进去。

就这样，勾践和范蠡彻底摆脱了奴役的身份，返回了日思夜想的故国。

第十章

卧薪尝胆　隐忍数年为复国

勾践回国，自愧对不起黎民百姓，自省自己的过失。

文仲率领众大臣在吴、越边境恭迎勾践归越。一踏上日思夜想的越国土地，勾践感觉自己就是一朵蒲公英，在狂风中飘荡数载，终于落到了地面。他扑通一声跪倒，深深地伏在地上，脸贴着地面，芳香的泥土，鸣叫的草虫，拂面的微风，一切都那么熟悉，一切又都那么陌生。勾践双手伏地，紧紧地抓起一抔泥土，捧到脸上深深地嗅闻。泪水扑簌簌地落在手中的泥土里。勾践跪在地上，仰天大呼："越国，我回来了！我把血泪留在了吴国，我把仇恨留在了吴国，我把我的生命带回来了，我把越国的希望带回来了。看吧，看这颗种子是如何在越国土地上发芽吧！"

勾践站起身，给文仲和众大臣深深地施礼，答谢众人在他不在越国时，为越国的黎民百姓，为越国的江山社稷所做的一切。

众人赶紧还礼，勾践满脸都是泪水和泥土，有人要拿袍袖替他擦拭，勾践拨开他的手，纵身跃上马车，迎风站立。他一抖丝缰，在宽广的越国土地上飞奔。

勾践回到了阔别数年的寝宫。他不在越国的这段日子里，文仲让奴婢每天按时清扫，如同勾践仍然住在寝宫一样。勾践在殿门外停下脚步，伫立良久。

"来人，把宫门全部关闭、上锁！"

在众人惊愕之际，勾践已经转身离开了。

勾践带领着几名护卫驾车去了野外，很快运来木头和茅草，在寝宫的旁边搭建了两间茅屋。文仲闻讯赶来。

"大王，这是要做什么？"

"寡人不能保护越国黎民百姓，不配住在华丽的寝宫。"

文仲劝说不过，只好命人搬来楠木床榻、锦缎被褥、精美器皿。勾践断然拒绝。

"文大夫，你送来的这些放在茅草屋中匹配吗？如果寡人接受了，定会向往更舒适的食宿，定会忘记会稽山之耻，定会忘记在吴国为奴的屈辱。"

勾践在地上铺些柴草作为床铺，又让护卫去寻了一张草荐，铺在柴草上面。文仲皱起眉头。

"大王，不要这些锦缎被褥也就罢了，但铺上这些柴草，如何能安睡？"

"文大夫，亡国由我而起，如果我能够安然入睡，复国之志

也会安睡的。每天睡在草荐之上，会让我时时记得在吴国的一千多个日子，记得在吴国的马厩中度过的每一夜，记得我在马厩中所立的誓言。”

“大王，微臣知道大王心怀远大，可大王您身体虚弱，怎能在如此粗劣的床铺上就寝？大王不如先去寝宫安歇，等元气恢复再来这茅屋不迟。”

勾践一挥手，断然道：“不可。寡人一旦去了寝宫，整日沉溺于温柔之乡，恐怕再无砥砺的机会，也无心回到这茅屋中来。关于此事，文大夫不必多言，随寡人一同上朝。”

勾践再次挥手，文仲诺诺退下。

勾践走进阔别三年之久的宫殿，看着一张张既熟悉又陌生的面孔，耳边传来众大臣的跪拜之声，勾践有恍如隔世之感，仿佛一步从吴国的马厩跨入了越国的宫殿。勾践既然重返越国，代为执政的文仲自然退回众大臣的行列中，同众人一起跪拜恭迎勾践。然而，勾践从人群中将文仲请出，又恭恭敬敬向文仲深施一礼。此一举动，不仅众人惊愕，文仲自己也吓得赶紧躲开。

“大王，您这是……”

“文大夫，我在吴国期间，是您日夜辛劳代为执政，呕心沥血，一心为公，朝纲未乱，百姓安居。我是越国的罪人，您是越国的功臣。越国没有亡国灭种，依仗文仲大夫和各位爱卿为国操劳，文仲大夫更是首功一件。”

随后，勾践又请出范蠡，同样向范蠡拜谢。

“范蠡大夫随我与王妃在吴国为奴为婢，换来了吴国对越国网开一面，否则不仅越军会全军覆没，吴军还会血洗越国，我越国臣民定会为奴为婢。”

众人一片感叹唏嘘之声。

退朝之后，已近中午。勾践返回寝宫旁边的茅屋，茅屋旁已经炊烟袅袅，王妃系着围裙，正在亲手烹制饭食。有侍卫想伸手帮忙，也被王妃断然止住。侍卫们只能远远地站着，尴尬地看着王

战
战

妃在忙碌。

很快，饭菜收拾停当，不过只是几碗米饭和一碟素炒青菜而已。在杂木拼装的案几前，勾践和王妃相对而坐。勾践并没有急着吃饭，而是向四处张望，似乎在等什么人。在远处站立的侍卫正纳闷间，远处一人匆匆而来，正是大夫范蠡。范蠡来到案几前，手里似乎攥着什么东西，他向勾践伸出一只手，手掌慢慢展开，掌心处卧着一只苦胆。勾践满意地点点头，起身接过那枚苦胆。范蠡旋即递过一根麻绳，勾践用麻绳将苦胆系起，吊在茅屋细细的房梁之上。勾践踮起脚尖，仰头舔舐苦胆，然后坐在案几前端起饭碗。

侍卫们一片惊愕。勾践心里很清楚，苦涩腥臭的味道让他时时保持清醒，让他对苦难岁月的记忆永远保持鲜活。

凌晨时分，范蠡早早起床，来到勾践的茅屋前，对着勾践大喊：“勾践，你能忘记会稽山之耻吗？”

勾践赶紧起身，大声答道：“不能！”

“勾践，你能忘记在吴国为奴的羞辱吗？”

“不能！”

连呼三遍，无一日中断。

离茅屋三里之遥有一片荒地，荒草已经没过膝盖。勾践备了农具，领着几名侍卫烧掉荒草，准备在此处开荒种地。升腾的烟雾引来众人的围观，见到率人开荒的竟然是一国之君，更是引来众人的惊叹和议论。有好事之人奔走相告，更多的人围了上来。侍卫们面露羞赧，本来守卫在君王身边，一身精美铠甲，手持堂堂长剑，现在却一身邋遢布衣，手拿一柄锄头。侍卫们大声呵斥，要赶走围观的百姓，却见勾践面色坦然，认认真真躬身劳作。侍卫们只好作罢，不理睬百姓们的指指点点，跟在勾践身后翻地拔草。

王妃也是一身素衣，在茅屋里亲手纺线织布。

此事很快在朝野之间传播开来。自从越国求和之后，不仅勾践和王妃在吴国为奴为婢，越国的百姓也觉得低人一等，加之为给吴国进贡，不堪连年重负，民间怨声沸腾。勾践和王妃的举动让百姓明白，勾践和王妃是和百姓站在一起的，他们在吴国饱受苦难和屈辱，远远超过百姓在自己土地上的辛劳；越王和王妃能屈尊到田间劳作，黎民百姓有何理由懒散呢？越国上下一扫屈尊求和以来的低迷之风。越国百姓重新看到希望，人人不甘落后，每日早出晚归，一改颓废萎靡之气。越国如春风吹拂下的枯木，重新生发出生机勃勃的嫩芽。

一日，勾践带着两名随身护卫，微服去乡下巡察，发现好多村落的农田荒芜，田间也大多是老弱之人。勾践询问种田的老丈，老丈长叹一声："几年前吴、越一战，青壮年大都战死，为了补充兵力，上至四五十岁，下至十来岁的孩子，也被抓走去服兵役，村里就剩下些上不了战场的老头，只能在村边种点粮食糊口，剩下的粮田眼睁睁任它长满荒草，农家着实心疼，可是也没办法啊。"

勾践回宫后找来范蠡和文仲。文仲告诉勾践，会稽山求和之后，他清查越国军队的伤亡，结果发现溃败的越军只剩下三四千人，其余的或者死伤逃亡，或者被吴军俘虏，为此不得不再次在乡村中抽丁。

勾践叹息道："壮我大越军队是为庇佑越国百姓，如今百姓家中无人耕种田地，这样的军队留它何用？越国百姓没有子嗣繁衍，不用外敌再次侵扰，自己也会自行灭国。黎民百姓是江山社稷的根基，不可视同草芥，百姓繁衍子嗣，看似自家小事，实乃为越国夯筑中流砥柱，万万不可小视。"

于是，勾践下令，军中的兵丁，凡十六岁以上三十五岁以下，均发放路费，遣返回乡耕种田地，照料家人；凡青壮年的兵丁，农忙务农，农闲练兵。村中有妇人生产，为越国增添子嗣，均由官府派人接生，并另有奖励。如生育一名男丁，奖励两壶好酒和一条狗；如生育一名女孩，奖励两壶好酒和一头小猪；如果生育双胞胎，官府出资聘请保姆；如果生育三胞胎，官府除聘请保姆外，还聘请奶妈帮助喂养；如果因为贫困和疾病无力抚养子嗣，官府派人收养孩子。

一时间，越国遍显生机勃勃之气。

远在姑苏的孙武一直没有放松对越国的关注，他明显感觉到越国正在悄悄崛起，愈来愈感受到一股不露锋芒的杀气。他将这些情况整理成文，面呈吴王夫差。夫差看完之后紧皱眉头：“难道勾践还没有死心？”

孙武正要答话，一旁的伯嚭急步上前。

“孙将军上奏这些是何用意？难道你是要说大王让勾践回国是放虎归山？是大王做错了？”

“伯大夫，让勾践回国，大王自有大王的考虑，暂且不论此事的对错。会稽山之战，越国元气大伤，暂时无力反扑。现在种种迹象表明，越国如一头受伤的老虎，回山之后舔舐伤口，磨砺爪牙，伺机反扑。现在越国反扑之势刚刚显露，可以毕其功于一役。如果等越国羽翼丰满，难免又是一场恶仗。”

伯嚭反驳道：“勾践早已臣服于大王的威仪和恩惠之下，孙将军谣传勾践要谋逆，你还将大王放在眼里吗？”

又转身向夫差说：“大王，勾践在吴国早已臣服，如同温顺的猫狗，哪有虎狼之心？回国后为在臣民面前挽回脸面，有些举动也属无害之举，大王大可不必为此担忧。大王将罪臣勾践释放回国，彰显了大王之洪恩浩荡，引得万人景仰。如果因为勾践这些小小举动就大举讨伐，不免引来他人腹诽，不论嘲笑大王出尔反尔，还是讥讽大王胆小怕事，都大大有损大王和吴国的威仪。”

孙武正色道：“伯大夫，当初你一直力劝大王释放勾践，现在又让大王忽视越国的厉兵秣马。依我来看，伯大夫难免有蒙蔽圣听之嫌。如此置吴国安危于不顾，伯大夫有何居心？”

孙武眼中燃起怒火，紧盯着伯嚭。

“伯大夫还是先洗清自己之前的私通越国之嫌吧。”

伯嚭一时语塞。

“你，你，孙武，你又翻旧账是何居心？”

一旁的伍子胥也看不下去，走上前怒斥伯嚭。

夫差见几个人争执不休，不由有些心烦。

“众爱卿都是为了我大吴社稷，争来吵去也无裨益。这份奏折我拿回去细看，明日再议。”

夫差当然不会将这份奏折带回寝宫，即使做做样子带回，也会随手扔在角落里的，因为还有越国的美女和佳酿等他回去享用。夫差初看奏折时，心里有一丝担忧，但是很快就被抛到脑后了，勾践和他的王妃在吴国为奴为婢，已经让夫差羞辱得无以复加，但是勾践没有一丝反抗的意思，每日里都是低眉顺眼，比奴婢还要谦卑三分，睡马厩，吃糠菜，甚至为他亲尝粪便，只求苟延残喘。勾践的羞耻之心早已死去，无异于行尸走肉，何来雄心壮志？即使勾践有复国的念头，现在的越国元气大伤，容他十年八载也翻不起风浪。吴国的雄兵已达十万之多，正准备再次伐楚、伐晋、伐齐，越国只不过是一只落水之犬，吴国只需一队人马就能横行于越国疆土，所以对于勾践和越国还是不用过多费心的，还不如趁此机会及时享乐。

不出半月，越国前来进贡，勾践一身布衣，亲自驾辕引着车队来到姑苏。离吴宫还有数里之遥，勾践就早早下车等候通报。夫差大为高兴。

“还未到进贡之日，勾践小儿提前想到了，还算勾践孝顺。孙将军，伍大夫，伯大夫，随我前去验看。”

伯嚭得意地看了看孙武和伍子胥。

“两位大人，勾践还是在吴国为奴的勾践，无论在越国多么显赫，一踏入吴国土地，还是小奴而已。”

孙武和伍子胥对视一眼。

“伯大人，您不觉得勾践来得很巧合吗？”

“孙武，你什么意思？勾践前来进贡和我有什么关系？”

伯嚭涨红了脸。

夫差摆摆手。

“好了，好了，怎么又起争执了？快随我看看勾践进贡的何物？”

勾践见到夫差走出宫殿，赶紧疾步跑向夫差，远远地就停下跪倒在地，膝行爬到夫差面前，俯身长跪。

“大王，小奴勾践前来进贡，望大王查验。”

夫差哈哈大笑。

“勾践，抬起头来。”

勾践慢慢抬头，目光下垂，不敢直视夫差。夫差仔细审视，勾践眼中一如既往地满是谦卑，丝毫未看出不满和仇怨。夫差放下心来，看了一眼身边的孙武和伍子胥，心中暗自责怪二人捕风捉影。

“勾践，赐你平身。赶紧头前带路。”

“谢大王。”

勾践躬身带着夫差来到车队前，前几辆车上是成箱的珠宝和特产，后几辆车上满载原木，数丈之高，几抱之粗，上面雕刻着精美的花纹。

“勾践，你送来这些木头是何用意？”

“回大王，这些原木是千年古松，本是先父存放在山中准备修建楼宇的。越国上下早已是吴国臣民，哪配用如此良木？我身为小奴，茅屋草舍才是我的栖身之所。所以将这些良木进献给大王。大王雄霸中原，威震八方，理应住进琼楼玉宇。这是首批车队，如果大王修建宫殿，后继的原木会按时供应，越国还愿派出百名能工巧匠，举全国之力侍奉大王。”

夫差颇为满意，收下全部贡品，安排勾践在驿馆休息。勾践躬身道：“大王，小奴无权住进驿馆。大王的马厩就是小奴的栖身之所，我正好可以再次为大王喂养马匹。”

“勾践，你既然已经回国为王，自然不必如此谦卑。还是先住进驿馆吧，有事我再传唤你。”

勾践诺诺谢过。

一旁的伯嚭从刚才孙武的抢白中恢复过来，满脸得意扬扬的神情。是他半月前暗自派人潜入越国告诉勾践，孙武对越国起了疑心，吴王夫差也有所耳闻，让勾践迅速想出对策。勾践同范蠡、文仲商议，再次谦卑地驾辕进贡，以消除夫差的疑心，同时将精美的良木献给夫差，夫差自然不会将这些木头浪费，肯定会大兴土木修建楼宇，楼宇建好之后，不可能孤零零住在这一座空心殿宇中，自然会继续在吴国征派民夫，继续搜刮吴国民众，慢慢自然离心离德，民怨沸腾。

果不其然，夫差开始大兴土木，引来伍子胥等众多大臣的劝阻。私心和虚荣心极度膨胀的夫差哪里听得进去，与直言进谏的伍子胥发生了激烈争吵，最后夫差拂袖而去，剩下伍子胥呆呆站在宫殿中央。伍子胥回头望望孙武，满眼求救的神情。孙武叹了口气，暗自摇了摇头。

第十一章

明察世事　功成身退天之道

孙武当然忧心忡忡，深感勾践必然要东山再起，勾践的复仇之心如海底的漩涡，悄悄靠近吴国并瞬间将其卷入，那时吴国只能眼睁睁看着自己被吞噬，而此时夫差依然沉溺于胜利的喜悦中。

孙武陷入了思想的漩涡。如果现在提醒夫差，争强好斗的夫差必定会大举伐越，吴、越战火重燃，百姓流离失所，成千上万人死于战乱。如果现在不提醒夫差，越国恢复元气后也必将大举伐吴，吴国百姓同样会卷入战乱，在刀剑的杀戮和马蹄的践踏下

生活。

檇李一战，越军大败，伤亡三千余人；檇李二战，吴军溃败，阖闾殒命，兵士伤亡近五千。为报阖闾之仇，夫差让人每天冲他大声提醒，夫椒一战，越军损兵折将两万有余；而现在为雪会稽山之耻，勾践让人每日冲他大声提醒，是否意味着越军最终灭吴？

难道除了战争之外别无选择？难道万千兵士就是国君手里的棋子？鲜活的生命就为了国君的虚名浮利？自己携兵法入吴，原为施展自己毕生才华，难道就是为了帮助吴国杀戮？原为不战而屈人之兵，现在为争雄称霸，极尽生死拼杀，留下成千上万的尸首，数以千计的家庭流离失所。

孙武仿佛回到了少年，骑上战马勘察战场，一路见到乱坟岗上野狗争食，新坟星星点点，白发苍苍的老妪领着蹒跚学步的小儿伏在坟前痛泣。往日的繁华集镇也萧瑟肃然，几处坍塌的民房冒着青烟，还在噼噼啪啪地爆裂着，路上不时见到蓬头垢面的逃难者。

孙武回府之后踯躅半晌，独自一人躺下。

朦胧中，自己坐在案几前翻阅所著兵法，点点墨迹突然如鲜血渐渐洇散。他心慌手抖，"啪"的一声重重落在案几上，竹简散落开，片片竹简如支支利箭，伴着嗖嗖的死亡之声向四面八方怒射，有一支裹挟着阴风向他飞来，正中他的眉心。孙武惊呼一声从梦中醒来。

他擦拭着涔涔冷汗，向窗外望去。点点疏星从窗外漏下，一轮圆月被窗棂切割得支离破碎。

远在千里之外的齐地今夕是否月圆？

战火纷飞，掩盖了皎洁的月色。

被战火熏黑的月亮几时可以洗净？被戈戟切割的月亮几时可以重圆？

一行清泪滑落枕边。

孙武坐起身踱到窗前，远远的是罗浮山。月亮的清辉是否也洒落在破旧的茅屋之上？

他记起在叔父田穰苴的墓田里，他和晏相的彻夜长谈。临别之时，晏相再三叮嘱孙武，一定要记住那晚两人的谈话。晏婴反复提醒孙武，如果能从田穰苴之死中悟出些许道理，田穰苴和田弦就没有白白送命。

田穰苴没有做到的是“隐退”。为齐国立下赫赫战功的他，最终被奸佞小人所害，被齐景公罢黜，悲愤而终。

也许自己要重归罗浮山的茅屋，完善兵法，让这个世间少些戈戟。

也许自己要重归齐地，年迈的父母、阔别的娇妻是否日日依闾相望？

孙武走出门外，凭栏遥望。姑苏城外，秋风瑟瑟，河水潺潺，几艘乌篷船，几点如豆灯火。隐隐有凄楚的歌声透过凉雾传来：

候人兮猗，斯人远去。

候人兮猗，相见何日？

候人兮猗，离泪滴滴。

……

伍子胥并没有从孙武的隐居中惊醒。

他在真假二妃案件中虽然对伯嚭网开一面，但伯嚭并未领情，他那狭隘的心里只记住了伍子胥在府门前对他的拒绝。伯嚭虽然在阖闾面前失宠，但他在夫差继位后，又极尽阿谀奉承，进献稀世珍宝和美女佳酿，终于赢得了夫差的好感，重新担任了太宰。伯嚭在伍子胥心中彻底失去了最后一丝好感，而他对伍子胥也耿耿于怀，欲借助夫差之手除掉自己仕途的障碍。

利欲熏心的伯嚭进一步挑唆，在朝中网罗了数名利欲熏心之徒，逐渐形成自己的党羽，整日在夫差面前进献谗言，打击异己。被美色和佞臣蒙蔽双眼的夫差愈发自我膨胀，对于这位直言进谏的老臣伍子胥渐生嫌弃。老吴王阖闾是在伍子胥的辅佐下夺

位当上吴王的，自然对这位老臣格外敬重，但是夫差对伍子胥早已丧失了父王的那份感恩，逐渐不纳诤言，与伍子胥分歧愈来愈大。

公元前四八四年，夫差为争霸中原，执意要讨伐齐国。伍子胥再次劝阻。

“大王，齐国与越国相隔数千里之遥，对吴国无任何威胁。现在吴国最大的敌人是越国，勾践卧薪尝胆，只为复国灭吴。讨伐齐国只为一时名利，消耗大量军力，实属不义不智之举。”

夫差依然不听劝阻，派遣精兵强将大举伐齐。半年之后，吴军凯旋。众人道贺，唯独伍子胥忧心忡忡。

“大王，伐齐成功，只是贪些蝇头小利罢了。吴国的大患依然是越国。这次伐齐，吴国虽然大胜，但是损耗兵士近三千人，消耗粮草辎重是两年的百姓税赋，实属不该。”

兴冲冲的夫差愤然大怒，他对这位辅佐两代吴王的老臣大开杀戒，赐给伍子胥金缕之剑令其自刎。伍子胥苦心进谏，至死不渝。流亡路上过昭关，一夜愁白了满头青丝，而今，为吴国兴盛披肝沥胆，头发真的花白，却落得“赐死”的悲惨结局。伍子胥临死前满心凄凉。

“将我一双眼睛悬于姑苏城东门，让我见证越军入城的那一天。”

一语成谶，勾践饱尝十年屈辱，卧薪尝胆伺机复仇。

公元前四八二年，夫差亲自率大军北上，与晋国争夺诸侯盟主。越王勾践终于寻找到机会，趁吴国精兵在外作战，吴国本土空虚，率五万大军踏入让他饱受屈辱的吴国土地。吴国太子友率留守的吴军反击，哪里抵挡住如山崩海啸般复仇的越军。吴军连连溃败，太子友也战死疆场。夫差闻讯，大惊失色，急忙带兵回国，晋军趁机一路追杀。前有复仇的强敌，后有追杀的大军，夫差仰天长叹，不得已派人向勾践求和。勾践预计一时无法彻底灭掉吴国，同意吴国求和。心高气傲的夫差哪里受得了这种打击，

范蠡归隐

感觉颜面扫地，逐渐心灰意冷，吴国渐呈颓废之相。公元前四七三年，勾践第二次率兵攻打吴国，此时的吴国已是强弩之末，伍子胥已死，孙武隐退，只有伯嚭等人还在夫差身边，况且伯嚭已是越国的内奸。吴军屡战屡败，节节败退。夫差为保性命，再次向勾践求和，范蠡坚决主张灭掉吴国，于是勾践断然拒绝了夫差的求和。夫差幡然醒悟，认清了伍子胥的忠心，认清了伯嚭的奸佞，认清了勾践的隐忍，但是一切都晚了。羞愧之下的夫差脱下战袍，盖在脸上。

“伍大人，我夫差悔不该错杀忠良，今日我追随你而去，夫差无颜见你。”

拔剑自刎，轰然倒地。

越灭吴。

与孙武和伍子胥有相同命运的是范蠡和文仲。勾践在范蠡和文仲的辅佐下，制定越灭吴“九术”，十年生聚十年教训，终于一雪会稽山之耻。范蠡事越王勾践二十余年，苦身戮力，终于灭吴，成就越王霸业，被尊为上将军。但是在举国欢庆之时，范蠡清楚地看到勾践可以“共苦”不能“同甘”。他深知飞鸟尽，良弓藏；狡兔死，走狗烹。虽然自己处于巅峰，但月圆则亏。自己不如识时务，急流勇退。他脱下官服，换上一袭白衣，与西施西出姑苏，泛一叶扁舟于五湖之中，遨游于七十二峰之间，三次经商成巨富，三散家财。

文仲没有听从范蠡的劝告，继续辅佐勾践，没想到同样有奸佞小人诬陷他密谋夺位。勾践也感觉在他到吴国为奴期间，文仲替他执政数年，肯定网罗了自己的羽翼，确有篡位之嫌。加之奸佞小人多次进谗言，勾践认定文仲有谋逆之罪，送他一把宝剑将其赐死。可叹一代良相与伍子胥落得同样悲惨下场。

孙武行踪始终是个谜。

有人说他信奉“功成身退，天之道”。进献阖闾的《兵法十三篇》就说：“将听吾计，用之必胜，留之；将不听吾计，用之必败，去之。”

孙武之后裔分两支，一支脉归隐齐地；另一支脉世居于吴，历二十四世而生孙坚。

有人说孙武隐居罗浮山。也有人说他对故土魂牵梦绕，吴、楚之战后退隐齐地，生子孙明，繁衍五代后孙膑出生。孙膑与庞涓师从鬼谷子，后成为齐国著名军事家，著有《孙膑兵法》。

那就是另外一个古老的故事了。

后　记

世界兵学看中国，中国兵学看齐鲁。而齐鲁兵学正式形成的标志是《孙子兵法》的问世。

齐国是兵学摇篮。春秋时期战乱纷起，这是一个群英荟萃的时代。齐国曾是“春秋五霸”之首和“战国七雄”之魁。开国君主姜尚，佐周灭商，牧野鹰扬。齐国襟山带海，膏壤两千里，粟如丘山，齐都商贾如云，车马如水，成为当时最富庶的国度。长期频繁的社会交往，淳化了齐人舒缓阔达而足智善辩的民风，学术中容易接受新思想、新观点，汲取不同类型的文化精华。齐人深谙“争天下者，必先争人”，汇集百家之学，自由讲学，自由辩论，自由著书立说，言治乱之事理，献治国之宏谟，首开了中国文化史上“百家争鸣”的风尚，为学者强烈的社会责任心，穷究天行地运、人性物理的求知精神，开辟了用武之地，从而开创了齐文化的鼎盛时期。齐文化倡变革、尚法制、重工商、尊学术、兼义利，融合百家之道，既有实务之光，又有理想之彩，是众多学派优秀思想的合璧。齐文化正如其所处的河海交汇之地，兵学与儒、墨、道、农、纵横、小说等学派兼容并蓄，在自我壮大的过程中汲取了丰富的营养。

孙武基于对人性和竞争规律的深刻洞察，著就兵法十三篇。作为中国古代战略文化的扛鼎之作，《孙子兵法》基于“天人合一”的哲学思想，追求人与自然、人与人的整体和谐。它扎根于东方兵学肥沃的土壤，体现了天人合一的大和谐，百战百胜的大智慧，不战而屈人之兵的大境界，这是西方兵学乃至哲学思想无法企及的，也成为现代运筹学、事理学、军事管理学、军事心理学等诸多学科的开山之作。后人对它不吝溢美之词，“东方兵学鼻祖”、“武学之圣典，兵家之绝唱”。明人茅元仪更是一语概之，“前孙子者，孙子不遗；后孙子者，不遗孙子”。

中国是兵学大国，从先秦至清朝，史载兵书4000余部，《孙子兵法》被奉为金字塔尖的璀璨明珠，并且位列世界三大兵书之首。在《史记》记载的四位兵家翘楚中，孙武家族就占三位，除孙武的《孙子兵法》外，其叔父田穰苴著有《司马兵法》，其后人孙膑有《孙膑兵法》传世。

历久弥新的《孙子兵法》以其蕴含独特的军事艺术魅力和博大恢宏的哲学智慧以及多姿多彩的文学韵味被后人奉为兵学圣典。它的问世，使战争从原始的血淋淋的搏杀升华到统观全盘的智慧抗衡。它历经两千多年大浪淘沙仍熠熠闪光，岁月的剥蚀非但没有削减其光芒，反而如一块琢磨后的璞玉，闪耀了古老的东方智慧，诠释着现代智慧角力的规律。

我与这位里程碑式的伟人和这部巨著的结缘是在小学时期。我自小酷爱读书，但身边能读到的东西并不多，对书籍的渴望使得我对一切有文字的东西格外敏感，不论是一本残破的旧书，还是一张寥寥数字的纸片。小学时代模糊的记忆中，一本毫不起眼的小书却异常清晰。那是一本随课本发放的乡土教材，不足百页，装帧简陋。因为不是考试科目，连副课也算不上，老师也没做要求，学生大多随手翻翻就放到一边。这本乡土教材仅是简单介绍当地风土人情和历史人物，并无多少趣味可言，但小学三年级并没有开设历史课，正是这本简陋的小书让我穿越2500年的风尘，打开了多彩的历史长廊：孙武、兒宽、綦公直、李舜臣、徐太拙、邱二斋、李焕章……

最初对孙武和兵法的兴趣源自乡土自豪感。回望历史长河，灿若群星的人物和自己生活在同一片热土上，不免好奇和自豪，尤其是“兵圣”孙武更是激起了我浓厚的兴趣。兵圣孙武、《孙

子兵法》、孙武故里一直萦绕思绪，吸引着我去搜集和整理有关孙武的资料。随着知识的积累、认知的拓宽，心中渐生遗憾：作为兵学鼻祖的军事家、思想家孙武，关于他的史料却残缺不堪，他的人生轨迹众说纷纭，一直没有很清晰的轮廓。面对历史的残简碎片，遗憾之余自己在肩上压了一副沉甸甸的担子：我要让孙武在笔下“复活”。想创作有关孙武的历史小说，还有一个重要的原因。因为我深知，以小说为载体的作品面向更大的读者群体，若仅限于专家的“叫好”而不考虑大众读者的“叫座”，作品只能受困在象牙塔，“孙武”还是走不出小圈子。借助文学这种喜闻乐见的载体，我要让孙武从青灯古卷中走向寻常百姓，让更多的人能看懂、读懂孙武，从而更加广泛地了解齐文化。

没料到这条路走得这么艰难，同样也没想到让我的生活如此的饱满。最初的一年时间，我几乎将所有业余时间泡在历史博物馆和图书馆，查阅各种关于孙武的历史典籍。虽然所学为英语专业，但这时需要我成为严谨的历史学家，钻进各种历史文献中，拨开历史迷雾，搜寻孙武的点点滴滴。多年来，我研读了数百种有关孙武的历史文献资料，做了近十万字的笔记。为了考证一个疑点，有时候一两天都写不出一个字来。我如一只准备破茧重生的蝴蝶，在苦苦穿越那个狭细的生命之门。至此，我才真正体会到了“知道得越多，才发现知道得越少”这句话的内涵。相对于网上某些作者日更新数千甚至万字，我一如老学究一样严谨甚至古板。

2008 年首部历史小说《孙武传奇》面世之后，不少单位找来，声称帮我出版，当然是有附带条件的：在文稿中添加他们所提供的“史实”，或者替换成他们的“史实”。如果他们所提供的是真正的史实，我会无条件地修改并心怀感恩；如果为了某地或某人的私利而篡改史实，那将是对历史的亵渎，是一种历史的“短视和近视”。孙武是中国的孙武，更是世界的孙武，我们所关注的应是以更加开放的心态和更加宽广的视野，来研究孙武、弘扬孙子文化，在讲孙武为我所用的时候，更重要的是我们能为传承孙武、弘扬孙武做些什么。

首部作品的面世，带来的是小小的成功，但背后是更深的思考。孙武不是独立产生的，他是齐文化、吴越文化乃至东方文化共同孕育的。在他的人生轨迹中，有同样饱满和精彩的人物：祖父孙书、叔父田穰苴、君王齐景公、齐国名相晏婴、吴国名相伍子胥、吴王阖闾和夫差、越王允常和勾践，乃至佞臣梁丘据、费无忌、囊瓦、伯嚭……创作过程中不断搜集史料，让我陷入深深的思考：2500 年前《孙子兵法》这颗小小的种子如何在黄蓝交汇之地破土而出，繁衍成参天森林，华夏大地东南之隅吴、楚、越的"三国演义"如何精彩演绎，千里疆场如何大展兵法之精妙……我需要更透彻的史学探究，需要更坚实的文化积淀，需要更深厚的文学素养。我深知这一点，决心以更开阔的眼界，更高远的视角，更恢弘的历史背景，立足于博大的东方文化，创作更有深度和高度的作品。

《孙武全传》是《孙武传奇》完稿后经过 4 年多的沉淀、反思、磨砺和进一步酝酿，结合了众多文学和兵法爱好者的建议进行的新创作。它不仅仅是第一部的扩充，还修正了《孙武传奇》里某些有争议的史料记载，丰富了孙武在齐国的生活和学习的具体内容，再现了春秋时期齐国的市井百态，同时侧重了兵法在齐地形成的渊源和过程。《孙武全传》融合了更多东方因素，更具可读性和考据力度。

在《孙武全传》的创作过程中，得到了有关部门单位和社会业内人士的指导和襄助。东营市委宣传部和广饶县委宣传部、县文联的领导同志都对本书的出版发行给予了很大关心和支持。资深孙子史学专家、广饶县政协文史委原主任赵金炎欣然为本书题写书名，并提供了大量宝贵史料。王克春、牛培烈等同志在百忙之中为本书勘误，并提出许多指导意见，在此一并表示感谢！

也感谢东营市委宣传部副部长、东营日报社长杨树行，市委宣传部原副部长张连福，东营日报社原总编辑黄功霖，东营日报社首席记者、黄河口晚刊记者部主任刘剑，东营日报社理论评论部主任薄文军，东营网副主编聂丽芳，东营日报社记者李静，广饶县职业中专校长成永江，挚友张建文等。虽然未能一一详述，但同样铭记于心。

至此，一路走来，感谢给我鼓励的人们，是你们让我在这条路上走得更快；感谢给我援助的人们，是你们让我在这条路上走得更远；同样的感谢送给批评我的人们，是你们让我在这条路上走得更稳。

从好奇到爱好，从爱好到责任，少了一份懵懂，多了一份积淀；少了一份名利，多了一份担当。但我的脚步从未停止过。

面对这部杀青的书稿，依然淡定，依然执着，依然努力。因为，静极，方闻天籁；破茧，才能重生。

赵　磊

2013 年 11 月